LEDRU·ROLLIN

DISCOURS POLITIQUES

ET ÉCRITS DIVERS

TOME PREMIER

PARIS

LIBRAIRIE GERMER BAILLIÈRE et Cⁱᵉ

108, BOULEVARD SAINT-GERMAIN, 108

Au coin de la rue Hautefeuille

1879

LEDRU-ROLLIN

DISCOURS POLITIQUES

ET ÉCRITS DIVERS

PARIS. — TYPOGRAPHIE A. LAHURE
Rue de Fleurus, 9

1848

LEDRU-ROLLIN

24 FÉVRIER — SUFFRAGE UNIVERSEL

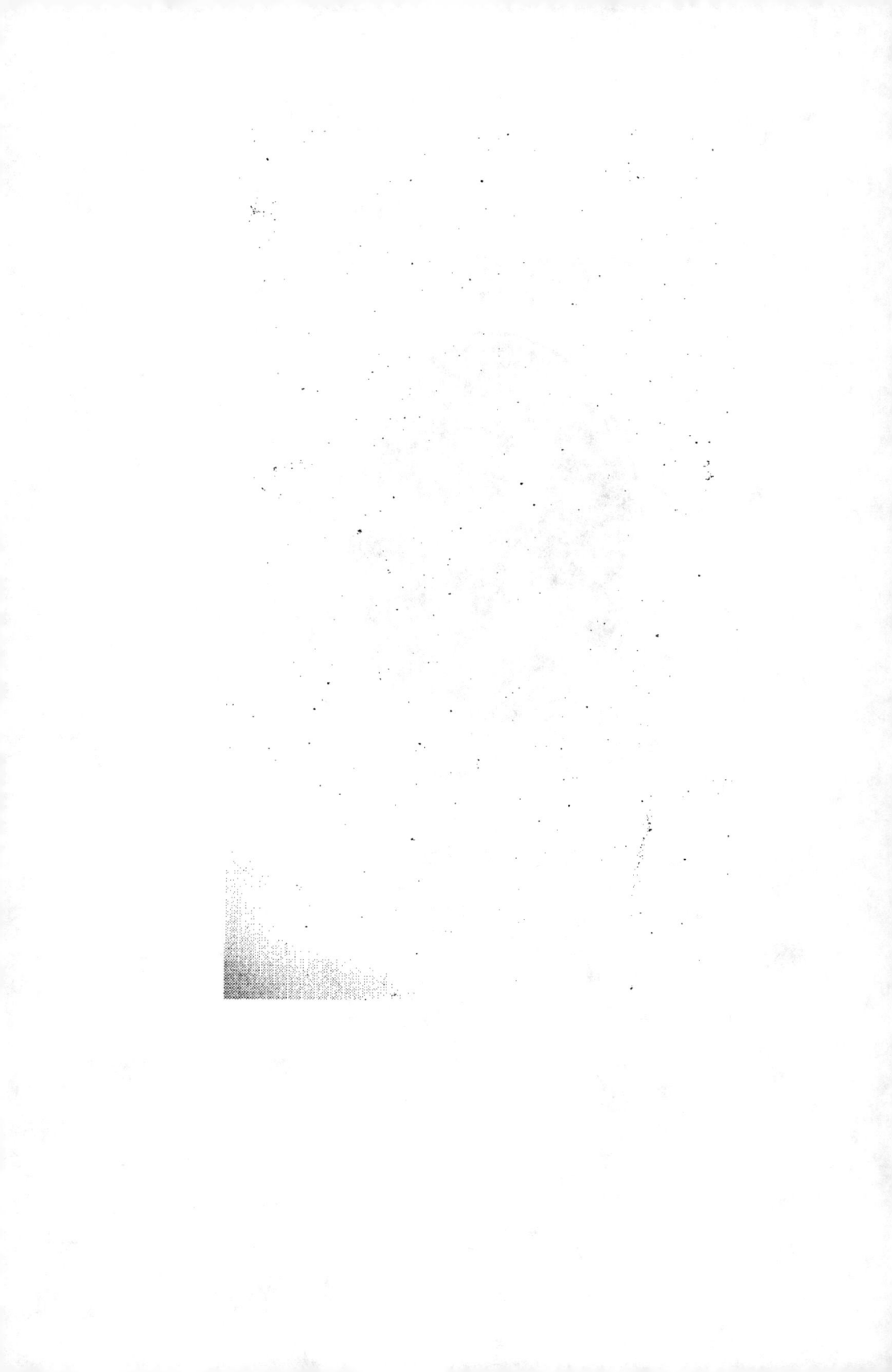

Je crois accomplir un devoir envers la mémoire de mon regretté mari en livrant à la publicité un recueil de ses principaux Discours et Écrits politiques.

Paris, 24 février 1879.

Veuve Ledru-Rollin.

NOTICE BIOGRAPHIQUE

Alexandre-Auguste Ledru-Rollin, né à Paris le 2 février 1807 est mort à Fontenay-aux-Roses le 31 décembre 1874 ayant presque accompli sa 68ᵉ année.

Issu d'une famille appartenant à la riche bourgeoisie parisienne, il fit au collège d'excellentes études ; à 22 ans il était docteur en droit ; et lorsqu'éclata la révolution de Juillet il venait de se faire inscrire au barreau de Paris comme avocat. Ses débuts furent brillants.

Républicain sincère et plein d'enthousiasme pour les idées nouvelles, il avait contribué, par la part qu'il avait prise dans la lutte des journées de Juillet, à la chute du gouvernement de la Restauration. Lafayette alors tout puissant lui offrit pour récompense une place dans la magistrature ; il refusa, préférant la vie active et indépendante du barreau.

Bientôt en effet on le voit figurer comme avocat dans les grands procès politiques qui viennent se dérouler devant la cour des pairs, devant la cour d'assises ; il plaide dans les affaires de Caussidière, de Lavaud ; il défend la presse libérale contre les attaques du pouvoir.

En 1832, comme avocat, il rédige une consultation juridique sur l'état de siège amené par les affaires de juin, dont les principes sont aussitôt adoptés par la jurisprudence.

En 1834, à l'occasion de l'affaire de la rue Transnonain, il publie un mémoire dont les 40,000 exemplaires sont enlevés en trois jours.

Un peu plus tard, il publie le répertoire du journal du Palais, ouvrage juridique contenant la jurisprudence, l'histoire du droit, la législation et la doctrine des auteurs depuis la première révolution ; et il donne à ce travail pour introduction une remarquable étude sur l'influence du droit français au dix-neuvième siècle. Enfin il fonde, à côté de la *Gazette des Tribunaux*, le journal le *Droit,* imbu d'idées libérales.

Ses succès comme légiste, comme orateur et comme écrivain le firent entrer dès 1836 dans le Conseil de l'ordre des avocats ; il n'avait pas encore trente ans.

Cette situation brillante ne suffisait pas à la nature de son talent, et en 1838 il acheta une charge d'avocat au Conseil d'État et à la cour de Cassation.

En 1841, la mort de Garnier Pagès laissait un siège de député vacant à pourvoir par les électeurs de la Sarthe ; Ledru-Rollin proposé pour lui succéder fut accepté à l'unanimité. Sa profession de foi, dans la réunion qui avait précédé l'élection, contenant l'exposé net et précis de ses idées, de ses convictions et de son but, et formant comme le point de départ de sa carrière parlementaire, est restée une véritable page d'histoire et mérite une particulière attention. Il y posa des principes que nul autre n'aurait osé mettre en avant à cette époque, tant leur réalisation pouvait paraître chimérique, tant ils attaquaient dans sa base le gouvernement établi. Aussi, fut-il mis en accusation. Ce fut pour lui l'occasion de venir affirmer, avec une nouvelle force, ses convictions, dans les diverses défenses qu'il eut à présenter devant ses juges. Son droit fut reconnu et, en fin de compte, il fut acquitté.

Une fois entré sur la scène politique, Ledru-Rollin poursuit sa tâche avec l'entraînement et l'énergie de son caractère, aux acclamations du parti républicain assuré maintenant de posséder un chef qui saura revendiquer au grand jour les droits de la démocratie.

Porter constamment à la tribune le tableau des misères du peuple, affirmer les droits méconnus des classes déshéritées, réclamer pour elles la participation aux affaires de l'État par l'extension du droit de suffrage à tous les citoyens, résoudre en un mot, par les moyens légaux et pacifiques, les grands problèmes sociaux, voilà son but. Unir, confondre dans un seul grand parti les questions politiques et les questions sociales, c'est là sa constante préoccupation. Cette pensée d'union, il la révèle dans une double manifestation; d'une part, l'enquête sur la condition des travailleurs qui réunit plus de 260,000 suffrages; d'autre part l'agitation réformiste dont il sait prendre la direction à l'exclusion des libéraux dynastiques qui en redoutent les effets.

Sentant le besoin de donner à la démocratie un organe spécial, il fonde le journal *la Réforme*. On sait les sacrifices que lui coûta ce journal auquel toute sa fortune personnelle et en partie celle de sa femme furent consacrées.

L'effet combiné des revendications faites par Ledru-Rollin à la tribune et dans la presse ne tarda pas à se produire; et quand arriva la question de la réforme électorale, jamais manifestation révolutionnaire n'eut une plus grande impulsion que celle produite par les banquets de Lille, Dijon et Châlon, à la fin de 1847. L'explosion était forcée; elle eut lieu le 24 février 1848, et mit le sort de la France entre les mains du peuple.

Ledru-Rollin qui, par son énergie, avait amené cette révolution, était l'homme de la situation. La République est proclamée, un gouvernement provisoire est nommé; il y figure comme ministre de l'intérieur.

Un de ses premiers actes est de rétablir et d'armer toutes les gardes nationales en supprimant les compagnies d'élite; et, ce qui sera son éternel titre à la reconnaissance du pays, il crée et organise le suffrage universel, ce mécanisme gigantesque, déclaré un mois avant une utopie, mais qui une fois mis en jeu fonctionne régulièrement.

Faut-il dire qu'il n'approuva pas toutes les mesures prises par ses collègues du gouvernement provisoire? Il ne se rendit pas moins solidaire de tous leurs actes, persuadé qu'en maintenant cet accord il faisait la force de la République.

Dans la logique de ses convictions, il voulait que, pour gouverner la République, on n'appelât aux affaires que des républicains; les monarchistes lui en faisaient un crime irrémissible, car c'étaient eux qui remplissaient les cadres de l'administration; par là s'explique ce fait que, de tous les hommes qui ont occupé le pouvoir le 24 février, il a été le seul après lequel la réaction s'est toujours impitoyablement déchaînée.

L'Assemblée nationale du 5 mai qui reçut le pouvoir des mains du Gouvernement provisoire, renfermait peu d'éléments républicains; dans la Commission exécutive qu'elle nomma,

Ledru-Rollin fut maintenu au gouvernement, mais il n'était arrivé que cinquième et dernier sur la liste de vote. Cette commission dura peu et ses pouvoirs prirent fin le 24 juin, par la nomination du général Cavaignac au titre de chef du pouvoir exécutif.

Quelques mois plus tard, le 10 décembre, l'élection par le pays portait à la présidence de la République Louis Bonaparte, dont la candidature, appuyée sur la légende napoléonnienne, avait été préparée et soutenue par toutes les factions monarchiques.

Dégagé de la responsabilité à laquelle il avait dû se soumettre dans son dévouement à la République, Ledru-Rollin est rendu tout entier le 24 juin, à son initiative, à sa personnalité. Se retrempant dans sa liberté d'action, sentant les dangers qui entourent de toutes parts cette République qu'il a contribué à fonder, il se voue plus que jamais à sa défense ; aussi on le voit grandir encore comme orateur dans les luttes qu'il ne cesse de soutenir pour elle à la tribune.

C'est ainsi que lorsque Louis Bonaparte, au mépris de la Constitution que la République vient de se donner, veut employer nos soldats à replacer sous le joug les Italiens qui s'en étaient affranchis, il cherche par des efforts incessants à ramener l'assemblée à la défense de cette Constitution ; mais vains efforts !

Ledru-Rollin ira jusqu'au bout. Le 12 juin il dépose sur le bureau de la chambre un acte d'accusation contre le président et ses ministres. Cette accusation est appuyée le lendemain par une manifestation toute pacifique des républicains ; mais Changarnier la disperse avec ses soldats. Ledru-Rollin vaincu s'achemine alors vers l'exil.

Réfugié à Londres, il fut d'abord obligé de travailler de sa plume pour vivre, car le gouvernement de Bonaparte avait séquestré les biens de sa femme, quoique sans aucun droit. Quelques années plus tard, cependant, l'administration lui en fut rendue ; ce qui lui permit d'écouter alors les élans de son cœur et de venir en aide avec une sympathique générosité aux malheureux compatriotes que les événements avaient fait ses compagnons d'exil.

C'est alors que Ledru-Rollin écrivit son livre « De la décadence de l'Angleterre », étude sérieuse, réfléchie, appuyée de tous points sur les enquêtes du gouvernement et aussi sur ses propres observations.

Il contribua à la fondation de « La voix du proscrit » ; il signa avec Kossuth et Mazzini les manifestes du « Comité Européen » ; il prononça dans les réunions anniversaires du 24 février des discours qui rendirent l'espérance aux exilés comme lui ; il ne cessa de correspondre avec l'élément démocratique que la proscription n'avait pas atteint.

Deux fois son extradition fut demandée par Bonaparte au gouvernement anglais, mais sans succès.

Quand vint, après dix années de cet exil, l'amnistie générale de 1859, Ledru-Rollin ne fut pas admis à en profiter, — il restait une menace pour le gouvernement de Bonaparte — et il dut se résigner à subir l'exil encore pendant de longues années. En 1870 seulement il put rentrer pour partager les angoisses du siège de Paris.

En février 1871 une Assemblée nationale fut convoquée avec mandat de conclure la paix. Ledru-Rollin, quoiqu'ayant déclaré publiquement qu'il n'accepterait aucune candidature, n'en fut pas moins élu dans trois départements, Paris, les Bouches-du-Rhône et le Var; il persista dans sa résolution et expliqua ses motifs dans la lettre suivante par lui adressée au président de l'Assemblée :

Paris, le 18 février 1874.

Monsieur le Président,

« Sous la main de l'ennemi, au milieu des nécessités désas-« treuses, inéluctables, où nous a jetés une série de perfidies et « de trahisons, le vote des dernières élections ne pouvait et n'a « pu présenter les conditions d'indépendance et de spontanéité « qui sont l'essence même du suffrage universel.

« Puisqu'il m'a été donné de présider à son organisation « primitive, il m'était imposé de faire en son nom cette réserve « qui, isolée aujourd'hui, sera contre tout ce qui va s'accomplir « de déchirant et de funeste, la protestation unanime de l'avenir.

« Cette réserve, c'est pour la mieux caractériser, pour la « rendre plus saisissable et plus tangible ; c'est pour dégager « plus irrémissiblement la grande et tutélaire institution du « suffrage universel, que je n'ai pas hésité à immoler, une fois « de plus, l'homme aux principes.

« Il ne me reste donc, après avoir préalablement refusé toute « candidature, qu'à donner ma démission de député des dépar-« tements des Bouches-du-Rhône, de la Seine et du Var.

« C'est ce que je fais, monsieur.

« J'ai l'honneur d'être, monsieur le Président, votre très « humble serviteur.

LEDRU-ROLLIN.

Quand, en 1874, vinrent de nouvelles élections, Ledru-Rollin refusa encore toute candidature, il finit cependant par céder aux sollicitations des comités républicains du Var, et parce que, voyant l'intégrité du suffrage universel de nouveau menacée, il crut pouvoir, par son concours, rendre encore quelques services à la cause de la démocratie. L'occasion se présenta le 5 juin dans la discussion d'un projet de loi électorale destinée à restreindre le suffrage universel.

Malgré la maladie de cœur dont il était atteint depuis long-temps, malgré les attaques réitérées et les interruptions systé-matiques de ses adversaires, il trouva moyen de faire vibrer encore cette éloquence qui avait provoqué jadis de si chaleu-reux applaudissements, et ses dernières paroles furent encore pour la défense du suffrage universel ; Ledru-Rollin sortit de cette séance exténué.

Sa fin était proche ; à partir de ce moment le mal fit de ra-pides progrès, et le 51 décembre au matin, pris d'un malaise subit, il expira.

En dépit des haines et des calomnies dont Ledru-Rolin a été constamment abreuvé, les sympathies de la démocratie ne lui ont jamais fait défaut ; elles sont demeurées vivaces après sa mort, et cela, parce qu'il a toujours été l'homme des principes, l'homme du dévouement et de l'abnégation ; parce que dans cette vie politique si UNE, se préoccupant peu de sa propre personne, il a été, avant tout, l'homme du devoir ; le rêve comme l'effort de toute son existence n'ayant été que la justice.

A l'occasion de l'enterrement de Ledru-Rollin, qui fut pure-ment civil, on put se rendre compte de son immense popularité. Le peuple assista en foule à ses funérailles, dans un profond recueillement ; et lorsque le cercueil fut descendu dans la tombe, il interrompit le silence religieux qui n'avait cessé de régner par les cris mille fois répétés de « Vive la république ! Vive le suffrage universel ! ».

C'est au cimetière du Père La-Chaise que reposent les restes du GRAND CITOYEN, dans un modeste espace à droite en arrivant à la pelouse. Pour tout monument une pierre de granit surmontée de son buste. C'est là, lorsque ce buste a été découvert le 24 février 1878, dans une cérémonie patriotique, aux yeux d'une foule empressée, qu'ont été prononcés par les hommes les plus autorisés de la démocratie, les citoyens Crémieux, Victor Hugo, Louis Blanc et Hérisson, les quatre discours qui sont en appendice à ce recueil.

LEDRU-ROLLIN

DISCOURS POLITIQUES ET ÉCRITS DIVERS

I

PROFESSION DE FOI

FAITE DEVANT LES ÉLECTEURS DE LA SARTHE

COMME CANDIDAT A LA DÉPUTATION DANS CE DÉPARTEMENT [1]

(Juillet 1841)

MESSIEURS,

En répondant à votre appel, en venant à vous, je vous dois compte de ma foi politique.

Cette foi vive, inébranlable, je la puise à la fois dans mon cœur et dans ma raison.

Dans mon cœur qui me dit, à la vue de tant de misères dont sont assaillies les classes pauvres, que Dieu n'a pas pu vouloir les condamner à des douleurs éternelles, à un ilotisme sans fin.

Dans ma raison qui répugne à l'idée qu'une société

---

1. Ledru-Rollin fut élu à l'unanimité des voix, moins trois.

puisse imposer au citoyen des obligations, des devoirs, sans lui départir, en revanche, une portion quelconque de souveraineté.

La souveraineté du peuple, tel est, en effet, le grand principe qu'il y a près de cinquante années, nos pères ont proclamé.

Mais cette souveraineté, qu'est-elle devenue ? Reléguée dans les formules d'une constitution, elle a disparu du domaine des faits.

Pour nos pères, le peuple c'était la nation tout entière, chaque homme jouissant d'une part égale de droits politiques, comme Dieu lui a fait une part égale d'air et de soleil.

Aujourd'hui, le peuple, c'est un troupeau conduit par quelques privilégiés comme vous, comme moi, messieurs, qu'on nomme électeurs, puis par quelques autres, plus privilégiés encore, qu'on salue du titre de député.

Et si ce peuple, qui n'est point représenté, se lève pour revendiquer ses droits, on le jette dans les cachots.

S'il s'associe pour ne pas périr de misère et défendre son salaire insuffisant, on le jette dans les cachots.

Si, comme à Lyon, dans les jours de funèbre mémoire, il écrit sur son étendard : « Du pain ou la mort, » on le mitraille, et l'on calomnie ses restes mutilés.

Et à ces cris de désespoir, on entend quelques voix parties dela tribune répondre : Peuple, que veux-tu, que demandes-tu ? n'es-tu point souverain, peuple, n'es-tu point roi ? Insultante dérision, misérable ironie ! le peuple roi ! Ils l'appelaient roi aussi, les Pharisiens d'une autre époque, ce Révélateur d'une religion nouvelle, qui venait prêcher aux hommes l'égalité et la fraternité. Ils l'appelaient roi, mais en le flagellant, en le couronnant d'épines, en lui jetant à la face l'injure et le blasphème. Le peuple, messieurs, c'est l'*Ecce homo* des temps modernes ; mais soyez convaincus que sa résurrection est proche ; il descendra aussi de sa croix pour demander compte de leurs œuvres à ceux qui l'auront trop longtemps méconnu. (*Applaudissements prolongés.*)

Voilà, messieurs, le peuple, le voilà tel que nous l'a fait le gouvernement représentatif.

C'est dire assez que ce système déshonoré, rongé par la corruption, a fait son temps, et qu'il faut le changer, à peine de subir une violente révolution.

Et pour le changer, messieurs, la réforme électorale est le premier pas à faire : sans elle tout progrès pacifique est impossible. Cette réforme, il la faut radicale. Que tout citoyen soit électeur, que le député soit l'homme de la nation, non de la fortune ; qu'il soit désigné pour sa vertu.

Mais la réforme électorale, que serait-elle, si elle n'aboutissait qu'à une transformation du régime représentatif? un vain mot, un changement de gouvernants, d'état-major! Le pays exige davantage. De grandes questions ont été posées et peuvent être résolues ; de grandes souffrances se sont révélées et demandent satisfaction ! La régénération politique ne peut donc être qu'un acheminement et un moyen d'arriver à de justes améliorations sociales.

C'est par cette tendance fraternelle et sympathique, messieurs, c'est à ce point de vue élevé de l'amour du peuple que le parti démocratique se distingue surtout et profondément des autres partis éclos de la révolution de Juillet.

Considérez en effet la phalange doctrinaire, que veut-elle, où tendent ses vœux ?

Elle invoque une espèce de légitimité factice qui n'a ni la sanction du peuple, ni la sanction des vieilles traditions! elle repousse le droit divin et combat le droit populaire ; elle détruit une fiction qui reposait sur un principe pour la remplacer par une fiction mesquine qu'elle crée à son usage d'abord, et ensuite à celui de la bourgeoisie. Mais dans cette pédante école, le peuple n'a pas sa place.

Le parti Thiers, où marche-t-il? Son chef l'a dit, l'a écrit. Il ne voit dans la révolution de Juillet qu'une charte contractée en place d'une charte octroyée, une pairie sans hérédité, au lieu d'une pairie héréditaire. Il considère la France comme irrévocablement liée par les honteux traités de 1815, l'alliance avec l'Anglais comme un appui nécessaire, et la grande victoire des trois jours n'a dû amener à ses yeux qu'un changement de dynastie. Quant au peuple qui a remporté cette victoire, il est un marche-pied qu'on brise dès qu'on s'en est servi pour monter.

Parlons-nous de la fraction Barrot, qui n'est plus qu'une nuance du parti Thiers? Pour être moins corrompue que celui-ci, pour savoir mieux composer sa tenue, pour être plus amie d'un certain libéralisme nuageux, s'occupe-t-elle davantage de l'avenir du peuple, dont la grande voix lui fait peur, voix qu'elle veut essayer d'étouffer par l'adjonction des capacités?

Et le parti légitimiste, qui feint de se poser aujourd'hui au nom du peuple, peut-il sincèrement, et je ne sais par quel retour subit, penser aux intérêts, aux droits de ce peuple qu'il a si longtemps opprimé? Il est bien vrai que, pour rentrer dans la réalité politique, il affecte nos principes, notre langage, et parle de souveraineté du peuple, lui de droit divin. Mais ces mots grimacent dans sa bouche; c'est le renard qui se revêt, par nécessité, de la peau du lion. (*Bravo! bravo!*)

Pour ces partis surannés ou bâtards, le peuple n'est donc qu'un mot, c'est le comparse de la pompe théâtrale, c'est l'esclavage antique escortant le char du triomphateur. (*Bravo! bravo!*)

Pour nous, messieurs, le peuple c'est tout. Soulager ses misères, ses douleurs, voilà notre but. Passer par la question politique pour arriver à l'amélioration sociale, telle est, je le répète, la marche qui caractérise le parti démocratique en face des autres partis. (*Très bien!*)

Et la première, la plus capitale des réformes, messieurs : c'est la révision de l'impôt. La révolution de 89 en a proclamé l'égalité, mais la pratique donne ici à la théorie le démenti le plus cruel. Direct ou indirect, l'impôt écrase surtout les classes pauvres ; son assiette et la proportion dans laquelle il est réparti doivent donc être changées.

La plus pesante des charges, celle du service militaire, l'impôt du sang, comme on l'appelle, n'atteint que les enfants du peuple. Le remplacement crée au profit des riches un odieux privilège, il énerve les classes aisées, il affaiblit l'armée. En l'abolissant, on doublera les forces vives et productrices de la nation, on la rendra plus compacte et plus redoutable vis-à-vis de l'étranger qui la menace sans cesse. A côté de l'armée active se placera naturellement une réserve exercée qui au premier signal volera sous les drapeaux.

Il est, messieurs, une autre question d'une plus haute gravité encore, d'où dépend l'avenir des sociétés modernes, la question des salaires.

Quel est, en effet, celui de nous qui, en parcourant nos cités manufacturières, nos grands centres de population, ne s'est senti profondément ému, ému jusqu'aux larmes, à l'aspect de ces hommes privés de toutes jouissances, et trouvant à peine dans le salaire d'un travail sans relâche de quoi satisfaire à leurs plus impérieux besoins ? de ces jeunes filles gagnant six sous par jour, et réduites à chercher dans une prostitution froide et systématique le complément à la nourriture qui leur manque ? (*C'est vrai! c'est vrai!*) de ces enfants faibles et languissants, condamnés à trouver avant l'âge, dans un travail au-dessus de leurs forces, ce pain que le père ne saurait leur procurer ? de ces vieillards trahis par les ans, et à qui on n'assure un asile qu'après les avoir flétris par la prison ?

Eh bien, messieurs, en présence de ces plaies honteuses de notre société, en présence de ces intérêts si légitimes et si sacrés, que fait le gouvernement représentatif ?

Dans la Chambre, et pour ne parler que de la dernière session, on s'occupe de l'adresse d'abord. A cette époque semble naître, chaque année, une lueur d'espérance ; mais ce ne sont que des vanités menteuses, que des ambitions privées qui s'agitent et s'entrechoquent. Le projet toujours si menaçant, finit par un compliment de plus en plus servile pour le pouvoir.

Puis vient la question d'Orient : au souvenir des Pyramides, courte et glorieuse épopée, la France se sent rajeunir. L'armée bouillonne de courage, un marin éprouvé demande un signal, un seul, pour aller incendier la flotte de l'Anglais. Mais on disserte, on négocie, on temporise, et l'Anglais, pendant ce temps, bombarde Beyrouth, s'empare de Saint-Jean-d'Acre, et le pavillon aux trois couleurs est insulté, et la France courbée devant l'étranger, chassée du conseil des rois, voit ternir sa gloire et déchoir sa prépondérance ! (*Profonde sensation.*)

Parlerai-je des fortifications, de cette question si brûlante ? Les uns les ont jugées de suite, et je suis de ce nombre, à la main qui les donnait ; les autres, purs et dévoués cependant, ont trop apprécié ce perfide projet à la mesure de leur propre loyauté ; aujourd'hui à l'œuvre à l'exécution partielle et cauteleuse, tout doute se dissipe. Les fortifications obtenues contre l'invasion de l'étranger ne sont que trop dirigées contre les libertés de la France. (*C'est vrai ! c'est vrai !*)

Voilà toute cette session ! Et pendant tant de longs jours, qu'a-t-on fait pour le peuple, pour cette partie du peuple

manquant de tout, couverte de haillons, qui se presse sur
le seuil et frappe à la porte ? Licteurs ! faites place à ses
maîtres, le budget n'est-il point voté ? chacun des sé-
nateurs n'y a-t-il pas pris part ? ne s'est-il point gorgé
pour soi ou pour les siens ? Licteurs, faites faire place,
que les maîtres du monde aillent prendre aux champs
quelque repos pour ce qu'ils n'ont point fait. (*Bruyants
applaudissements.*)

Jetterons-nous maintenant, messieurs, un regard au
dehors de la Chambre, sur le pouvoir lui-même ?

Et tout d'abord, ce sont les glorieuses destinées de l'A-
frique confiées au signataire de la Tafna. Et cette terre promise où tant d'esprits pourraient trouver un aliment à leur
ardeur, tant de parias un soulagement à leurs misères,
cette terre que les Phéniciens représentaient par un épi,
Ferick, comme symbole de sa fécondité, qu'est-elle devenue
sous une administration qui a des engagements avec l'étranger ? Un théâtre de gloire et de périls sans cesse renaissants
pour l'armée, un moyen de faveur pour quelques privilégiés, un lieu de dégoût pour des chefs valeureux qui l'ont
généreusement arrosée de leur sang. Elle coûte enfin des
millions, elle qui, aujourd'hui, pourrait presque en rapporter.

Et la presse, n'a-t-elle point été traquée de toutes parts ?
Pour ces lettres surtout dont on ne cherche même plus
l'auteur, pour ces lettres qui n'ont laissé qu'une impression,
mais mystérieuse, universelle, redoutable, née du rapprochement entre la diplomatie lâche et perfide qu'on y exalte
et la politique suivie depuis dix ans (*Bravo !*), n'a-t-elle
point, victorieuse de cette lutte, été reprise en vertu des
lois de septembre, de ces lois impies, parricides, portées
par ceux-là mêmes qui avaient vécu de la presse, qui l'a-
vaient indignement exploitée, et qui l'ont enchaînée d'autant
plus sûrement qu'ils connaissaient mieux tous les secrets

de ses ressources et de sa puissance? (*Signes d'adhésion marquée.*)

Le pouvoir, enfin, n'a-t-il point à rendre compte de ces agitations nées comme d'un orage sur tous les points de la France, à l'aspect de charges nouvelles à ajouter encore à de si lourds impôts?

Mais, messieurs, en mettant en regard de ce douloureux tableau le programme de mes vœux, de ma foi politique, n'ai-je point oublié, pour m'abandonner à de chères espérances, les hommes au milieu desquels votre confiance m'enverra?

Non, j'ai tout pesé. Je sais que ces doctrines de dévouement sont traitées de folies par la majorité acquise à tous les ministères, quels que soient leur dilapidations, leur aveugle égoïsme. Je sais que la vénalité, que la peur, la peur surtout, a tout infecté, et qu'entraînées par ce débordement de corruption, des natures d'élite se sont livrées au découragement. Je sais que, de toutes parts, les hommes qui vivent de cette honte se sont coalisés pour étouffer le moindre cri d'alarme.

Mais, loin de me laisser abattre par ces obstacles, je puiserai, dans le sentiment du devoir que votre mandat m'imposera, la force de les surmonter. Je serai soutenu par l'illustre souvenir des grands citoyens que, selon les temps et les circonstances, votre patriotisme a envoyés à la représentation nationale; les Sieyès, les Carnot, les Benjamin Constant, les Lafayette, les Cormenin, les Garnier-Pagès, glorieuse cohorte sortie de votre collège en quelque sorte consacré; et si ma voix se brise dans le tumulte de tant de résistances intéressées, l'avenir, messieurs, l'avenir qui est à nous, se chargera de développer les germes dont j'aurai, dans la mesure de mes forces, contribué à jeter la semence.

C'est ainsi, messieurs, que je comprends ma mission,

pénible et rude apostolat ; c'est ainsi que la comprenait ce noble et généreux athlète, frappé d'une mort si prématurée : là est sa gloire. Honneur à lui, messieurs, honneur à vous qui avez su le deviner ! Puissé-je, en acceptant son héritage, succéder à sa vertu ! Mais si le désir ardent de se dévouer suffit au succès, croyez, messieurs, que vous n'aurez point armé un soldat indigne de cette grande cause de la démocratie, pour laquelle nos pères ont triomphé et que nous ne saurions sans honte laisser périr.

II

DISCOURS PRONONCÉ DEVANT LA COUR DE CASSATION

EN DÉFENSE A L'ACCUSATION PORTÉE CONTRE L'ORATEUR

PAR SUITE

DE SA PROFESSION DE FOI AUX ÉLECTEURS DE LA SARTHE

(8 octobre 1841)

Le *Courrier de la Sarthe* avait reproduit la profession de foi de Ledru-Rollin.

La Cour royale d'Angers ayant rendu, à la date du 19 août, un arrêt de mise en accusation, tant contre Ledru-Rollin que contre le gérant du journal, pour ce discours et sa reproduction, le procureur général, lorsque l'affaire vint devant la Cour de cassation, le 8 octobre, réclama le renvoi des deux prévenus devant un autre jury que celui de la Sarthe, pour cause de suspicion légitime.

Les délits reprochés aux accusés étaient :

1° Attaque contre le principe et la forme du gouvernement ;
2° Attaque contre l'autorité et les droits des deux Chambres ;
3° Attaque contre le respect dû aux lois ;
4° Excitation à la haine et au mépris du gouvernement.

Ledru-Rollin, entouré de ses collègues, avocats à la Cour de cassation, et d'une foule d'avocats à la Cour royale, prononça la défense qu'on va lire.

Peut-être pourrait-on s'étonner, messieurs, de me voir à cette barre venant défendre moi-même une cause qui, au premier aperçu, semble m'être personnelle.

S'il en était ainsi, si ce procès était véritablement le mien, croyez bien que, sachant tout ce qu'une semblable

situation peut enlever de calme et d'autorité à la parole, je
me serais abstenu ; je n'avais qu'à choisir, au milieu des
grandes renommées politiques, des illustres amitiés qui
s'offraient à moi, un défenseur et un appui.

Mais personne, dans cette enceinte ni au dehors, ne saurait s'y méprendre : je suis, dans cette cause, l'occasion ou
le prétexte ; ce qui est véritablement en question, c'est la
liberté de conscience, l'indépendance du corps électoral,
la souveraineté nationale dont la Charte, par une fiction,
le suppose l'expression fidèle. (*Marque d'adhésion.*)

De quoi s'agit-il, en effet? Est-ce par hasard d'un discours prononcé sans nécessité, par pure fantaisie, pour
semer à plaisir le trouble et la discorde? Nullement.

En vertu d'un droit constitutionnel, un candidat est appelé par ses concitoyens à confesser sa foi, sa religion politique ; cet homme au cœur chaud, à l'âme ardente et sympathique, laisse avec confiance déborder son cœur et son
âme ; à ses yeux, ce rapport suprême entre le candidat et
l'électeur emprunte quelque chose du caractère religieux,
et doit être absolu, sans réserve, à peine de se déshonorer
au tribunal de sa conscience.

Et cette âpre franchise, ces vœux en faveur du peuple ne
sont pas restés sans échos : le nom du candidat a été proclamé à la presque unanimité.

Tout semblait donc consommé, car, candidat et électeurs,
chacun avait rempli son devoir.

Voilà cependant qu'un corps inamovible, animé par je
ne sais quel souffle fatal, ou par je ne sais quel souvenir suranné de la turbulence parlementaire, s'en prend
au discours du député, couvert désormais, cependant, par
la souveraineté du collège, et renvoie son auteur sur les
bancs d'une Cour d'assises.

Vous rappellerai-je ici, messieurs, le cri d'étonnement
qui, à cette incroyable nouvelle, s'est élevé de toutes parts?

Vous le savez, les amis mêmes les plus dévoués de ce gouvernement se sont profondément émus de cette entreprise inattendue, de ce conflit exorbitant qui déplaçait la base de la souveraineté nationale, et la transportait du corps électoral dans quelques compagnies parlementaires; ils ont senti que c'en était fait du gouvernement représentatif, dont la partie dirigeante, impulsive, doit prendre ses racines dans l'élection, racines qu'on essayait de fixer dans un sol inamovible : ils ont compris qu'avec ce système, la représentation nationale, la pondération des pouvoirs n'étaient plus qu'un mot; qu'il n'y aurait plus en France qu'un monarque et des sujets, puisque la pairie est à l'élection du roi, que la magistrature est nommée par le roi, et que les corps électoraux deviendraient les justiciables de la justice du roi. Aux yeux mêmes des conservateurs les plus déclarés, des amis les plus sincères de ce gouvernement, c'était donc le pouvoir absolu, moins la garantie de la pairie héréditaire.

Eh bien, messieurs, ce n'était pas tout. Un spectacle plus étrange encore devait nous être donné; une fois sorti de la constitution, il faut marcher de faute en faute, d'abîme en abîme, et après avoir commis cette énormité constitutionnelle, de vouloir faire juger un collège électoral, au premier degré par une Cour royale, au deuxième degré par un jury, c'est-à-dire le plus par le moins, le jury naturel ne suffit déjà plus à la passion, à la haine; il faut un jury choisi, un jury d'exception; qu'on me permette le mot, une commission de jury; en un mot, messieurs, pour 125 électeurs qui ont exercé leurs droits d'une manière indépendante, mais calme, on vient vous demander de mettre en suspicion près de 3000 jurés; plus encore, de déshériter de ses droits un département tout entier, composé de près de 500 000 citoyens; de renouveler enfin, de par arrêt, la loi des suspects. (*Mouvement prolongé.*)

Et pour vous demander, messieurs, cette suspension des droits, cette grande mesure exceptionnelle, la patrie est sans doute en danger, quelque vaste complot est prêt à fondre sur elle? Elles doivent être bien puissantes, d'un ordre bien relevé, les raisons qui justifient cette mise hors la loi ?

Cependant, messieurs, rien de pareil n'est invoqué, et même, vous le croiriez à peine, c'est au nom de la défense seulement, par intérêt, par tendresse pour les accusés, qu'on sollicite ce renvoi de votre bienveillance paternelle ; on craindrait que, dans ce département, les passions politiques ne se déchaînassent contre moi.

Subterfuge grossier! détestable hypocrisie! Procureur général, frappez, mais ne mentez pas!... (*Mouvement.*) Voyons, jetons le masque : interrogeons-nous en présence de ce tribunal suprême, de cette foule assemblée ; procureur général, répondez : si dans la ville du Mans ma condamnation vous eût paru certaine, m'auriez-vous environné de ce bienveillant intérêt? Le renvoi pour suspicion légitime, l'auriez-vous demandé? La conscience publique répond pour vous : non, non ; vous ne l'auriez pas fait. Vos faux-semblants de justice sont donc maintenant appréciés ; l'on sait que penser de votre catilinaire.

Mais passons aux détails. Et d'abord, vous vous fondez sur ce que le jury, composé en partie d'électeurs, ne verrait dans ce débat judiciaire que la continuation de la lutte politique, et, à vos yeux, le jury manquerait, dans cette appréciation, de calme et de sérénité !

Vous avez donc oublié que c'est justement pour les luttes politiques que la loi a établi la compétence spéciale du jury? Elle a voulu que l'élément mobile de la société pût seul apprécier les causes politiques ; car ce qui serait un crime pour un corps inamovible, stationnaire, peut ne pas l'être pour le jury, majorité progressive et avancée de la nation. Vous avez donc oublié que, partout où cette cause sera portée, son caractère demeurera le même, partout elle sera la suite d'une lutte électorale, partout elle sera appréciée par le jury, et partout le jury sera composé d'électeurs? Pour être conséquent à votre principe, il faudrait donc écarter la juridiction du jury, et porter dans l'enceinte étroite d'un tribunal correctionnel ce solennel débat. N'est-ce point de votre part le prélude d'un retour vers les tribunaux d'exception?

Vous dites que le jury pourrait être intimidé par des manifestations extérieures? mais si, au Mans, comme dans toutes les importantes cités, la garde nationale a porté ombrage, si elle est dissoute, si, au mépris de la loi, on ne pense plus à la reconstituer, n'avez-vous point une garnison nombreuse qui sache faire respecter le temple des lois? Vous êtes obligé de reconnaître que la ville est tranquille; mais une émotion populaire, dites-vous, pourrait y éclater. Rassurez-vous; dans cette cité intelligente, le pouvoir municipal est aux mains de la démocratie, ses premiers magistrats sont des hommes de cœur et d'énergie, et on aurait passé sur leur corps avant de jeter la ville dans un tumulte insensé.

Vous ajoutez encore que les jurés, après leur verdict, pourront avoir à subir une ovation séditieuse ou les témoignages d'un blâme insolent. Après leur verdict, peu vous importe. Justice sera faite alors, leur mission sera remplie; et, pour changer le lieu, je le répète, vous ne changerez ni l'importance de la question, ni les témoignages éclatants de sympathie dont elle sera partout l'objet.

Vous dites enfin que le jury de la Sarthe manquerait d'impartialité. Ici j'ai à vous répondre mieux que par des paroles; des chiffres vont parler. Un savant illustre, de grands mathématiciens, MM. Arago, Mathieu et Liouville, se sont livrés à des calculs de probabilité, et il résulte d'un travail irrécusable, que, en supposant 1500 jurés, dont 123 électeurs qui m'ont honoré de leurs suffrages, il y aurait quarante-neuf à parier contre un que, sur la liste spéciale des trente-six jurés de jugement, il ne sortirait pas plus de six électeurs.

N'est-ce donc point assez de quarante-neuf chances contre une pour votre haine? N'est-ce point assez surtout quand vous avez neuf récusations à exercer?

Mais, depuis ce calcul, il a été reconnu que la liste générale du jury, au lieu de 1500 noms, en contient 2669. Ainsi, au lieu de quarante-neuf chances, vous en avez plus de quatre-vingt-dix-huit pour me faire condamner. Parlez donc encore de votre impartialité !

Qu'entendez-vous, au surplus, par ces mots : être impartial? Être impartial, n'est-ce pas juger avec vous, penser comme vous? La constitution confère à certains citoyens le double titre d'électeur et de juré; l'électeur a rempli son devoir avec conscience ; on traduit devant lui, juré, le député de son choix, et on le récuse en lui disant : Vous n'êtes pas impartial, car vous avez voté contre nos opinions. — Mais, répondra le juré, j'ai exercé un droit souverain, inviolable, et vous n'avez pas la faculté de l'apprécier : entre nous, il n'y a pas de juge; je me trompe, il y en a un ; ce juge, c'est moi, car moi, électeur, je suis l'opinion publique. Et vous, procureur général, qui vous donne l'investiture? le ministère. Moi, électeur, je chasse les ministres. Au nom de qui parlez-vous? au nom du roi. Moi, électeur, l'histoire est là pour le dire, je fais et je défais les rois. (*Mouvement prolongé dans l'auditoire.*) Procureur général, à genoux, à genoux donc devant ma souveraineté ! Discuter mon impartialité, c'est porter la main sur ma couronne électorale. (*Nouveau mouvement, signes unanimes d'adhésion.*)

Voilà, messieurs, les hautes vérités qui ressortent de cette cause.

Je devais vous les rappeler au nom du jury dont on essaye de fausser l'institution en le déplaçant d'abord, pour le dépouiller ensuite de sa principale prérogative : la connaissance des causes politiques ;

Au nom du collège électoral qui m'a envoyé pour défendre les droits du peuple, et dont il est de mon devoir de faire respecter les vœux ;

Au nom du corps électoral de France, dont l'indépendance n'a jamais été si audacieusement, si brutalement attaquée ;

Au nom de votre propre dignité, messieurs : car le ministère qui pèse sur la France n'est que d'un jour ; que dis-je ? il a déjà passé ; mais votre institution est grande, elle vivra dans le temps. Votre histoire est noble et pure, voudriez-vous aujourd'hui y faire une tache ? Je vous ai fait connaître toute l'étendue de la responsabilité ; à vous le choix !

Tels sont, en entrant ici, les seuls soins qui me préoccupaient ; car pour moi, messieurs, pour le jeune écrivain, homme savant et dévoué, qui m'accompagnera sur les bancs de la Cour d'assises, je n'aurais rien eu à vous dire ; partout où vous nous enverrez, nous espérons, messieurs, retrouver le pays.

Qu'aurai-je pu vous dire, au surplus ? vous parler de ma liberté menacée, de mon patrimoine compromis, des miens frappés dans leur affection la plus chère ?

Qu'est-ce que cela, en comparaison d'une grande et sainte cause, et qu'importe le sort du soldat, si l'idée dont il porte la bannière, si l'idée marche ? Et elle marchera, messieurs, cette idée généreuse ! Acquittée, la démocratie entrera à la Chambre non plus visière baissée, dissimulant son écu et sa devise, mais en conquérante, de par la double épreuve de l'urne électorale et de la Cour d'assises, la main sur la garde de son épée. Condamnée, l'idée marchera plus vite encore, puisque en France les sympathies sont pour le dévouement et contre la persécution.

Prononcez donc, messieurs ; du moment que la cause que je sers, que la cause du peuple ne peut que gagner à cette alternative, prononcez ; j'attends votre arrêt sans crainte, si contraire qu'il soit, et au prix même de ma liberté : ce n'est point pour moi qu'il serait une défaite. (*Nombreux applaudissements.*)

L'affaire fut renvoyée devant la Cour d'assises de Maine-et-Loire.

———

III

DISCOURS PRONONCÉ DEVANT LE JURY

DE MAINE-ET-LOIRE

EN DÉFENSE AUX IMPUTATIONS PORTÉES
DEVANT CE JURY CONTRE L'ORATEUR A L'OCCASION DE SA PROFESSION DE FOI

AUX ÉLECTEURS DE LA SARTHE

(23 novembre 1841)

De fait, messieurs, dans cette affaire solennelle, et où s'agite un principe constitutionnel et national ; dans une question où ma liberté et mon sort sont engagés, je m'étais imposé la loi de ne pas prendre la parole ; ma pensée politique devait vous être expliquée, comme elle le sera en effet par mon illustre ami, M. Arago.

Mais on a recherché quelles ont été mes intentions et je dois les expliquer personnellement.

On vous a dit, messieurs, que mon discours contenait une provocation à la révolution et au renversement du gouvernement ; et, partant de ce point, on vous a demandé une répression sévère ; sur ce point, le ministère public et moi nous sommes plus près de nous entendre qu'on ne pourrait le penser ; si j'ai provoqué à la révolte, punissez-moi, je l'ai mérité.

Mais si je n'ai demandé qu'une révolte pacifique, vous devez reconnaître que je n'ai rien fait de coupable.

Quand j'ai paru devant les électeurs de la Sarthe, de quoi étais-je préoccupé? de questions qui ont été l'objet de mon étude favorite.

Ce que je veux, messieurs, c'est ce que vous voulez; je veux empêcher une révolution, grâce à une réforme radicale. Mais, dit M. le procureur général, M. Ledru-Rollin dit que cette réforme sera le premier pas; donc, la réforme opérée, il demanderait encore quelque chose.

Je le répète, messieurs, quand vous aurez changé le système électoral, après avoir consulté le peuple, si le peuple continue encore à être malheureux, il ne pourra plus s'en prendre qu'à lui-même.

Il est prouvé qu'en France, il y a douze millions d'hommes qui vivent dans la misère ; que faire pour cicatriser des plaies aussi profondes? J'ai dit ce que j'ai cru y être le plus propre; la Chambre ne fait rien pour arriver à ce but, et j'ai pensé qu'il fallait faire quelque chose : sans doute le cœur vous bat comme à moi à la vue de tant de douleurs. Mais ce n'est pas assez de dire que votre cœur bat; mieux vaudrait se mettre à l'œuvre.

Voilà, messieurs, quelle a été ma pensée ; voyons si, pour la première fois de ma vie, mes expressions n'auront pas rendu ma pensée; car, messieurs, tout est là ; et je le répète, je n'ai voulu parler que d'une réforme pacifique.

J'ai dit que, si on ne recourait pas à une réforme, ces douze millions d'hommes feraient une révolution, et pour l'éviter j'ai cru, à tort ou à raison, qu'il fallait avoir recours à la réforme électorale, pour que, si désormais le peuple était malheureux, il ne pût accuser que lui de son malheur ; c'est dans cette pensée que j'ai proposé ce moyen, je l'ai dit expressément, *pour éviter une révolution violente.*

Et cependant, messieurs, on prétend que je veux faire une révolution violente; je parle de réforme pacifique, et vous dites que je fais un appel à la force brutale.

J'ai dit qu'il y avait trois améliorations sociales à obtenir : l'égalité de l'impôt, l'organisation du travail, et l'organisation démocratique de l'armée ; si vous me faites un procès de tendance, osez le dire, et je vous répondrai ; mais vous aimez mieux laisser planer sur moi le mot de communiste par lequel vous voulez effrayer les jurés. Eh bien, je le proclame bien haut, j'aime la propriété qui est le fondement de toute moralité ; je ne suis pas *communiste*, je hais *les communistes* ; je les hais plus que vous-mêmes ne les haïssez ; car on nous jette trop souvent à la face leurs absurdes opinions.

Je veux que l'ouvrier devienne propriétaire, non pas par le vol, mais par les voies légales, et je dis que quand il sera propriétaire, il sera plus tranquille et plus moral ; peut-être est-ce là une utopie, mais c'est du moins l'utopie d'un bon cœur. Pour bien juger ce procès, écartons l'appareil judiciaire qui nous entoure : supposez que nous soyons au 25 juillet, vous électeurs et moi candidat ; je vous exposerais franchement, comme je l'ai fait, quelles sont mes opinions ; si elles n'étaient pas les vôtres, vous ne m'éliriez pas, mais vous diriez : voilà un honnête homme, et vous me serreriez la main ; ici, messieurs, vous ne me condamnerez pas ; voilà ce que j'avais à vous dire.

IV

DISCOURS PRONONCÉ A LA CHAMBRE DES DÉPUTÉS

DANS LA DISCUSSION DU BUDGET DU MINISTÈRE DE L'INTÉRIEUR
CHAPITRE DES DÉPENSES SECRÈTES

(10 mars 1842)

MESSIEURS,

Le Gouvernement, pour motiver sa demande de fonds secrets, s'appuie sur deux considérations : la nécessité des circonstances et la confiance qu'il dit avoir inspirée. Votre commission s'associe à cette demande ; elle fait plus, elle propose une innovation ; elle veut que ce crédit extraordinaire ne soit plus une question de confiance, mais qu'on le reporte au budget ordinaire de la police à compter de 1843.

Messieurs, puisque le hasard me donne la parole le premier, avant d'examiner la question même, permettez-moi de dire mon opinion sur cette innovation qui vous est proposée.

Le titre de crédit extraordinaire atteste l'origine de cet impôt, c'est-à-dire qu'il a reposé d'abord sur des circonstances éphémères, variables, changeantes, qui, d'un moment à l'autre, peuvent ne plus être les mêmes. Or, messieurs, si ce que vous propose la commission était adopté, qu'en résulterait-il? si l'on faisait passer de l'extraordinaire à l'ordinaire ce vote de l'impôt? si de l'exception on faisait une règle générale? Il en résulterait qu'une fois la règle faite, acceptée, on ne penserait plus à sa revision; que de nouvelles circonstances arrivant, on demanderait au pays des fonds complémentaires; de façon que cet impôt, cette charge serait assimilée, permettez-moi de le dire, à ces subsides de guerre qui devaient cesser avec la paix, et qui, depuis Charles VI, Henri IV, Louis XIV, Napoléon, obèrent encore le pays.

C'est vainement que, pour appuyer cette innovation, on prétend que les questions de cabinet, trop souvent multipliées, nuisent aux intérêts matériels du pays. Vous comprenez qu'à défaut de cette question de cabinet, chaque occasion peut en fournir une autre, et que son déplacement même n'en changerait pas la nature.

Au surplus, messieurs, est-ce que ce n'est pas se préoccuper des intérêts matériels du pays que de s'enquérir du caractère, de la moralité, de la destination d'un impôt qui grève le pays?

Je le dis donc, à mes yeux, l'innovation est malheureuse; je demande que ce crédit reste précaire, isolé, saillant, pour que le pays, ayant sans cesse les yeux sur lui, en demande la réduction d'abord, et la suppression le plus tôt possible.

Maintenant, messieurs, dirai-je un mot de la nécessité actuelle des fonds secrets? C'est une question qui a été fort épuisée. Leur destination, vous le savez, est toujours la même: c'est, nous dit-on, pour surveiller les factions, les sociétés secrètes qui *pullulent* — ce sont les termes du rapport — sur le sol de la France.

Je me demanderais alors si les fonds secrets reçoivent bien leur destination; je me demanderais quelle conspiration a été découverte à l'aide des fonds secrets? je me demanderais s'il en est une seule redoutable, s'il est un seul

attentat sérieux qui ait été prévenu par les fonds secrets.
(*Murmures.*)

Je me demanderais encore si les fonds secrets ne doiven
être employés qu'à surveiller des Français, et pourquoi,
l'an dernier, la contre-révolution espagnole s'organisant
presque officiellement, recrutant ses soldats dans les départements, n'a pas été dépistée par la police ?

Messieurs, sur les fonds secrets, il a été dit à cette tribune
un mot qui juge à jamais leur emploi : ce mot est sorti de
la bouche d'un ancien préfet de police qui en avait en
partie le maniement. Il vous a dit : « Les fonds secrets!
mais les deux tiers n'en sont pas employés aux besoins de
la police. »

Eh bien, je souhaite qu'à l'approche des élections prochaines ces paroles ne soient pas trop tôt vérifiées.

J'arrive, et je me hâte de le faire, à ce qui est, selon
moi, l'objet de la question, le point du débat.

Le ministère vous a dit qu'il avait la confiance du pays,
qu'il avait la confiance de la Chambre. Voyons donc si cette
assertion est fondée, si le ministère a la confiance du pays
et de la Chambre. L'a-t-il du moins en disant ce qu'il est?
l'a-t-il en disant réellement ce qu'il veut? Là est pour moi
véritablement la question. Or, la France est un pays à instincts généreux, libéraux. Lorsqu'un système, lorsqu'une
théorie de réaction lui est présentée de toutes pièces, lorsque
cette théorie est présentée d'ensemble, d'un seul jet, le pays
se révolte et frappe cette théorie de réprobation. Permettez-
moi, messieurs, je le fais sans souvenirs irritants, permettez-moi de rappeler à vos esprits ce qui s'est passé l'année
dernière à l'égard du rapport de la commission chargée de
l'examen des fonds secrets.

Vous vous en souvenez, le rapport disait qu'il fallait à
l'extérieur la paix partout, qu'il fallait la paix toujours ; à
l'intérieur, qu'il fallait un ministère de résistance persévé-

rante. Il ajoutait, ce rapport : que la France n'était pas capable des institutions qu'elle possédait, ce sont ses termes, et il se terminait ainsi : « Que ceux qui ne sont pas électeurs le deviennent par la fortune, qui est accessible à tous. »

Vous redirai-je l'effet produit par ce rapport ; vous dirai-je qu'il a été pour ainsi dire déserté par la Chambre, vous dirai-je que le ministère interpellé a refusé de s'y associer, et pourquoi? Parce que le ministère a parfaitement senti qu'il y avait imprudence, danger même à lever trop subitement le voile; que le pays, pris ainsi à l'improviste en présence d'une théorie antilibérale, se révolterait et réagirait par ses nobles instincts.

Voilà ce que le ministère a senti. Voyons maintenant ce qu'il a fait. Le ministère a pensé, dans son habileté, qu'une fois la session passée, le pays s'endormirait; il a pensé qu'il pourrait alors, avec adresse, attaquer une à une les libertés que, dans leur ensemble, il n'avait pu impunément menacer. Cette résolution prise, voyons le ministère à l'œuvre.

Et d'abord, à l'intérieur, comment débute-t-il? Il commence par la loi sur les annonces judiciaires. Vous vous rappelez ce qu'on vous a dit lorsque cette loi fut portée ici; que la loi ne serait pas une loi politique, qu'elle ne serait pas interprétée politiquement. Et cependant, il faut le reconnaître, la loi a servi à détruire, en province, la presse de l'opposition, et l'on a presque dit depuis à cette tribune, que cela était bien, et l'on a presque avoué que c'était là le but de la loi.

Le ministère, qu'a-t-il fait encore ? Il saisit préventivement les journaux, puis il les relaxe, mais quand? lorsque les abonnés, interrompus dans leur service, ont disparu en grande quantité.

Le ministère a fait plus, il savait qu'une grande conquête

avait été faite par la révolution de Juillet : la juridiction du jury appliquée aux délits de presse ; eh bien, il cherche à faire dévier cette institution, et que fait-il ? Les fonctionnaires publics, plus ou moins autorisés, cédant à ce qu'ils jugent être la pensée intime du cabinet, les fonctionnaires publics, au lieu de demander la réparation des diffamations devant les cours d'assises, s'adressent aux tribunaux civils... (*Mouvements divers.*)

Les fonctionnaires publics s'adressent aux tribunaux civils, et par suite des amendes on absorbe le capital des journaux ; trois d'entre eux restent sur la place par l'effet de ces rigoureuses condamnations.

On va plus loin encore : on sait que la Cour des pairs est une cour sans appel, qu'elle n'est soumise à aucun contrôle possible ; on sait que la Cour des pairs est avant tout un corps politique ; eh bien, par une théorie que je ne veux pas qualifier, par la théorie de la complicité indirecte et morale, on traîne les journaux devant la Cour des pairs, et l'on fait condamner un écrivain au grand scandale du pays. (*Exclamations au centre.*) Enfin, on touche au jury. (*Interruption et rire au centre.*) Écoutez ! avant de rire. Je ne veux pas envenimer la question, croyez-le bien : on touche au jury. Je ne parlerai pas des doutes répandus sur le contenu de la lettre, je ne parlerai que des termes mêmes apportés ici par l'un de MM. les ministres. Il a dit : « Cette lettre contenait seulement ceci : Nous aurons affaire aux jurés probes et libres de 1842. »

Je m'arme de ces termes, et je réponds : En 1841, ils n'étaient donc pas probes et libres, les jurés ? Or, pour savoir si ceux-ci seraient plus probes et plus libres, quels moyens avez-vous employés ? quels sont ceux que vous pouviez employer ? comment pouvez-vous le savoir ? Vous avez donc eu recours à des artifices extraordinaires, nouveaux. On a prétendu que le jury n'avait pas été épuré ! Voici ma réponse : Depuis la recrudescence des poursuites contre la presse, les journaux sont devenus plus modérés, personne ne peut le contester. (*Rire au centre.*) Attendez... par votre rire, vous avez fortifié mon argument. (*Exclamation.*) Oui, vous avez fortifié mon argument ; car les journaux ont été plus modérés, et cependant il n'en est pas un, pas un seul, qui ait été acquitté. Comprenez-vous, maintenant ? Donc votre jury avait été partialement, politiquement épuré. (*Mouvement en sens divers.*) Enfin, vous avez introduit ou laissé introduire une jurisprudence flétrie par la Restauration, une jurisprudence flétrie dans les écrits de M. le ministre des affaires étrangères lui-même. La jurisprudence contre les imprimeurs, que vous avez introduite, est une censure brutale, inintelligente. (*Murmures au centre.*) C'est donc ainsi qu'à l'intérieur on a traité ce que M. le ministre de l'instruction publique appelait, sous la Restauration, *la plus vitale de nos libertés*, mot qui, souvent répété, lui a valu sa renommée et sa fortune politique. (*On rit.*)

Voilà, messieurs, pour la politique intérieure du cabinet.

Maintenant, jetons un coup d'œil, et je le ferai rapidement, sur sa politique extérieure.

Réveillerai-je la question d'Orient (*exclamations au centre*), dont la conclusion a profondément froissé le sentiment national ?

Rappellerai-je l'insulte faite à notre pavillon dans la personne de nos marins du *Marabout*, insulte racontée douloureusement, avec détail dans les journaux, par le capitaine insulté, qui n'a pas été démentie, et qui attend sa réparation ?

Parlerai-je d'une lettre plus récente, écrite par le capitaine de l'*Etna*, et qui atteste que, dans les parages de l'Afrique, il a été soumis, de la part de l'Angleterre, à la visite la plus humiliante, et qu'il n'a pas trouvé un seul bâtiment français pour le protéger sur cette plage ?

Mentionnerai-je le traité sur le droit de visite, dont le texte n'a pas été reproduit fidèlement à cette tribune, le droit de visite dont la conséquence était d'amoindrir la prépondérance de notre brave et glorieuse marine ?

Ressusciterai-je enfin le débat si pénible qui s'est passé devant la Chambre des communes d'Angleterre ? Dernière-ment, disait-on, l'Angleterre avait reconnu la possession légitime, entre les mains de la France, de nos conquêtes d'Alger. Vous le savez, un premier démenti, démenti im-plicite, je me hâte de le dire, a été donné ! Dans les jour-naux arrivés d'hier, que trouve-t-on ? Une nouvelle explica-tion qui a eu lieu dans la Chambre des communes, et lord Aberdeen qui vient déclarer qu'il n'a jamais engagé sa parole ; que, quand il a dit qu'il n'avait pas d'observation à faire actuellement, il n'entendait pas qu'il n'avait pas d'observation à présenter plus tard. (*Mouvement.*)

Or, voici la situation parfaitement précisée ; je ne m'ar-rête pas aux mots *observations* ou *objections*, peu m'im-porte, je dis que de ce débat ressortent deux choses : d'abord que l'Angleterre a la résolution arrêtée de ne légitimer jamais cette possession. (*Une voix : Nous n'en avons pas besoin.*)

Alors, pourquoi le cabinet nous a-t-il fait valoir cette concession comme méritant une réciprocité de concession de notre part? J'ajoute qu'il y a eu un dernier fait beau-coup plus grave, c'est la nécessité humiliante dans la-quelle s'est cru placé le Gouvernement de demander à l'Angleterre qu'elle sanctionnât la possession d'Alger (*dé-négations au banc des ministres*), comme si le sang qui l'a conquise, le sang qui l'arrose n'était pas un brevet suffisant.

Voilà donc, vous le voyez, à l'intérieur, une politique qui est toute de compression contre les lois de la presse; à l'extérieur, une politique qui est toute d'amoindrissement vis-à-vis de l'étranger. Se trouvent ainsi réalisées ces paroles du rapport : qu'*il fallait la paix partout et toujours; qu'il fallait à l'intérieur une résistance opiniâtre.*

J'avais donc raison de le dire en commençant. Quand la France, qui, de prime abord, s'effraye d'un système de réaction, quand la France est prise ensuite dans son sommeil, elle laisse envahir une à une ses libertés, sa noble et fière indépendance. (*Rumeurs aux centres.*)

En face de ces faits accusateurs, que répond le ministère? Il vous dit : Je le reconnais, je suis un ministère de résistance, un ministère de conservation. Au milieu des écueils semés sous mes pas, je me glorifie de cette politique, et je fais bien de la suivre; sans elle le pouvoir serait renversé.

Résistance, conservation, messieurs, ce sont deux mots qui ne sont pas nouveaux dans le vocabulaire politique.

Il est un cabinet qui, à une autre époque, dans un pays voisin, les a également employés. Ce ministère était celui de la *Cabale;* ministère qui exploitait les terreurs révolutionnaires du protectorat de Cromwell, qui parlait sans cesse de factions, sans cesse de sociétés secrètes, et qui a muselé les libertés de l'Angleterre à ce point qu'il l'a jetée dans les bras d'une restauration.... (*Mouvements divers.*)

M. le ministre des affaires étrangères paraît rire de cette citation... (*Dénégations au centre et au banc des ministres.*) Eh bien, messieurs, je demande à la Chambre la permission de lui lire un passage tracé de main de maître par M. le ministre des affaires étrangères sur ce cabinet et sur son rapprochement avec les événements de la France. C'est très-court : « Là aussi, dit l'écrivain, beaucoup d'honnêtes gens....

(*Le ministre : De quelle date ?*)

La conscience, monsieur, n'a pas de date, et les principes sont de tous les temps.... (*A gauche : Très-bien ! très-*

bien !) « Là aussi beaucoup d'honnêtes gens, dégoûtés de la licence révolutionnaire et de la corruption qui s'étaient introduites dans le Long Parlement ou dans les serviteurs de Cromwell, s'étaient flattés que le parti des tories ramènerait dans le Gouvernement l'ordre, la droiture, le respect de tout ce qui est sacré. »

Vous voyez que c'est votre prétention.

« .... Les tories saisirent le pouvoir, et ils fournirent le plus intrigant, le plus licencieux, le plus dépravé des ministères. » (*Rires à gauche.*)

« ..... L'esprit national était contre eux, et, pour le surmonter, ils donnèrent à la corruption parlementaire une régularité, une étendue jusque-là ignorées. Clarendon lui-même les en accuse, et Robert Walpole ne fit que marcher sur les traces du comte de Damby. C'est qu'il est de l'essence d'un parti, dont la cour et l'aristocratie sont le foyer, de pousser plus loin et plus vite que tout autre dans une politique perverse et licencieuse. Il profite d'abord de tout l'avantage que lui donnent les excès populaires ; il loue et rallie les penchants honnêtes, les besoins réguliers ; il exploite les idées d'*ordre*, de *religion*, de *morale ;* mais elles ne sont pour lui que des forces de circonstance, de nécessité, de situation : rendu bientôt à la vraie nature, il les dédaigne, les méconnaît, les outrage sans cesser de les invoquer, et offre ainsi ce mélange de dépravation et d'hypocrisie, le plus fatal des exemples comme le plus honteux des jougs. » (*Mouvements divers.*)

Résistance, conservation : je comprends parfaitement qu'à l'ombre de ces mots, aujourd'hui encore, beaucoup d'esprits craintifs et timorés se rallient loyalement à vous.

Une fois définis, une fois que les faux-semblants auront disparu, j'en suis convaincu, les cœurs véritablement français cesseront de suivre votre drapeau.

Résister, qu'est-ce donc ? Ne pas se laisser entraîner par

le courant, mais c'est aussi ne pas se laisser aller en arrière.

Conserver, qu'est-ce encore ? Ne pas perdre, mais aussi ne pas envahir.

Je vous demande si, quand vous n'accordez pas l'adjonction des capacités proposée il y a onze ans par le Gouvernement lui-même (*bruit*), si, dans ce cas, vous ne rétrogradez pas ? (*Dénégations au centre.*)

Je vous demande si, quand vous rejetez la question des incompatibilités prise en considération il y a un an, il y a deux ans, vous ne rétrogradez pas ?

Je vous demande enfin si vous prétendez conserver la presse quand vous la minez insensiblement, quand vous l'ébréchez chaque jour, quand vous ne le faites pas ouvertement comme l'a fait la Restauration une bonne fois par ordonnance, mais quand vous le faites chaque jour à coups de canif comme on tuait les huguenots au saint temps de la Ligue? (*Rumeurs diverses.*) Voilà ce que je vous demande.

Eh bien, dans ce cas, messieurs, il est évident que vous ne conservez pas; vous faites autre chose, vous envahissez les droits de la presse. Voilà ce que vous faites.

Maintenant il est parfaitement expliqué que vous ne restez point immobiles, comme le disait l'honorable M. de Lamartine; il est constant que vous rétrogradez, que vous réagissez, que vous n'avez pas l'intelligence des temps nouveaux.

Où sont donc alors vos racines, où est votre pivot dans le pays ?

Est-ce par hasard dans le parlement? Ne savez-vous pas, messieurs, que l'honorable M. de Lamartine vous a dit qu'il avait bien voulu rester un instant stationnaire, mais qu'il ne voulait pas reculer?

Ne savez-vous pas que MM. Dufaure et Passy.... (*inter-*

ruption), et d'autres que je ne nomme pas, veulent bien conserver aussi les institutions du pays, mais qu'ils ne veulent pas les détruire? Ne savez-vous pas que votre pivot n'est pas dans l'armée, car l'armée a un trésor de gloire à conserver. (*Vives réclamations.*) Et l'armée ne veut pas qu'on demande à l'étranger le brevet de ses victoires!

Enfin, messieurs, votre force, vous ne la puisez pas non plus dans les classes pauvres, car vous leur dites de ne pas espérer de longtemps, et quand elles voyaient le mouvement prêt à se faire à leur surface, espérant qu'un jour il arriverait jusqu'à elles, vous leur dites : Il n'y a rien à faire pour votre émancipation; vous pouvez acquérir l'électorat par le travail. (*Voix nombreuses : Oui! oui!*)

Et ces classes pauvres vous répondent : Tant que le travail sera organisé comme il l'est aujourd'hui.... (*nouvelle interruption*), tant que le travail sera organisé comme il l'est aujourd'hui, tant que la concurrence sera ce qu'elle est (*nouvelle interruption*), comment économiser; comment économiser pour devenir propriétaire, quand un travail sans relâche suffit à peine au pain du jour?

Voilà ce qu'elles répondent.

Croyez-vous, enfin, avoir votre force dans la bourgeoisie? (*Écoutez! écoutez!*) Eh bien, je vous réponds que non.

(*Une voix : Qu'entendez-vous par la bourgeoisie?*)

J'entends les classes moyennes, le pays légal, comme vous l'appelez. Le pays légal a pu s'endormir, après la victoire, d'un sommeil égoïste; mais croyez bien que, quand il verra que ce n'est pas seulement ceux que vous appelez ses ennemis que vous attaquez, que vous touchez à sa liberté chérie, à cette liberté de la presse, pour laquelle il a combattu, croyez bien qu'alors la bourgeoisie se lèvera à son tour. (*Nouvelles exclamations au centre.*)

Je termine par un mot.

Maintenant que je vous ai dit ce que vous aviez fait, permettez-moi d'ajouter, pour qu'aux élections prochaines on ne s'y trompe pas, et pour qu'on reconnaisse vos candidats, permettez-moi d'ajouter le nom qui vous est dû : Vous n'êtes point un ministère de conservation, vous êtes un ministère de contre-révolution.

(Une certaine agitation se manifeste dans l'assemblée à la suite de ce discours.)

V

DISCOURS PRONONCÉ A LA CHAMBRE DES DÉPUTÉS

A PROPOS D'UNE PÉTITION DEMANDANT LA REVISION DU MODE DE PUBLICATION
DES ANNONCES JUDICIAIRES ET LÉGALES

(14 mai 1842)

MESSIEURS,

Les dernières paroles qui ont été prononcées par M. le Garde des sceaux sont la preuve la plus décisive que la pétition doit lui être renvoyée.

M. le Ministre a dit que, si les Cours royales avaient interprété politiquement la loi qui a été rendue, ce n'était pas par suite d'instructions émanées de lui.

La question n'est pas de savoir si c'est spontanément ou sur les instructions de M. le Garde des sceaux qu'ont agi les Cours royales, mais seulement si la loi, de pratique qu'elle était, est devenue une loi politique. Eh bien, je dis que cela n'est pas contesté. (*Voix nombreuses : Si! si!*)

Vous contestez! vous niez! Mais comment une partie de la Chambre a-t-elle le courage de nier, en présence des preuves accablantes qui lui sont apportées à cette tribune, et des réclamations qui s'élèvent à la fois de tous les points de la France! Tout à l'heure ne vous a-t-on pas démontré d'une manière irréfragable que, dans la plupart des Cours royales, on a accordé les annonces aux journaux qui avaient le moins d'abonnés, par cela seul qu'ils étaient amis du gouvernement ? Je le répète, cette répartition si partiale ne peut être niée. (*Voix au centre : Elle l'a été par M. Duperron.*)

J'entends des membres qui disent que l'assertion a été niée par M. Duperron. M. Anisson Duperron a dit qu'à Yvetot il y avait un journal qui était de l'opposition. Messieurs, j'affirme qu'il n'y a pas de journal de l'opposition à Yvetot ; et dans la Cour royale de Rouen, de laquelle dépend l'arrondissement d'Yvetot, les annonces ont été accordées aux journaux ministériels seulement. Ainsi, la prétendue réponse de M. Anisson Duperron ne prouve rien, puisqu'elle repose sur un fait inexact.

(*M. Duperron : J'en maintiens l'exactitude.*)

Et moi je maintiens que le renseignement n'est pas fondé.

Au surplus, Messieurs, laissons là l'arrondissement d'Yvetot, et sans nous traîner sur un fait isolé, concluons que la loi a été interprétée politiquement, et non dans l'intérêt de la publicité et des justiciables, puisqu'il est resté constant, il y a un instant, que là où il y avait quinze cents abonnés, une cour royale a choisi un journal qui n'en avait que quatre cent cinquante ; que dans une localité où il y avait un journal à six cents abonnés, la Cour royale avait indiqué un journal qui n'en avait que soixante ; et que, dans la presque totalité des Cours royales, il en a été ainsi. (*Réclamations au centre.*)

Messieurs, malgré ces murmures et ce tumulte, croyez bien que le fait accusateur reste avéré aux yeux du pays.

(*M. le Garde des sceaux dit qu'il n'est pas monté à la tribune pour défendre les Cours royales, qu'elles sont à l'abri de toute critique.*)

La question, je le crois, tourne dans un cercle vicieux : M. le Garde des sceaux niait que les Cours royales eussent interprété la loi politiquement, je le lui démontre sans réplique, puisqu'elles ont systématiquement choisi les journaux qui avaient le moins d'abonnés; et alors M. le Garde des sceaux, se repliant sur lui-même, de me répondre que, si elles l'ont fait, elles l'ont fait sans instructions de sa part. C'est, vous le voyez, un aveu, à la fois, et un changement de front. Permettez-moi donc de suivre son objection dans sa transformation nouvelle, j'y réponds en disant: Soit que les Cours royales aient agi en vertu de recommandations ministérielles, soit qu'elles aient agi de leur propre chef, toujours est-il qu'elles ont entendu et appliqué politiquement une loi que tout le monde avait voulu ne pas être politique. La seule conclusion vraie, la seule conclusion logique est donc qu'il faut, pour reviser cette loi mal interprétée, renvoyer la pétition au ministre.

M. le Ministre a ajouté : Je ne suis pas en contradiction le moins du monde; qu'ai-je dit, dans le principe, il y a un an? que la loi n'était pas politique; aujourd'hui, que viens-je dire? que si j'avais l'honneur de faire partie d'une cour royale, placé entre deux journaux dont l'un serait ami du Gouvernement, et dont l'autre lui serait hostile, moi, magistrat, au lieu de consulter la question de publicité, je consulterais la question politique. Voilà ce que M. le Garde des sceaux a dit.

Eh bien! je me permettrai de lui répondre : Garde des sceaux, chef de la magistrature, vous avez méconnu à cette tribune les devoirs du magistrat; car un magistrat ne doit pas être préoccupé des considérations politiques; les passions ne doivent pas descendre dans le sanctuaire de la justice. En présence des intérêts des justiciables et d'une loi pratique, le magistrat ne doit avoir ni prévention, ni haine; il ne doit s'inspirer que des règles immuables de l'équité et de la justice; chef de la magistrature, je vous le répète, vous méconnaissez les devoirs calmes et austères du magistrat. Et quand vous dites que vous n'avez pas animé de votre pensée les procureurs généraux et les Cours royales, j'objecte qu'il n'est pas possible que, dans vos confidences intimes, que dans vos rapports de tous les jours avec les magistrats du royaume, cette idée, que vous êtes venu imprudemment apporter à cette tribune, n'ait pas transpiré constamment.

Ainsi donc, non-seulement les Cours royales ont interprété politiquement une loi pratique que vous avez solennellement déclarée non politique, mais elles ont ainsi fait d'après vos propres inspirations.

A cela que répondrez-vous?

VI

DISCOURS PRONONCÉ A LA CHAMBRE DES DÉPUTÉS

DANS LA DISCUSSION DU BUDGET DU MINISTÈRE DE LA GUERRE

AU SUJET DES FORTIFICATIONS DE PARIS

(27 mai 1842)

Messieurs,

Je commence par déclarer à la Chambre que l'interpellation que j'ai à faire au ministère est grave. J'ajoute, pour lui complaire, et céder à l'entraînement excessif qu'elle imprime à cette discussion, je dirai plus, à l'impatience qu'elle manifeste, que je serai fort bref, si elle veut bien m'écouter.

Je n'ai point à m'expliquer sur le système général des fortifications de Paris ; si, lors du vote de la loi, j'avais eu l'honneur d'appartenir à la Chambre, je me serais élevé énergiquement contre ce redoutable progrès d'embastillement. La question que j'ai à adresser aujourd'hui est seulement relative aux travaux qui, dans ce moment, s'accomplissent à Vincennes.

J'examinerai quelle est la nature de ces travaux vastes et dispendieux. Je demanderai en vertu de quelles lois, et sur quels fonds on peut les payer.

Et d'abord, quelle est leur nature.

A l'est du vieux château de Vincennes, sur une superficie de 75 arpents, s'élèvent des constructions entourées d'une enceinte continue, en tout pareille à celle qui va environner Paris....

(*M. Allard : En rien pareille, au contraire.*)

La hauteur de l'escarpe est la même, la contrescarpe est la même. La largeur du fossé est absolument identique ; et malgré la réclamation de l'honorable M. Allard, je certifie le fait, car je m'y suis rendu avec deux officiers du génie, qui m'ont assuré que le métré était en tout semblable.

Au surplus, messieurs, le Gouvernement le reconnaît, et je ne comprends pas cette interruption. Dans le rapport qui a été fait sur les travaux des fortifications de Paris, et qu'on nous a distribué, le ministre proclame nettement que, pour mettre cette espèce de camp retranché qu'on forme à Vincennes à l'abri de toute surprise, il a fallu faire des ouvrages considérables d'enceinte, qui sont en tout pareils à ceux des fortifications, et qui, pour les retranchements seulement, s'élèveront à 1 500 000 fr. La totalité des travaux, constructions et défenses, est évaluée à 9 millions : c'est donc, en raison de la dépense et de l'espace considérable couvert, une forteresse nouvelle, trois fois grande — j'appelle l'attention de la Chambre sur ce point — trois fois grande comme l'ancien château. Telle est la nature des travaux.

En vertu de quelles lois y procède-t-on ? en vertu de la loi sur les fortifications, peut-être ? Dans la loi des fortifications, il n'est pas dit un mot de Vincennes ; ici et au dehors tout le monde l'a reconnu. Est-ce en vertu de la loi sur les travaux extraordinaires ? pas davantage ; car dans la loi sur les travaux extraordinaires, on déclare que les bâtiments à construire pour le matériel de notre artillerie, devront s'élever en dedans, et non pas au dehors de l'enceinte continue, pour ne pas être à la première disposition de l'ennemi. Sur quel sol, maintenant, élève-t-on ces travaux ? — et, ici encore, n'y a-t-il pas des infractions nouvelles et injustifiables — c'est sur un sol appartenant à la liste civile. Vous savez parfaitement que la loi de 1832 n'autorise la cession à l'État d'un domaine appartenant à la liste civile, qu'en vertu d'une disposition votée par les Chambres.

Pour Vincennes cependant, cette loi ne leur a pas été demandée !

Vainement invoquerait-on une loi du 3 mai 1841 sur l'expropriation pour utilité publique, où il est dit qu'en cas de travaux *militaires* et de travaux *maritimes*, on pourra se contenter pour une telle cession d'une ordonnance royale ; car vous savez, messieurs, que la loi de 1841 se réfère elle-même à la loi du 2 avril 1831, qui exige impérieusement, même pour les cas exceptionnels, exorbitants, qu'il y ait avant tout une ordonnance royale qui déclare le péril et l'urgence. Cette ordonnance déclarative de l'urgence, qui l'a rendue ? qui l'a contre-signée ? sa date ? Le ministère sait bien qu'elle n'existe pas et qu'elle ne pouvait pas exister.

La disposition législative autorisant la cession, et que, pour les circonstances ordinaires, commandait la loi du 2 mars 1832, n'a pas été rendue davantage ; il y a donc violation manifeste, éclatante, de la loi sur le domaine national. Vous le voyez, messieurs, il ne s'agit point ici de déclamations, de passions politiques ; c'est une question constitutionnelle, une question de droit pur que je soumets à la Chambre et au pays. Et cependant, si j'avais moins raison, combien ma parole ne pourrait-elle pas être vive et amère ! car les principes que je viens de vous rappeler ne sont pas les seuls qui aient été outrageusement méconnus.

Il est en effet des règles protectrices du tracé de nos grandes routes royales ; vous savez que ces routes ne peuvent être déclassées, ne peuvent être détournées de leurs parcours qu'en vertu d'une loi. Eh bien, la route royale n° 34, de Paris à Strasbourg, se trouve déviée de 2000 mètres environ, sans qu'on ait même daigné remplir les formalités légales.

La route départementale de Vincennes ne pouvait non plus être détournée de sa direction immémoriale, séculaire, qu'en vertu d'une enquête, d'un vote de conseil général. Eh bien encore, toutes ces formalités tutélaires, toutes ont été témérairement foulées aux pieds.

Concluons donc, messieurs, que les fortifications de Vincennes à l'heure qu'il est s'élèvent, malgré le vote de la Chambre, d'une façon tout à fait inconstitutionnelle, au mépris des lois les plus sacrées de notre droit public.

Et cette audace inouïe, qui va la solder? sur quels fonds allez-vous payer ces inexplicables travaux contre lesquels le comité des fortifications s'est lui-même hautement prononcé?

Le compte rendu porte qu'une partie de la dépense sera supportée par les fonds votés pour les fortifications de Paris, que l'autre partie le sera par les fonds extraordinaires qui ont été votés pour le casernement militaire et les établissements d'artillerie.

Ici, je m'adresse à la dignité de la Chambre, et je lui demande si elle peut souffrir une semblable déviation, un pareil détournement des deniers publics? Quoi! dans la loi sur les fortifications de Paris, silence absolu sur Vincennes, et la forteresse de Vincennes serait cependant payée sur des fonds qui n'ont point été votés pour elle! Où en est donc arrivé, grand Dieu! le gouvernement constitutionnel, et qu'est devenue, messieurs, votre action toute-puissante? Sur les fonds de casernement militaire et d'établissements pour le matériel de l'artillerie, cette imputation de payements n'est pas plus admissible, puisque la loi sur les établissements destinés à contenir le matériel d'artillerie porte que ces bâtiments, objet de la convoitise de l'ennemi, devront être situés à l'intérieur de l'enceinte, et ne pourront pas l'être à l'extérieur, en rase campagne, à la merci du premier coup de main : ce qui eût offensé la raison !

Ainsi, violation de la loi sur le domaine national, violation de la loi sur les routes royales et départementales, violation de la loi sur les fortifications, sur les travaux du casernement de l'artillerie, violation de la loi des finances et détournement de fonds, méconnaissance de votre volonté souveraine. En est-ce assez, messieurs, et avais-je raison de dire que cette question est grave, très-grave? (*Mouvement.*)

Eh bien, en présence de ces faits accablants, j'interpelle le Gouvernement, et je lui demande quelle a été son intention secrète, véritable? car les prétendues raisons qu'il donne dans son compte rendu ne sont que vains et frivoles prétextes.

Vous allez en juger. Que dit-il en premier lieu? Qu'il est vrai que le vaste établissement destiné au matériel de l'artillerie devait être, d'après la loi, placé à Bercy, au dedans de l'enceinte continue; mais que cette disposition topographique aurait morcelé l'établissement de Vincennes qui n'aurait plus été complet, que Bercy se trouve trop loin du polygone. Messieurs, le polygone étant au milieu du bois, il n'y a guère moins de distance du polygone à Vincennes que du polygone à Bercy. (*Vives dénégations.*)

(*Une voix: Il y a une différence de* 150 *mètres.*)

J'affirme que cette différence même n'existe pas; je l'ai fait mesurer, et, contre un arpentage, des dénégations ne peuvent pas prévaloir. Au surplus, la question est bien moins dans la distance que dans la sécurité que l'établissement aurait trouvée à l'abri du mur d'enceinte; c'est là qu'est la considération décisive.

. Mais, messieurs, la seconde raison donnée par le rapport est bien plus curieuse encore; on y lit, écoutez bien ce raisonnement, on y lit : En choisissant Vincennes on trouve une grande économie, et le domaine de la couronne a fait acte de générosité, car en abandonnant le terrain sur lequel on construit, c'est 300 000 francs d'épargnés. Il est vrai que le rapport se hâte d'ajouter que, pour faire respecter cet établissement en plein champ, il faudra l'environner d'un rempart qui coûtera 1 500 000 francs, qu'on aurait évités si on l'avait placé dans l'enceinte des fortifications de Paris. D'où la conséquence vraie, messieurs, que pour épargner 300 000 francs, on dépensera en fossés, en escarpes, 1 500 000 francs; que dis-je? 3 millions; car c'est à 3 millions que les hommes de l'art évaluent l'enceinte fortifiée de Vincennes. Belle et sérieuse économie, vraiment!

Le rapport invoque enfin une dernière considération; et c'est par là que je termine.

A Vincennes, dit-il, avec une muraille d'enceinte, le matériel de l'artillerie, *un matériel immense*, sera plus à couvert de toute invasion; je cite textuellement, et il faut bien, car ceci ressemble vraiment à une dérision.

Je fais, en effet, un appel aux hommes spéciaux de cette assemblée, j'invoque même le simple bon sens des hommes les plus étrangers à l'art du génie, et je leur demande s'il est vrai qu'un établissement aussi important, aussi précieux, soit mieux protégé en dehors du système général des fortifications, qu'il ne le serait en dedans; qu'il soit plus à couvert au milieu d'un bois ouvert de toutes parts, qu'il ne le serait ayant au-devant de lui la population de Paris tout entière en armes sur ses remparts. Messieurs, c'est à votre raison de répondre.

Les allégations du rapport sont donc frivoles, disons plus, insoutenables. Reste alors la raison véritable, occulte, mystérieuse, à trouver. C'est cette raison que je demande au Gouvernement; je désire qu'il nous dise pourquoi, à Vincennes, cette accumulation d'illégalités, d'inconstitutionnalités; pourquoi des choses si criantes, si monstrueuses, lorsque, si son but était avouable, patriotique, il lui était si facile d'agir au grand jour, la loi en main; avec le concours, hélas! souvent trop facile des Chambres.

Ne serait-ce pas, messieurs, qu'il cache de sinistres projets ? (*Réclamations au centre.*)

Vous vous récriez, messieurs ; eh bien, j'ajoute un fait sur lequel je ne crains pas d'être démenti, entendez-vous bien : j'ajoute qu'à la partie Est de la citadelle, celle qui a vue sur le bois, et qui serait le plus accessible à l'invasion étrangère, il n'y a pas de casemates d'où puisse tonner le canon de la place ; et qu'au contraire, l'aile qui se trouve fortifiée, casematée, garnie de bouches à feu nombreuses, est celle qui regarde Paris, prête à foudroyer tout ce qui arriverait de Paris.

La vérité, la logique m'autorisent donc à conclure ainsi : Non, le canon de Vincennes n'est pas dirigé contre l'invasion étrangère, il est dirigé contre les libertés de Paris.

(*Réclamations bruyantes au centre, silence au banc des ministres.*)

Eh quoi ! vous ne répondez pas ; vous reconnaissez donc les faits pour vrais, et vous passez condamnation ! (*Aux voix ! aux voix !*)

VII

DISCOURS PRONONCÉ A LA CHAMBRE DES DÉPUTÉS

DANS LA DISCUSSION GÉNÉRALE

DU PROJET DE LOI SUR LA RÉGENCE

(18 août 1842)

Messieurs,

Avant de discuter devant la Chambre la loi qui lui est soumise, j'ai besoin de me demander quel est le caractère de cette loi.

Il y a peu de jours, ce caractère était fort contesté. Les uns prétendaient que la loi était une loi organique ; les autres soutenaient que c'était, au contraire, une loi spéciale qui n'était que l'exécution pure et simple de la charte.

La question, selon moi, ne pouvait pas être sérieuse si l'on envisageait l'objet de la loi.

La loi avait, en effet, pour but de créer une régence, c'est-à-dire une royauté temporaire, et, à côté de l'hérédité directe, une hérédité collatérale.

Or, par cela seul, pour tout homme sincère et grave, le caractère de la loi était jugé. Au surplus, maintenant, messieurs, cette discussion serait superflue, car l'honorable rapporteur a reconnu que cette loi était une loi fondamentale, une loi organique, qui posait certaines règles générales qui pouvaient être étendues d'un cas à un autre ; en conséquence, si la loi, de l'aveu même du Gouvernement et de la commission, est une loi organique et fondamentale, je me demanderai, messieurs, par qui elle peut être légitimement faite. (*Ah! ah!*)

Par les deux Chambres, répond la majorité, avec l'assentiment de la couronne.

Les défenseurs de la loi ajoutent que le pouvoir constituant ne saurait être invoqué ; à les entendre, ce pouvoir n'est qu'une vaine utopie, un souvenir suranné de la fin du dernier siècle. Né dans un temps orageux, son existence a été éphémère ; il n'a jamais été réglementé ; ce n'est plus désormais qu'une doctrine qui sommeille oubliée dans le chaos de nos lois. La révolution de Juillet, ajoute-t-on, a tout simplifié ; depuis la charte de 1830, la question est nettement posée.

Plus de pouvoir constituant qui soit supérieur aux Chambres, en dehors des Chambres ; elles seules et le Roi ont le droit d'accommoder la constitution au cours des événements, de la modifier, de la développer pour ce qu'elles jugent le bien de la nation. Vous voyez que je n'affaiblis en rien l'objection qui est faite contre les défenseurs du pouvoir constituant.

Vous allez même plus loin, car vous dites encore que ceux qui l'invoquent ne sont pas des hommes d'État, qu'ils n'ont pas la pratique habituelle du gouvernement et l'intelligence réelle des affaires ; que ce sont simplement des ennemis du gouvernement représentatif qui se cachent sous le masque et à l'ombre de principes vieillis.

Vous osez dire que le pouvoir constituant n'existe pas ; qu'il vous faut des textes. Je prie la Chambre d'écouter un moment l'analyse rapide des lois qui justifient l'existence de ce pouvoir. Je ne parlerai pas de la loi de 1791. Vous savez mieux que moi que l'Assemblée constituante avait reçu mandat spécial, son nom l'indique, et qu'elle n'eut pas besoin de soumettre la déclaration des droits à l'approbation du peuple. La Convention avait été investie du pouvoir de faire une constitution, et cependant elle la fit ratifier par le peuple.

La constitution de 1795 fut également soumise à l'assentiment du peuple, et vous n'ignorez pas que celle de l'an VIII reçut aussi la consécration des suffrages populaires.

Le consulat à vie fut soumis au vote de la nation, et quand Bonaparte voulut revêtir la pourpre impériale, quand il voulut disposer d'une régence et instituer un régent — notez bien ceci —, il déféra cette loi constitutive qui le saluait empereur et prévoyait les cas possibles d'une régence, aux suffrages du peuple. (*Réclamations au centre.*)

Relisez la loi organique du 28 floréal an XII, le texte est formel.

Si donc, messieurs, nous jetons un regard sur le passé, depuis 1791 jusqu'en 1814, toutes les lois constitutives, toutes, sans exception, ont été ratifiées par le peuple, soumises à l'assentiment du peuple. Et ce droit de la souveraineté directe du peuple, du pouvoir constituant, que vous contestez aujourd'hui, vous Français ! les ennemis les plus implacables du peuple français l'ont reconnu. Cette Europe coalisée, qui pendant vingt ans avait combattu sur tant de champs de bataille les principes de notre immortelle Révolution ; cette Europe, maîtresse de Paris, foulant le sol de la grande et noble cité — oh ! douloureux souvenir de ma jeunesse ! — déclarait, en 1814, par l'organe d'Alexandre, que le peuple français serait *libre de se donner la constitution qui lui paraîtrait préférable,* tant ce peuple était encore redoutable et majestueux dans sa défaite. (*Mouvement prolongé dans l'assemblée.*) Et en effet, le sénat de 1814 décréta une constitution, et déclara, par l'art. 29, qu'elle serait soumise aux suffrages du peuple français, qu'elle ne pourrait pas être acceptée si elle ne recevait pas le vœu du peuple légalement exprimé d'après les constitutions antérieures. Voilà la constitution faite en 1814 par le sénat, au milieu des baïonnettes étrangères. Sans doute cette constitution ne fut pas exécutée par les Bourbons; mais vous savez aussi comment succomba la branche aînée.

Nous touchons à 1815 : Napoléon est ramené triomphalement du golfe Juan aux Tuileries. Permettez-moi de mettre sous les yeux de la Chambre, puisqu'on demande des textes, la déclaration qui, à ce moment solennel, est faite par le conseil d'État :

« La souveraineté réside dans le peuple; il est la seule source légitime du pouvoir. La descendance des Bourbons, etc.

« Deux fois le peuple consacra par son vote la nouvelle forme de gouvernement; par le consentement national, il éleva Napoléon..., etc.

« Les adhésions données par des individus et par des fonctionnaires sans mission n'ont pu, ni anéantir, ni suppléer *le consentement du peuple exprimé par un vote solennellement provoqué et légalement émis.* »

Napoléon se montra-t-il fidèle à l'expression des vœux de la nation ? Vous n'avez point oublié qu'au milieu des immenses soucis qui l'accablaient de toutes parts, des préparatifs d'une guerre universelle, Napoléon fit un appel au peuple français et lui proposa l'acte additionnel.

Vous dirai-je comment les adhésions de tous les citoyens furent demandées, retracerai-je la grande et mémorable assemblée du champ de Mai, rappellerai-je comment Napoléon, qui avait une première fois manqué à ses serments, reçut une investiture douteuse, comment le *Moniteur de Gand* soutenait que l'acte additionnel de Napoléon n'ayant été revêtu que de quinze cent mille signatures, n'avait pas été suffisamment accepté, parce que la volonté nationale aurait dû être constatée par huit millions de votes au moins? Nouvel hommage rendu à la sanction du peuple par le journal de l'étranger. (*Chuchotements sur plusieurs bancs.*)

Votre attention se fatiguerait, messieurs, avant que j'en aie fini avec les textes qui consacrent le droit constituant du peuple. Ainsi, encore, le 11 juin 1815, le jour même où Napoléon partait pour la bataille de Waterloo, l'assemblée des représentants lui faisait entendre ce langage : « La Chambre est appelée à se faire une constitution, et cette constitution devra être *ratifiée par le peuple !* »

La bataille de Waterloo est perdue. Passons, passons vite ; jetons un voile sur ce désastre irréparé ; contemplons, pour nous consoler un instant, l'assemblée des représentants du peuple, pendant que l'ennemi assiége la capitale. Le canon gronde aux barrières, le palais de la Chambre est entouré déjà de soldats étrangers, et la Chambre calme et majestueuse, dépositaire fidèle de nos libertés, décrète un programme des droits du peuple, testament suprême qu'elle lègue à l'approbation, à la sanction du peuple. Écoutez, messieurs, les termes mêmes de cette déclaration : « La Chambre déclare qu'un monarque ne peut offrir de garanties réelles, s'il ne jure d'observer une constitution délibérée par la représentation nationale et *acceptée par le peuple.* Ainsi, tout gouvernement qui n'aurait d'autres titres que des *acclamations* et les volontés d'un parti, n'aurait qu'une existence éphémère, etc. »

Maintenant je n'ai pas besoin d'ajouter que cette constitution de 1815 qui reconnaissait le droit souverain du peuple français, qui portait qu'une loi organique, fondamentale, ne pouvait pas être acceptée si le peuple n'était point appelé à exprimer ses suffrages ; que cette constitution, à laquelle a concouru l'honorable rapporteur de la loi actuelle, qui, alors, reconnaissait apparemment l'existence du pouvoir constituant, que cette constitution, dis-je, n'a point été davantage acceptée par la branche aînée des Bourbons. Mais aussi l'histoire sera là encore pour dire de quel châtiment le peuple les a frappés.

Relisez en effet votre propre déclaration de 1830 :

« Attendu qu'en ajoutant à la Charte on a violé la constitution ; attendu qu'en octroyant la Charte, les Bourbons
outrageaient la nation dont les droits étaient préexis-
tants.... »

Un mot résume cette longue période de 1791 à 1830.
Les droits souverains de la nation, son pouvoir constituant
ont été permanents, continus, consacrés sans interruption.

Eh bien, je le demande, êtes-vous fondés à dire : « Où
est le pouvoir constituant ? quelle charte le contient ? quelle
loi le régit ? Qu'on nous montre un texte. » Comment un
texte ? Mais qu'est-ce donc que toutes ces constitutions successives ? que ces lois organiques qui se soumettent à la volonté du peuple ? Deux monarques y ont failli, Napoléon,
Charles X. Le premier a été abandonné par le peuple, le
second a été chassé par lui. N'est-ce donc rien, dites-moi,
que ces grandes et terribles sanctions du peuple trompé ?
Et vous demandez encore où est le pouvoir constituant !

Je demande, moi, où il n'est pas. (*Agitation dans l'assemblée ; rire au banc des ministres.*)

Les sourires n'y font rien. Les textes sont plus décisifs
que les sourires. Vous demandez où ce pouvoir est réglementé, comment il peut être mis en action ? Et vous croyez
l'objection insoluble.

Interrogez les constitutions, et notamment les décrets de
1804, de 1806 et de 1815 qui établissent comment le
peuple devra donner son adhésion, où il se présentera, où
les registres seront ouverts, comment les suffrages seront
comptés. Plusieurs fois, au surplus, n'ont-ils point été mis
à exécution. Ne criez donc plus à l'impossibilité pratique,
et reconnaissez non seulement que le pouvoir constituant
existe, mais qu'il peut facilement être consulté.

Oui, nos fastes à la main, je demande encore où le pouvoir constituant n'est pas ? Le méconnaître, entendez-vous

bien, en présence d'une série si rigoureusement enchaînée de lois et d'événements, c'est rompre la grande tradition de 1789 à 1830 ; c'est nier notre histoire. N'avez-vous pas osé dire qu'invoquer le pouvoir constituant, c'est faire contre la loi de régence un argument puéril et frivole ? Eh quoi, messieurs, depuis quarante ans, tant de sang aurait été versé, nous aurions amassé tant de gloire et éprouvé de si immenses revers pour un mot, pour une abstraction, pour une frivolité ! Non, non ; que le peuple se rassure, ses droits sont imprescriptibles ; parler ainsi c'est blasphémer. (*Mouvement. — A l'extrême gauche : Très bien, très bien!*)

Vous m'avez demandé où était le pouvoir constituant. Je crois vous l'avoir montré avec ses profondes et impérissables racines ; je retourne, moi, l'objection, je fais la contre-épreuve de mon raisonnement, et je vous demande où est l'omnipotence de la Chambre. Elle existe, dites-vous, dans le précédent de 1830 ; car en 1830, la Chambre, omnipotente, a fait un roi. Prenez garde que votre objection, dont vous n'apercevez pas la portée éloignée, n'amène plus tard des conséquences que vous pourriez bien déplorer. En effet, que soutenez-vous, et qu'est-il arrivé en 1830 ? Voyons le rapprochement. Vous prétendez que le pouvoir constituant ne peut plus être séparé désormais du pouvoir législatif ; que ce pouvoir de modifier les institutions existe aujourd'hui dans le vote des deux chambres réunies et dans l'assentiment de la couronne. En 1830, comment cette harmonie parfaite des trois pouvoirs se serait-elle rencontrée? Où était la couronne? elle était dans les rues, sur le pavé de Juillet, où la chambre de 1830 l'a ramassée. Où était la Chambre des pairs? vous la proscriviez en partie, vous la décimiez.

Ne venez donc plus me dire que le pouvoir constituant réside dans l'assentiment et le concours des deux chambres et de la couronne, à dater de l'événement de 1830, puisqu'en 1830 il n'y avait pas de couronne, il n'y avait pas de Chambre des pairs, et qu'il n'y avait dans la Chambre élective qu'un nombre de députés inférieur à la majorité ordinaire.

Ne pouvant plus invoquer les principes, vous vous armez du fait : il faut vivre à tout prix, dites-vous, et la loi de régence est proposée pour consolider le trône et la dynastie de Juillet. Vivre! ne le croyez pas. Il n'y a pas de gouvernement sans la puissance des principes ; votre doctrine le prouve.

Vous placez, n'est-ce pas, le pouvoir constituant dans les deux chambres : eh bien, présentez-leur, comme ici, une loi organique et fondamentale, et que le dissentiment d'un des trois pouvoirs éclate, il n'en sera pas comme d'une loi ordinaire, subalterne, sur laquelle on ne s'entend pas, et qu'on ajourne indifféremment. Qu'un défaut de concours se manifeste sur une loi constitutive, fondamentale, et la révolution est au bout. Croyez-moi, messieurs, on n'est véritablement conservateur et gouvernemental qu'en s'appuyant sur le droit et sur les larges bases de la souveraineté nationale.

Il est un dernier argument. Vous invoquez l'autorité de l'Angleterre, l'omnipotence du parlement anglais, qui nomme les régents, sans recourir aux suffrages du peuple.

Permettez-moi, d'abord, de décliner la ressemblance, l'assimilation complète. Vous savez mieux que moi que nous sommes, en ce moment, une démocratie bourgeoise, et que l'Angleterre est une oligarchie toute nobiliaire ; vous savez mieux que moi que l'Angleterre n'a pas de constitution, qu'elle n'a que des précédents, que ses coutumes plus ou moins changeantes ne sauraient nous être appliquées à nous peuple de principes et de droit.

Le parlement anglais! mais il n'a jamais créé de régence permanente et héréditaire : toutes les régences de ce pays

ont été nominales et viagères; et ne sait-on pas au banc
des ministres, où l'on connaît si bien l'histoire de l'Angleterre, ne sait-on pas qu'en 1788, Pitt, conservateur s'il
en fut jamais, soutint que la régence n'appartenait pas
plus de droit au fils du roi, majeur cependant, qu'à tout
autre citoyen, et qu'on devait considérer comme coupable
de haute trahison quiconque proposerait une régence héréditaire, la disposition de cette royauté temporaire n'appartenant qu'au peuple anglais.

Laissons donc de côté l'exemple de l'Angleterre, qui ne
peut rien conclure contre notre droit.

Que vous reste-t-il alors, défenseurs de la loi? le prétexte
de la nécessité. La nécessité! il faut qu'elle soit bien pressante, bien impérieuse, pour faire fléchir les principes.

Examinons. Mais la France est tranquille, l'ennemi n'est
point à nos portes, l'insurrection ne bourdonne point dans
nos rues?

La nécessité! elle était effrayante celle qui pesait sur la
chambre de 1815. Paris était trahi, l'ennemi triomphant
défilait dans nos rues; il allait assaillir le temple des dé-
libérations.

Que déclaraient les représentants d'alors, parmi lesquels
je trouve les noms honorables des Laffitte et des Dupont de
l'Eure? Je vous l'ai dit, ils déclaraient que la constitution
qu'ils votaient, et qui sauvait les droits de l'humanité et
de la civilisation, ne vaudrait qu'autant qu'elle serait soumise aux suffrages du peuple français.

La nécessité! mais n'existait-elle point aussi quand la
Convention, qui avait le droit de faire une constitution cependant, décrétait, en 1795, en présence des sections in-
surgées, à la lueur du canon de vendémiaire, que sa constitution serait sanctionnée par le suffrage souverain du
peuple?

N'existait-elle point enfin, périlleuse et menaçante, la

nécessité! le lendemain du 31 mai, quand nos armées étaient repoussées au nord, sur le Rhin, aux Pyrénées, quand la guerre civile sévissait plus que jamais dans les champs de la Vendée? et cependant la Convention n'en décrétait pas moins que la constitution de 1793 n'aurait d'autorité qu'après qu'elle aurait été votée et acceptée par le peuple. C'est, messieurs, que la Convention, cette puissante et énergique assemblée, était dirigée par les grandes lois de la politique, c'est qu'elle savait que les nécessités passent, tandis que les principes violés déshonorent et perdent les empires!

J'ai hâte de conclure, et je le fais d'un mot : La nécessité n'existe pas ; le pouvoir constituant, je vous l'ai montré permanent, vivace, réglementé, de 1791 à 1830 ; je vous l'ai montré méconnu quelques instants, mais inexorable dans ses vengeances, si tardives qu'elles soient.

Le nier, c'est nier la lumière ; c'est attenter aux droits souverains du peuple.

Au nom du peuple, je proteste donc contre votre loi, qui n'est, à mes yeux, qu'une téméraire usurpation. (*Approbation à l'extrême gauche. — Agitation dans l'assemblée.*)

VIII

DISCOURS PRONONCÉ A LA CHAMBRE DES DÉPUTÉS

DANS LA DISCUSSION DU BUDGET DU MINISTÈRE DE L'INTÉRIEUR

CHAPITRE DES FONDS SECRETS

(1ᵉʳ mars 1843)

MESSIEURS,

Le rapport de votre commission a posé nettement la question : il s'agit bien, personne ne peut en douter, d'une crise ministérielle. Si le cabinet est renversé, celui qui lui succèdera sera le vingt-troisième depuis 1830. (*Rires prolongés.*)

C'est dire assez qu'avant d'examiner la question de personnes, à laquelle je viendrai bientôt, il s'agit, dans l'intérêt du pays, d'examiner le système général qui s'est perpétué au travers de tous ces renversements de ministères, et dont ce dernier cabinet a été l'expression la plus audacieuse et la plus avouée.

Lorsqu'on fonda l'établissement de Juillet.... (*Mouvement en sens divers.*), on proclama partout qu'on avait enfin trouvé la solution d'un problème difficile, à savoir : la conciliation de deux principes en apparence inconciliables, la liberté et le pouvoir.

Examinons :

La liberté, en France, messieurs, a ses racines, vous le

savez, dans quatre institutions principales : le jury, la presse, les élections, la garde nationale.

Le jury avait traversé bien des vicissitudes, il avait conservé sur le pays une grande puissance d'autorité. On a essayé de le faire descendre au rôle d'un auxiliaire politique.

Vous vous rappelez les révélations qui, l'an dernier, ont été faites à cette tribune. Vous vous souvenez que les statistiques connues ont attesté que, sur douze cents jurés, onze cents appartenaient aux principes conservateurs les plus avérés. (*Mouvements divers.*)

Que deux cent vingt fonctionnaires publics ou employés attachés au *château* (*Vives rumeurs.*) figuraient sur ces listes, et que presque tous y étaient portés sans leurs qualités officielles, pour donner plus facilement le change au pays.

On a démontré qu'à Paris les cinq arrondissements qui avaient fourni des députés ministériels avaient donné à eux seuls à ces listes près de sept cents noms, tandis que les neuf autres arrondissements, qui avaient élu des députés de l'opposition, n'y avaient contribué que pour quatre cent cinquante.

Enfin, s'il vous restait encore un doute sur la partialité révoltante qui a présidé à la confection de ces listes, il devrait disparaître devant un fait récent, un fait juridique, qui emprunte une grande importance à la solennité de l'audience dans laquelle il s'est passé.

Devant la cour d'assises, il y a à peine quinze jours, sur une liste de trente-six jurés, il a fallu, à l'instant même, rayer sept noms pour défaut d'âge, pour incompatibilité de fonctions ou de domicile, et le président a été obligé de recommander à l'avocat général de s'entendre avec l'administration pour que désormais la justice ne fût plus entravée dans son cours.

Voilà donc, voilà la sanction de ces accusations portées, l'an dernier, à cette tribune, la preuve irrécusable que l'on a fait du jury l'instrument passionné de la politique.

Qu'il me soit permis de vous citer ici ce que pensait, à une autre époque, M. Guizot, de cette monstrueuse entreprise de la politique sur la justice ; je ne rappelle pas ce passage pour le puéril honneur de le mettre en contradiction avec lui-même (*Rires ironiques au centre*), car depuis longtemps on sait que, selon l'intérêt du moment, M. Guizot a écrit à peu près de quoi défrayer tous les partis. (*Nouveau mouvement.*) C'est ainsi que parlait M. Guizot :

« Partout où la politique a été fausse, incapable, mauvaise, la justice a été sommée d'agir à sa place, de se régler par des motifs puisés dans la sphère du gouvernement, et non dans les lois, de quitter enfin son siège sublime pour descendre dans l'arène des partis....

« Les jurés de Londres ont acquitté Colledge que poursuivait la cour : il faut qu'Oxford fournisse des jurés nouveaux, et désormais — écoutez bien ceci — *la cour mettra tout en usage pour empêcher la formation de jurys qui n'obéissent pas.* »

Ce que M. Guizot aurait dû ajouter, c'est qu'un des principaux griefs qui ont renversé Jacques II a été la corruption dans les listes du jury, et que, dans le grand bill des droits de 1689, il a été enjoint à la dynastie nouvelle de n'y jamais porter la main.

Un peu plus loin, M. Guizot écrit encore :

« La corruption dans la formation de la liste du jury s'est vue constamment, dans les temps qui sont le vrai domaine de la mauvaise politique, sous l'*empire du despotisme, et au milieu des révolutions.* »

Messieurs, si M. Guizot fait une édition nouvelle, il pourra ajouter : « et sous l'empire *des gouvernements représentatifs*, car j'ai été l'auteur ou le complice de ces listes falsifiées. » (*Mouvement.*)

Parlerai-je maintenant, messieurs, de cette autre gardienne de nos libertés : la presse. Vous vous rappelez que le premier mot du lieutenant général, un de ces mots proverbes qui aidèrent à élever le trône de Juillet, fut celui-ci : « Des procès contre la presse, il n'y en aura plus. » Et puis sont venues les lois de septembre ; puis cette jurisprudence sur les imprimeurs ; puis cette autre qui autorise la poursuite, devant les tribunaux civils, de la diffamation contre les fonctionnaires publics ; cette loi des annonces judiciaires qui, jurait-on hypocritement à sa naissance, n'était point une loi politique, et dont le cabinet vous a dit, l'an dernier, à cette tribune, avec une certaine impudeur, qu'il avait voulu en faire un instrument de destruction contre la presse opposante ; puis enfin cette révoltante doctrine de la complicité *indirecte et morale*, qui sera la honte et le scandale de ce temps. Voilà ce qu'a fait de la presse l'établissement de Juillet. Qu'il y a loin, hélas ! de cet asservissement systématique aux promesses intéressées d'une autre époque, aux conseils mêmes que donnait sur la presse française un diplomate dont le nom n'est jamais cité ici qu'avec respect par nos prétendus hommes d'État !

« Tout ce que vous pouvez oser, disait M. le prince de Metternich, pour corriger la licence de la presse, c'est d'établir un jury composé entièrement d'hommes indépendants du gouvernement, et dont le tiers au moins appartiendra à la presse. Toute autre mesure contre la presse française vous portera malheur. »

C'était en 1828, messieurs, que l'archichancelier d'Autriche faisait cette prédiction. Deux ans après, le trône des Bourbons de la branche aînée s'écroula. (*Mouvement prolongé.*)

Et les élections, que sont-elles devenues ? La question est

délicate, parce que l'instruction en est encore pendante
devant vous. On a souvent crié à la corruption, on a parlé de
certaines circulaires; on a invoqué certaines démissions. Ce
qu'il y a de certain, c'est que les faits ont paru tellement
accusateurs à la Chambre que, pour la première fois, elle a
créé un grave précédent parlementaire, elle a ordonné une
enquête.

La garde nationale, enfin, cette grande et patriotique
institution, quel sort lui a été réservé? On l'a flattée d'abord,
on a craint ensuite ses légitimes manifestations. Vous seriez
effrayés si j'évoquais ici le nom de toutes les villes où, à
l'heure qu'il est, elle est suspendue, désarmée, désorganisée,
dissoute, au mépris de la loi qui veut que dans l'année elle
soit reconstituée. En cela on a été logique; c'est au patriotisme, au courage de la garde nationale que la constitution
avait confié les grandes institutions, le jury, la presse, les
élections, et les gardiens ne sont plus nécessaires du moment qu'il n'y a plus rien à garder. (*Vive adhésion à
gauche.*)

Un mot encore et j'ai terminé sur ce point. Je ne veux
point irriter la Chambre, je ne lui rappelle qu'un fait. Des
trois chefs d'accusation portés devant la Cour des pairs
contre les ministres du roi déchu, l'un était ainsi formulé :
« Dissolution de la garde nationale, corruption des élections. »

L'autre se produisait en ces termes : « Changements ar-
bitraires et *violents* des institutions existantes. »

Enlevez un mot, messieurs : un seul ; à *violents* substituez
artificieux, les griefs seront les mêmes, les moyens seuls
auront changé. (*Mouvements prolongés.*)

J'ai dit la triste condition faite à la liberté; examinons à
présent ce que le système de Juillet a fait du pouvoir, ce
dépôt sacré qui lui a été confié. Le pouvoir, le parti démocratique le veut fort, puissant, en quelques mains qu'il soit

momentanément tombé ; il le veut fort, parce qu'il a conscience que le pouvoir rendu à ses sources primitives, ori-
ginelles, prenant ses éléments dans les droits et les besoins des
masses, sera bienfaisant et émancipateur ; il sera le défenseur, le protecteur de tous contre quelques-uns, des intérêts
exclus contre les intérêts exclusifs. Eh bien, ce pouvoir dans
vos mains a été constamment subalternisé, soumis aux capri-
ces aveugles, égoïstes, de quelques privilégiés. Vous avez eu,
par exemple, l'intention de convertir la rente ; vous en avez
eu la volonté forte et persévérante : aussitôt quelques grands
capitalistes se sont insurgés ; ils ont réclamé à leur profit
particulier ce qui aurait été dans l'intérêt de tous, agriculture, commerce, propriété foncière, et vous avez servile-
ment reculé. Une autre amélioration a également avorté,
l'abaissement des tarifs ; le gouvernement avait entrepris
une sérieuse enquête sur cette grave question. Un petit
nombre d'industriels, grands électeurs, ont proféré quelques
menaces, et l'on a oublié même jusqu'aux traces de l'enquête. La loi des chemins de fer, y avez-vous mieux réussi ?
Vous avez été à ce point timides devant les intérêts de clocher, que vous n'avez osé indiquer que le point de départ
et le point d'arrivée, sans dire un mot des points intermédiaires. Et à ce moment vos frayeurs durent encore ; et
pour ne mécontenter personne et ne vous pas prononcer, le
chemin le plus urgent, celui qui conduit à la frontière, à
Bruxelles, n'est même pas poussé à quatre lieues de Paris.
    Enfin vous avez voulu régler l'union douanière ; vous
l'avez voulu sérieusement après avoir consulté ce que je
crois les véritables intérêts. Tout à coup une coalition de
quelques riches fabricants s'est formée ; elle a oublié les
droits du consommateur, les droits du peuple pour des intérêts personnels et mesquins. Elle a parlé haut, parce
qu'elle vous protège de ses boules, et vous avez cédé. Le
pouvoir a été transporté un instant du ministère dans les

salons d'un traiteur, sous la présidence d'un industriel. Les marchands sont entrés dans le temple, et vous ne les en avez pas chassés. (*Mouvement.*)

Dans la question des sucres, même système, même subordination, même obéissance.

Vous étiez placés entre deux intérêts : l'industrie indigène et l'intérêt des colonies ; qu'avez-vous résolu ? Comme toujours vous avez pris le parti qui était le plus fatal à l'intérêt des masses et des consommateurs. Après avoir soutenu par des prohibitions onéreuses pour le pays l'industrie française, vous avez proposé de le grever de 40 millions de plus pour racheter cette industrie : solution aussi contraire aux principes élémentaires de l'économie politique qu'aux intérêts bien entendus des colonies dont la régénération n'est pas dans ces moyens extrêmes, mais dans d'autres que ce n'est point ici le lieu de développer. Telle a été l'amoindrissement du pouvoir dans sa sphère la plus politique et la plus élevée.

Qu'est-il devenu dans sa sphère secondaire, dans l'administration proprement dite ?

Parlerai-je de cette habitude de dilapidation, de concussion, que vous avez laissée s'infiltrer dans toutes les branches de la bureaucratie ?

Les scandales de l'Hôtel de ville attendent encore le complément d'une réparation ; et ceux qui ont éclaté dans d'autres administrations, vous les connaissez, et je ne puis qu'y faire allusion, car l'instruction criminelle n'est point encore achevée.

Voilà quels funestes exemples la corruption exercée en haut lieu a donnés à l'administration active et secondaire.

J'ajouterai un dernier mot. A l'extérieur, pour ne pas effrayer ces intérêts qui dominent votre politique, et dont vous n'avez pas su vous affranchir, qu'avez-vous fait ? vous avez proclamé, car la peur vous a été inoculée, vous avez proclamé — oh! honte inexprimable! — vous avez proclamé, au nom de ce grand pays de France, la politique *modeste* et tranquille. (*Mouvement.*)

Je le proclamerai donc hautement à cette tribune, le pouvoir qui vous a été confié, vous l'avez laissé avilir. (*Murmures.*)

Quels prétextes donnerez-vous? Les embarras, les difficultés de la situation? Jamais pourtant le pays n'a été plus calme, plus tranquille. Pour mesurer votre incapacité et votre impuissance, comparez vos actes à ceux d'un pays que vous aimez à citer souvent. Les hommes d'État anglais ont-ils laissé le pouvoir se dessécher, se stériliser dans leurs mains?

En Angleterre, les intérêts matériels ne pensent point qu'à eux, ils rendent d'énormes services ; ils ne demandent pas qu'on leur prête des capitaux pour leurs gigantesques entreprises ; ils ne sollicitent pas de *minimum* d'intérêts, ils ont fourni à leur patrie 21 milliards pour faire la guerre contre la France ; ils ont sillonné, couvert le pays de docks, de canaux, de voies de communication.

Eh bien là, le pouvoir, pouvoir intelligent, qui sait prévoir et vouloir, leur a imposé successivement des charges énormes : on les a fait s'incliner devant l'abolition de la traite, devant l'abolition de l'esclavage ; on a modifié à leur préjudice le tarif des douanes, on a été jusqu'à leur imposer la taxe des céréales, et le fils d'un marchand, sir Robert Peel, qui n'a même pas pour lui le prestige de la naissance, si puissant en Angleterre, est venu résolument imposer à son propre parti, à l'aristocratie foncière et territoriale l'*income tax*, tandis que vous, vous reculez devant toutes les questions où l'intérêt des masses est tenu en échec par la cupidité de quelques hommes.

Avouez-le donc, vous n'êtes point des hommes d'État, car

vous ne savez pas donner au pouvoir sa véritable base : l'intérêt des masses ; vous n'êtes point des hommes d'État, puisqu'avec le levier le plus puissant qui soit en Europe, c'est-à-dire le pouvoir le plus centralisateur et le plus facile à manier, vous ne savez pas prendre un solide point d'appui et réaliser ce que le ministère anglais est parvenu à faire au milieu des obstacles les plus insurmontables, contre les aristocraties formidables de la noblesse et du clergé. (*Mouvement.*)

J'en ai fini, messieurs, avec les questions de principes ; et je crois avoir suffisamment montré ce que le système qui préside depuis douze ans aux destinées de la France a fait du pouvoir et de la liberté.

J'arrive aux questions de personnes : la Chambre, j'en suis convaincu, ne m'accordera pas une moins bienveillante attention.

Ce fatal système de compression à l'intérieur, d'abaissement à l'étranger, dans lequel nous piétinons, dans lequel nous nous consumons en vains efforts depuis douze ans, faut-il l'imputer à M. Guizot seul? En est-il exclusivement responsable, a-t-il été l'unique acteur de ce drame, ou n'y a-t-il joué qu'un rôle partagé? enfin n'a-t-il point été seulement un des relais de ce char qui, au travers des ministères, tombés, amoncelés sur la route, poursuit incessamment sa course, portant toujours une même, une immuable pensée? (*Exclamations aux centres.*)

A nos yeux, sans doute, M. Guizot est fort coupable; il a, dans le passé, de sinistres antécédents : le souvenir de Gand pèse sur lui. (*Murmures.*)

Il a, dans sa politique récente, les lois d'intimidation (*Ah !*), les ordres impitoyables.... (*Vives réclamations au banc des ministres.*)

Dans la coalition, sa parole deux fois donnée, deux fois violée en quelques mois; il a enfin son fatal traité de visite, dans lequel il a été si persévérant, et, selon nous, si anti-Français. (*Mouvement.*)

Voyons cependant quels compétiteurs se présentent, quels héritiers sont prêts à recueillir sa succession. (*Ah! ah!*) Les hommes que l'opinion publique, que la faveur de la cour semble désigner comme candidats, ne les connaissons-nous pas?

Entre tous, il en est un que la presse désigne, M. Molé. M. Molé, messieurs, est-ce un nom nouveau pour vous? M. Molé n'a-t-il pas été renversé du pouvoir aux acclamations unanimes du pays? (*Vives dénégations sur quelques bancs. Mouvements divers.*)

Que disiez-vous alors de M. Molé? Qu'il avait abaissé la France à l'extérieur au delà de toutes les limites.

(*Voix au centre : Allons donc !*)

C'est écrit au *Moniteur.* Mieux vaudrait avoir de la mémoire que de m'interrompre. (*Rires prolongés.*)

Qu'il avait poussé la corruption électorale presque au delà du possible. (*Rumeurs.*) Je le répète, je ne rappelle que ce qui est écrit au *Moniteur.*

Et puisqu'on dénie et qu'on insiste, faut-il redire combien la France, sous ce cabinet, a joué un rôle indigne d'elle, dans les affaires de l'Orient, de l'Espagne, du Mexique, de Buenos-Ayres, dans la question de l'Italie par l'évacuation d'Ancône, dans la question de la Belgique par la séparation du Limbourg et du Luxembourg.

Rappellerai-je encore, souvenir à jamais accablant pour lui, que, comme ministre dirigeant du 6 septembre, il a présenté à cette chambre les lois de disjonction, de non-révélation, de déportation? N'a-t-il point soutenu aussi, le noble comte, que les gouvernements *absolus* étaient les seuls bons, et que si les sociétés humaines avaient le malheur de tomber dans les liens impuissants des gouvernements représentatifs, il n'y aurait qu'un moyen de les en tirer : *la corruption?*

Et sur le droit de visite, lui qu'on dit *anti-Anglais*, sur le droit de visite, a-t-il seulement daigné s'expliquer?

Dans les circonstances si graves qui se sont présentées à la Chambre des pairs, a-t-il pris la parole pour dire son sentiment? Et voilà le candidat qu'il nous faut accepter sur son passé, sans que les amis qu'il compte dans cette enceinte aient donné des garanties en son nom!

Dirai-je maintenant un mot de l'honorable M. Thiers? (*On rit.*)

Je reprends les paroles consignées au *Moniteur* même, pour qu'elles ne soient pas discutées.

M. Thiers a dit qu'*il ne croyait pas aux droits du citoyen*. Comment donc appuierait-il une réforme électorale quelconque?

M. Thiers a ajouté que nous devions renoncer à *marcher l'égale de l'Angleterre comme puissance maritime*.

Est-ce tout? M. Thiers n'a-t-il point participé à la plupart des lois de réaction que je rappelais tout à l'heure? N'a-t-il point, après nous avoir jeté l'Europe sur les bras dans la question d'Orient, manqué tout à coup, au moment décisif, de résolution et de courage, et cédé à je ne sais quel invisible prestige? Lui, issu de la révolution de Juillet, jouissant, à ce titre, d'une espèce de popularité, ne s'est-il point servi de cette confiance même pour en confisquer plus facilement que tout autre les fécondes conséquences? Et ce programme de la gauche qu'il avait accepté, qu'en a-t-il fait, une fois arrivé au pouvoir? Il s'en est joué. N'avait-il point atteint son but, en endormant, dans un vain songe, les ardeurs si honorables, les penchants si généreux, mais un peu trop crédules de la gauche? (*Rire sur tous les bancs.*)

Voici, messieurs, la situation peinte, je crois, avec beaucoup d'impartialité; en présence de cette situation, faut-il accepter les hommes sans leur imposer des conditions, sur leurs seuls précédents, sur la foi de leur passé? Ne savez-vous pas depuis longtemps qu'un changement de ministère n'est qu'un changement de personnes; qu'au fond de tous les cabinets, il y a toujours une même pensée, vigilante et debout? Si aujourd'hui il doit en être ainsi, si nous devons renverser M. Guizot, comme homme, et non la politique dont il est l'aveugle instrument, je ne crains pas de le dire, que M. Guizot reste, et que le pays avec lui termine plus promptement son éducation. (*Sensation.*)

Non, non, la gauche démocratique, qui n'appartient à aucune coterie, qui n'a d'engagement qu'envers le pays et sa conscience, ne pourrait plus longtemps, sans crime, se prêter à une interminable comédie.

Direz-vous que nos exigences sont exagérées, excessives? Nous vous répondrons à notre tour de prendre conseil du passé, et vous verrez que pas un cabinet ne s'est fondé qu'il n'ait eu pour objet apparent de donner une satisfaction momentanée à l'opinion publique, tandis qu'il affaiblissait en réalité son ressort et amortissait sa puissante action.

Que s'est-il passé pour les 25 millions des États-Unis? On les a refusés d'abord; le cabinet a été changé, puis, l'année d'après, avec un autre cabinet, les 25 millions ont été arrachés au pays.

La conversion des rentes, dont je parlais il y a un instant, un ministre est tombé pour l'avoir voulue, puis un second; cette politique, cette pensée à laquelle je fais allusion, a temporisé, a usé la question, la conversion a été oubliée; pour me servir de l'expression d'un honorable membre de cette chambre, la question a été *enterrée*.

Enfin, un programme qui n'était pas le nôtre, qui, selon nous, n'était qu'un remède bien superficiel et bien ineffi-cace, n'effleurant que l'orifice de la plaie, n'atteignant nul-lement le mal dans sa racine; un programme avait été ap-porté à cette tribune, accepté par un grand nombre de membres du centre gauche; un des membres du cabinet avait même dit qu'il le signerait des deux mains; on semblait prêt à le réaliser. Alors on a joué au jeu décevant et trompeur des cabinets; le ministère a été changé, le programme a disparu, et, depuis ce temps, personne n'en a plus parlé.

Tant d'exemples accumulés ne nous donnent-ils point enfin le droit de demander des garanties? Ce qu'on a fait pour les 25 millions, pour la conversion des rentes, pour le fameux programme, qui peut assurer qu'on ne l'essayera pas pour le droit de visite? Jamais le sentiment de la France, des électeurs, de la Chambre n'a été exprimé d'une façon plus énergique, plus unanime. Ce sentiment, comment le satisfait-on? Un ministre de la marine est à remplacer, et l'on met à la tête de notre brave armée navale le seul officier général qui se soit prononcé en faveur du droit de visite. (*Sensation prolongée. Agitation dans l'assemblée.*)

Maintenant, messieurs, que voilà à peu près le bilan de tous les partis dressé, je me hâte de conclure. Le parti démocratique ne voit pas de nécessité à changer les hommes, si les principes, si le système doivent leur survivre encore. Les hommes à illusions ou les ambitieux s'écrient que cette attitude du parti démocratique est une politique de colère, de découragement, de désespoir.

Une politique de colère! mais si nous n'écoutions que de justes ressentiments, nous suivrions une marche contraire; il nous suffirait de renverser M. Guizot, par haine pour M. Guizot, sans conditions, sans promesses, sans garanties, sans nous inquiéter du système qui lui sera substitué; nous trouvons, au contraire, qu'il sied à la grandeur, à la générosité du parti démocratique, d'oublier l'homme, de faire à chacun, dans ce grand débat, justice équitable, part égale, et de couvrir un de ses plus implacables ennemis de l'autorité de la raison, de l'inflexibilité des principes.

Une politique de découragement! Messieurs, pour être découragé, il faut avoir cru ; et si l'on peut reprocher au parti démocratique d'avoir fourni de nombreuses victimes, on ne peut pas dire qu'il ait été jamais dupe. On ne peut être désillusionné quand on n'a jamais eu confiance.

On prétend enfin que notre politique est une politique de désespoir. Messieurs, nous avons trop de confiance dans le pays pour désespérer ; nous ne pouvons pas penser que, pendant quelques mois de plus, la présence aux affaires d'un homme quelconque, si fatale que soit son influence, puisse compromettre les hautes destinées de la France à l'intérieur, et consolider son abaissement à l'étranger. Sans s'exagérer la force d'expansion de la France, l'électricité de son action, il est permis de croire qu'elle ressemble un peu à ces hôtes gigantesques de l'Océan, qui d'un mouvement, d'un seul mouvement, remuent jusque dans leurs profondeurs les eaux au milieu desquelles ils paraissaient sommeiller. Oui, oui, le parti démocratique croit encore à la vertu de cette magnifique réponse : « La république est comme le soleil ; aveugle qui le nie. » (*Mouvement prolongé.*)

Ce que demande le parti démocratique est donc avoué par le bon sens, par la raison, et le pays le comprendra. Oui, M. Guizot est coupable, mais qu'on ne le renverse pas pour lui substituer des hommes aussi coupables, à moins qu'ils ne se repentent et ne s'engagent : qu'ils viennent exposer leurs doctrines nouvelles ; qu'ils viennent dire ce qu'ils désirent, ce qu'ils veulent ; qu'ils indiquent un progrès quelconque, une ombre de progrès, alors le parti démocratique avisera ; mais les accepter sur parole comme des libérateurs, comme des sauveurs, comme des messies, enveloppés qu'ils sont dans leur silence, cela n'est pas possible ; je le répète, il faut que l'expérience du passé nous serve pour l'avenir.

M. Guizot, et c'est par là que je termine, M. Guizot se demandera-t-il encore avec un superbe dédain, comme il l'a fait l'an dernier, quel rôle peut jouer le parti démocratique dans une assemblée parlementaire? Sachez-le donc enfin, c'est le rôle des principes contre les personnes, du pays contre les intrigues.

Un rôle parlementaire! Mais qui donc a le droit de parler, dans cette chambre, plus haut que le parti démocratique quand il s'agit de défendre à l'étranger la grandeur et la prépondérance de la France? Ce n'est pas le parti démocratique, comme vous l'avez dit à tort, qui a livré la France aux jeux sanglants de la force et du hasard; ce fait est celui de l'empire. Mais c'est bien la démocratie qui a défendu le sol envahi, protégé, dans un sublime élan, l'intégrité du territoire, et défendu l'émancipation du monde, qu'une coalition étrangère voulait étouffer à son berceau.

Comment donc n'aurait-il point un rôle parlementaire lorsqu'il s'agit de vous rappeler aux vraies notions du pouvoir, lui qui, sous le feu de l'Europe armée, l'a créé, ce pouvoir si puissant, si formidable, que, même à cinquante ans de distance et dans vos débiles mains, il est presque parvenu à le rendre encore respectable !

Comment ! le parti démocratique enfin n'aurait point de rôle ici, et le plus beau, quand il s'agit de flétrir la corruption ! Ses plus injustes ennemis eux-mêmes n'ont-ils point proclamé son incorruptibilité? On a bien dit de la révolution qu'elle avait charrié pêle-mêle le bien, le mal, la haine, la rage parfois ; mais, quelque emporté qu'ait été son cours, jamais elle n'a roulé après elle la cupidité, l'égoïsme et la bassesse. (*Réclamations au centre.*)

Un dernier mot, messieurs, et j'ai résumé ma pensée. Des explications données, de leur franchise, de leur loyauté, dépendra la résolution du parti démocratique : jusque-là il réserve son vote. (*Une longue agitation succède à ce discours.*)

IX

DISCOURS PRONONCÉ A LA CHAMBRE DES DÉPUTÉS

DANS LA DISCUSSION

D'UN PROJET DE LOI RELATIF A LA REFONTE DES MONNAIES

(30 mai 1843)

MESSIEURS,

Au point avancé où en est arrivée la discussion, et après
les discours remarquables et consciencieusement élaborés
que vous venez d'entendre, je ne prendrais pas la parole si
je ne croyais avoir à dire, et en quelques mots seulement,
des choses utiles à la Chambre.

Le point de vue de l'art a été merveilleusement traité;
on vous a entretenus d'une beauté, d'une forme si achevée,
qu'elle est presque idéale; on vous répète que nos monnaies
n'étaient pas ce qu'elles pourraient être; qu'elles pourraient
atteindre un plus haut degré de perfection. On a parlé des
procédés nouveaux, on les a décrits avec la plus grande
clarté, avec le plus grand talent; c'est un côté de la question qui me préoccupe aussi; cependant j'avouerai qu'ici,
où nous faisons moins de l'art que de la politique, il ne me
touche que secondairement, et qu'il est d'autres faces de la
question qui attirent plus spécialement mes regards, d'autres considérations que je place au premier rang : je veux
parler du crédit de la France, de ce qui la fait vivre à l'intérieur et respecter au dehors.

Et d'abord, messieurs, pour calmer dès à présent vos craintes sur l'espèce de discrédit dans lequel on vient de jeter notre monnaie, je n'ai qu'un mot à répondre : non, il n'est pas vrai que notre monnaie soit si inférieure qu'on l'a dit à celle des États voisins, car, depuis des siècles, elle a été acceptée presque par tout l'univers, et non pas à perte, mais souvent à un prix supérieur à sa valeur intrinsèque.

Je vais plus loin, je dis qu'en supposant même, avec ses détracteurs, qu'elle n'ait point toute la beauté de forme désirable, personne n'a pu, au moins, contester jusqu'ici sa valeur intrinsèque, réelle, et que dès lors il est impossible de se passionner pour une pure question de forme, et se précipiter dans l'inconnu, sans examiner avant tout les dépenses énormes dont cette innovation va surcharger le pays, et les conséquences désastreuses que politiquement elle doit entraîner.

La dépense, mais elle est effrayante ; on commence par vous demander plus de 15 millions. Avec cela, quelles économies va-t-on faire ? retrancher d'un seul trait les 71 000 francs que coûte le personnel des six hôtels de monnaie de province.

C'est là une belle réforme, sans doute, et qui mérite d'être vantée bien haut, si l'on songe que la suppression des hôtels de province grèvera le commerce de plus de 800 000 francs qu'il n'a point à payer maintenant.

Ce chiffre ne peut pas être contesté ; il consiste dans les frais de transport, de commission, d'assurance, de perte d'intérêts que le commerce des extrémités de la France sera obligé injustement de subir pour envoyer dispendieusement ses lingots à un point central, Paris. Voilà donc un des premiers avantages du projet, plusieurs millions de dépenses, pour économiser 71 000 francs par an, laquelle économie de 71 000 francs grèvera le commerce de plus de

800 000 francs chaque année. Que penser, messieurs, d'une telle amélioration ?

Mais, messieurs, il est une autre raison bien autrement capitale pour repousser à jamais le projet, c'est le principe nouveau qu'il introduit, la centralisation.

La centralisation, je le dis nettement, obère vos provinces, diminue fatalement votre numéraire, et brise par là votre levier le plus puissant.

Vous voyez maintenant que nous sommes loin des séductions de la forme, des rêves brillants de l'art; nous sommes dans la réalité, dans la pratique, dans la politique, enfin, seul terrain sur lequel nous puissions solidement nous trouver dans une assemblée législative.

J'ai dit qu'avec la centralisation, vos provinces vont se trouver déshéritées de numéraire, et qu'au lieu d'être pour elles un signe représentatif et commode, il deviendra presque une marchandise onéreuse. J'ajoute que quelques-unes d'entre elles retomberont dans un malaise dont le mon nayage local les avait tirées. (*Marques d'étonnement.*)

L'heure est si avancée que je ne puis guère jeter que des idées générales; mais si la Chambre doute, je vais cependant lui citer un fait. Vous savez tous qu'un fléau a longtemps dévoré l'Alsace: l'usure; eh bien, depuis environ douze ans, la monnaie de Strasbourg qui, pendant longtemps, avait été inactive, a repris ses travaux avec une grande impulsion; des sommes considérables y ont été frappées. Qu'en est-il résulté? L'argent monnayé, le numéraire y a circulé rapidement, s'est répandu dans ses moindres canaux, et l'usure, frappée au cœur, a presque disparu. (*Mouvement divers, marques d'approbation.*)

C'est là une des conséquences funestes de la centralisation. Mais il existe contre elle des considérations d'un ordre bien autrement élevé. La centralisation ne peut exister qu'à deux conditions : une régie, c'est-à-dire l'État fait commerçant; ou bien un directeur unique, un seul homme, un étranger, peut-être, disposant des destinées du pays. (*Agitation.*)

Une régie ! mais vous allez transformer l'État en spéculateur ; vous allez le réduire à faire ce que fait l'industrie privée, à chercher, à l'aide de primes, à se procurer de l'étranger des lingots de métal précieux ; vous allez le soumettre aux chances, aux périls du commerce ; est-ce digne ? seul juge désormais, et sans intervention étrangère, du titre de ses monnaies, vous allez l'exposer, de la part de puissances rivales, à des soupçons, à des accusations passionnées, mais mortelles pour son crédit ; est-ce digne ? je le répète encore, est-ce politique ?

Toute désastreuse que serait cette régie, messieurs, s'il me fallait choisir entre deux maux extrêmes, je la préférerais encore à la direction unique remise à un seul homme. Eh quoi, messieurs, n'êtes-vous point effrayés que la fortune de l'État peut être livrée aux mains d'un adjudicataire, d'un inconnu qui se cachera derrière un prête-nom ; que cet adjudicataire soit un étranger, un banquier puissant, habitant la France, non par sentiment national, mais parce qu'elle offre un théâtre plus propice à ses spéculations, avec ce levier puissant, il activera ou arrêtera toute émission de monnaies ; il privera ou inondera de numéraire telle ou telle province suivant ses calculs. Il dirigera en Europe les mouvements des métaux d'or et d'argent, suivant ses calculs, et peut trouver le jour où il enrichira momentanément un pays prêt à s'armer contre la France. (*Mouvement prolongé, réclamations en sens divers.*)

La Chambre se récrie ; si ces tristes prévisions lui paraissent exagérées, qu'elle me permette de lui citer un fait : vous vous rappelez qu'en 1840 nous fûmes sur le point de voir éclater la guerre ; au moins quelques-uns, trop crédules, le crurent ainsi. (*On rit.*) Il en était, parmi les mieux intentionnés et les plus aguerris, qui criaient de toutes parts que nous n'étions pas prêts, que notre matériel n'était pas suffisant. Vaines terreurs, messieurs, permettez-moi de le dire en passant, inspirées à ceux-là seulement qui ne savent plus tenir compte du courage et du génie français, et qui ont trop oublié cette devise inscrite sur l'aigle d'un de nos régiments : « Un contre dix»; mais ces terreurs même auraient été calmées à l'aspect du mouvement qui se passait alors dans le monde financier. Si la France n'avait pas assez de matériel, les puissances étrangères étaient dans une bien autre pénurie, elles manquaient d'argent ; on vous l'a dit, notre sac de 1000 francs ne vaut de valeur intrinsèque que 990 francs ; eh bien, à Francfort, à Hambourg, aux premiers bruits de guerre, il fut coté à 1006 francs ; il est donc évalué 16 francs de plus que sa valeur véritable, et c'est à ce taux élevé qu'un édit lui donna le droit de circulation dans toute l'Allemagne.

Oh ! oui, sans doute, pour combattre, il faut un matériel, mais pour le manœuvrer il faut des hommes qu'un numéraire considérable peut seul entretenir. Conservons donc le nôtre, messieurs; n'atténuons pas par une régie la confiance qu'il inspire au monde; n'en remettons pas surtout les destinées aux mains d'un seul homme; car ce numéraire, presque égal à celui du reste de l'Europe, est une puissance formidable que les étrangers nous envient, et dont ils ont besoin, vous l'avez vu, en cas de guerre. (*Mouvement.*)

La crainte s'est si souvent fait jour à cette tribune que je suis heureux d'y proclamer ce fait pour qu'il soit entendu au delà de nos frontières.

Si quelques doutes, messieurs, militaient encore en faveur de la centralisation, un dernier mot vous prouvera qu'elle amènera fatalement la diminution de ce numéraire dont je viens de vous démontrer la puissance.

Lorsque les lingots étrangers arrivent dans les différents hôtels des monnaies de France, ce n'est pas par un jeu du hasard qu'ils y sont dirigés ; ils ne sont que le retour, les prix d'exportations faites par le pays ; et c'est là ce qui a déterminé l'emplacement des hôtels des monnaies situés presque exclusivement sur les confins du territoire.

Tant que seront conservés les hôtels de province, aussitôt qu'un lingot est expédié, le commerce, en s'adressant à l'hôtel des monnaies le plus voisin, peut en avoir l'argent dans les vingt-quatre heures. On lui compte exactement en numéraire la valeur qu'il a déposée en métal. Supprimez, au contraire, les monnaies locales, et le plus souvent le commerçant, au lieu d'expédier son lingot à Paris, aura intérêt à l'adresser à une monnaie étrangère, Hambourg, par exemple, ou Francfort.

« La centralisation, vous disait-on tout à l'heure, n'est pas redoutable ; la direction unique, s'écriait-on hier, n'est pas à craindre, il y a quelqu'un de plus puissant que les puissants : c'est tout le monde. »

Je répondrai : Il y a quelque chose de plus puissant encore dans le commerce, c'est l'intérêt privé ; qui ne sait que la marchandise va chercher le marché qui l'achètera le plus cher ?

Or, si votre loi fait que le commerçant français devra perdre sur son lingot pour l'envoyer à la monnaie centrale de Paris ; qu'il devra supporter le port, l'assurance, la privation d'intérêts, la commission ; on ne saurait trop le répéter, il gagnera plus à le diriger sur les marchés de la Prusse ou de l'Allemagne, et la France s'en trouvera déshéritée.

Je me résume :

En cas de paix le crédit de la France est plus assuré que celui de toutes les nations de l'Europe ; car la France ayant un numéraire presque égal à sa dette, on sait qu'elle pourra toujours la liquider par les revenus et la vente, au besoin, des biens de l'État.

Sa force de résistance, en cas de guerre, est incalculable, puisque l'argent est le nerf de la guerre et qu'elle en possède à elle seule presque autant que le reste de l'Europe coalisée contre elle.

Eh bien, voulez-vous tuer son crédit pendant la paix, la livrer impuissante pendant la guerre, votez, votez la loi; car, par la centralisation, par la régie, ou par la direction unique, cette loi qui vous est proposée a pour résultat nécessaire la diminution du numéraire. (*Marques d'adhésion sur plusieurs bancs.*)

X

DISCOURS PRONONCÉ A LA CHAMBRE DES DÉPUTÉS

DANS LA DISCUSSION GÉNÉRALE DU PROJET DE LOI
RELATIF A L'ACQUISITION PAR L'ÉTAT

DE LA PORTION DU PALAIS BOURBON APPARTENANT AU DUC D'AUMALE

(8 juin 1843)

MESSIEURS,

Je serai excessivement bref et n'entrerai pas dans la discussion du fond. Je n'examinerai pas si, par cette vente, on essaye de faire une affaire plus ou moins bonne. Des hommes compétents ont traité cette question ; un incident a été soulevé par l'honorable M. Lherbette ; je veux seulement y revenir.

M. Lherbette a dit : Dans le rapport de 1840 on voit que M. le duc d'Aumale doit au trésor 7 millions ; aujourd'hui, sa dette vis-à-vis de l'État n'est plus portée qu'à cinq millions ; pourquoi cette différence ?

Pourquoi, a-t-il dit encore, ne s'est-il pas, pendant neuf ans, rencontré un ministre qui ait approuvé l'arrêté du préfet pour faire courir les intérêts (*Interruption à gauche.* — *C'est cela ! c'est cela !*) la Chambre aurait tort de ne pas me prêter toute son attention ; il me semble que l'honneur de M. le ministre des finances y est intéressé ; dans son propre intérêt on doit donc me laisser parler. (*Parlez ! parlez !*)

Aux deux objections de M. Lherbette, qu'a répondu M. le ministre des finances?

Il a dit : Oui, *ma lettre* écrite comme administrateur des biens du duc d'Aumale porte que les intérêts sont dus.

(*Le ministre : J'ai dit que la décision porte cela.*)

Soit! M. le ministre, en reconnaissant ce fait, a ajouté que sa lettre contenait en même temps la mention d'un pourvoi contre l'arrêté du préfet de la Meuse.

Examinons la réponse qu'on essaye de tirer de cette double assertion. Le Conseil d'État, s'écrie-t-on, a jugé ce pourvoi ; il l'a tranché en faveur du duc d'Aumale, il a décidé que les intérêts n'étaient dus qu'à partir de 1839 ; c'est donc à la décision du Conseil d'État, à l'autorité de la chose jugée que s'attaque l'opposition.

Messieurs, cette accusation portée contre nous est injuste : qui ne sait qu'il faut respecter l'autorité de la chose jugée? on n'a pas compris la force de notre objection ; la voici :

La mention de quatre cent mille francs payés à compte *sur les intérêts*, cette mention consignée dans la lettre que M. Laplagne écrivait comme administrateur des biens du duc d'Aumale, se l'est-il rappelée, M. Laplagne, comme ministre des finances? En droit ce fait est un aquiescement ; c'est-à-dire la renonciation la plus formelle à tout pourvoi, l'exception la plus péremptoire que l'État pût élever contre le duc d'Aumale. Ce payement avait été fait sur les intérêts, la lettre le dit textuellement ; or il n'était plus permis de faire remise à M. le duc d'Aumale d'une partie quelconque d'intérêts.

Le Conseil d'État l'eût-il voulu qu'il ne l'aurait pas pu, et, ne revenez pas dire que j'accuse sa sagacité ou son indépendance ; que je me révolte indûment contre la chose jugée : non, non, encore un coup, quelle qu'elle soit, je la respecte, mais je vous accuse vous, ministre des finances, protecteur naturel et présumé de l'État, de n'avoir pas rempli votre devoir, d'avoir encouru une énorme responsabilité en ne faisant pas connaître au conseil qu'un payement avait été fait par vous sur les *intérêts* dus à l'État, par vous représentant des actions du duc d'Aumale ; car, encore une fois, ce payement contenait un acquiescement volontaire que le Conseil d'État n'aurait pas hésité à consacrer. J'en appelle à tous les juriconsultes qui siègent dans cette enceinte. C'est là l'inconvénient grave du cumul, plus ou moins direct, de deux fonctions qui s'excluent : ministre d'État, défenseur du bien particulier....

(*Nouvelle observation du ministre qui cite des pièces.*)

La Chambre remarquera qu'il n'est possible de discuter que sur les pièces émanées des ministres ; or à qui pourrat-on persuader que M. Laplagne, administrateur des biens du duc d'Aumale, ait formellement déclaré dans une lettre que les quatre cent mille francs avaient été payés sur les intérêts, et qu'il en était dû à partir de 1830, lui qui avait tant d'intérêt à ne pas compromettre son client, et que cependant ce fait ait été une erreur manifeste. (*Réclamations au centre.*)

J'accorde, à juste titre, à M. Laplagne plus d'intelligence des affaires et plus de maturité ; et la Chambre aura à se demander qui elle doit croire de préférence, de M. Laplagne, ministre, ou de M. Laplagne, administrateur privé. Permettez-moi de le dire, je ne crois pas que cette explication tardive dissipe tous les doutes de l'assemblée. (*Nouvelles réclamations.*)

Eh ! messieurs, prenez-y garde, cette prétendue erreur reculerait la difficulté sans la résoudre ; imputé sur les intérêts ou sur le capital, l'à compte payé n'en serait pas moins un acquiescement à l'arrêté du préfet qui constituait M. le duc d'Aumale débiteur des intérêts à partir de 1830. (*Nouvelles exclamations.*)

Messieurs, ces exclamations inarticulées ne sont point des

réponses à une déduction logique, et elles me prouveraient, au besoin, que j'ai mille fois raison.

J'arrive à la seconde objection qui a été faite, et à la réponse de M. le ministre de l'intérieur et de M. le ministre des finances.

En supposant, comme le prétend M. Dupin, que les intérêts ne puissent courir qu'à partir de l'approbation de l'arrêté du préfet, la responsabilité des ministres n'en serait que beaucoup plus engagée. En effet, pourquoi, pendant neuf années, n'ont-ils pas approuvé cet arrêté, car il n'est point douteux qu'alors les intérêts eussent couru.

On répond que l'approbation de l'arrêté du préfet eût été une renonciation à des droits plus étendus, ouverts éventuellement au profit de l'État. L'arrêté du préfet n'accordait que le quart de la valeur des domaines engagés, et l'État pensait qu'il avait droit à la totalité ; il se disait donc : Si j'approuve l'arrêté du préfet, je renonce par là à l'intégralité à laquelle je prétends.

Pour admettre cette réponse des ministres, messieurs, il faudrait oublier les principes du droit.

La loi de l'an VII porte formellement que, pour conserver les domaines engagés, les détenteurs auront le quart à payer. Cette disposition est un droit acquis, incontestable ; par cela seul qu'on possède le domaine, on doit le quart. La loi de 1827 est venue confirmer cette disposition en fixant un délai dans lequel l'État devra réclamer.

Il suffirait donc que l'État, pour échapper à la déchéance, eût fait la réclamation en temps opportun, or il l'avait faite. En supposant donc que vous ayez approuvé l'arrêté du préfet, on ne pouvait pas vous opposer une renonciation au préjudice de l'État ; vous n'en aviez pas le droit, votre adhésion n'était pas libre, votre acquiescement n'était pas spontané ; vous n'aviez pas le mandat de faire une renonciation, et l'approbation donnée par vous à l'arrêté préfectoral n'engageait pas plus l'État que n'avait pu l'engager l'arrêté du préfet lui-même, contrairement à la disposition formelle, impérative de la loi.

Permettez-moi d'ajouter, messieurs, pour la moralité de cette discussion, que cette réponse est venue après coup, qu'elle est apocryphe ; qu'elle n'est qu'une explication posthume, inventée aujourd'hui seulement pour sortir d'une situation difficile, pour échapper à une juste responsabilité ; et si vous en vouliez une preuve plus décisive, demandez à l'honorable M. Passy si, en 1839, à l'époque où le hasard lui a fait exhumer des cartons cette créance de l'État contre M. le duc d'Aumale, demandez-lui si personne, au ministère, a songé à lui donner cette singulière explication. Ah ! soyez bien convaincus, messieurs, qu'au fond de tout ceci il y a autre chose que les prétextes frivoles qu'on vous donne. Vous attendiez, dites-vous, encore, avant d'approuver la décision du préfet, vous attendiez que la jurisprudence de la Cour de cassation fût fixée. Telle ne devait pas être votre conduite, administrateurs diligents des deniers de l'État ; vous auriez dû, dès le lendemain même de l'arrêté du préfet, introduire une action judiciaire qui fît courir les intérêts.

Pour me résumer d'un mot, messieurs, reste dans ce débat la lettre de M. Laplagne qui déclare que les intérêts sont dus à partir de 1830, et qu'un à compte a été payé en ce sens ; en d'autres termes, qu'aujourd'hui le duc d'Aumale s'enrichit de plus de deux millions au préjudice de l'État ; reste encore de la part de plusieurs ministres des finances une coupable incurie. C'en est assez pour m'autoriser à conclure que cette affaire n'a été ni loyalement ni honorablement conduite. (*Violents murmures.*) Ces murmures, messieurs, me forcent alors à compléter ma pensée ; c'est à mes yeux une opération de famille. (*A gauche : Très bien ! très bien ! — Au centre : explosion de murmures.*)

Le ministre réplique et dit entre autres choses que ce discours de M. Ledru-Rollin prouve qu'il n'a pas compris la question.

On a prétendu que je ne connaissais pas les faits ; ce ne serait pas ma faute, car presque toujours on nous les livre tronqués ; mais on s'est trompé ; j'ai plaidé dans une de ces causes, je les connais donc parfaitement.

Je me permets de faire observer à M. le Ministre qu'il n'a pas répondu à deux choses :

La loi de l'an VII est rédigée de telle façon que l'approbation de l'arrêté du préfet, relativement au payement du quart, ne pouvait jamais constituer de votre part une renonciation. La question a été jugée par la cour de cassation.

Ma seconde objection reste encore toute entière, en supposant même que vous ne puissiez pas approuver sans acquiescement. Eh bien ! le lendemain même de l'arrêté du préfet il fallait introduire votre réclamation devant les tribunaux : alors vous auriez conservé votre intérêt ; vous ne l'avez pas fait, donc vous êtes responsables.

XI

DISCOURS PRONONCÉ A LA CHAMBRE DES DÉPUTÉS

DANS LA DISCUSSION DE L'ADRESSE AU ROI
A L'OCCASION DU MOT DE FLÉTRISSURE QUE L'ON VOULAIT INFLIGER

A LA DÉMARCHE DES LÉGITIMISTES AUPRÈS DU DUC DE BORDEAUX
(27 janvier 1844)

MESSIEURS,

Je viens soutenir l'amendement[1] qui vous est présenté
et combattre le projet de votre commission ; je viens le faire
en me plaçant, pour un instant, au point de vue même du
Gouvernement.

Je crois que si la mesure que vous proposez avait pu être
un moment raisonnable, depuis les explications, depuis les
atténuations (je dirai tout à l'heure toute ma pensée) que
vous avez entendues hier de la part des membres légitimistes, elle est désormais impolitique et nuisible à la cause
même que vous voulez servir.

Je comprends parfaitement que, lorsque les nouvelles
d'Angleterre vous sont arrivées, grossies au travers des journaux, vous vous soyez légitimement émus ; je comprends
que votre prudence se soit justement éveillée aux craintes

L'amendement avait pour objet de supprimer, dans le dernier paragraphe de
l'adresse ,ces expressions : « La conscience publique *flétrit* decoupables manœuvres:

d'un débarquement nouveau, aux appréhensions d'une nouvelle guerre civile et d'une autre Vendée.

En agissant ainsi, vous remplissiez un devoir impérieux de citoyens.

Mais depuis cette époque, que s'est-il passé ?

Les choses, vues de près, combien ne se sont-elles pas rapetissées, je dirais même misérablement amoindries.

En effet, que redoutiez-vous ?

Qu'on violât un serment, qu'on excitât à la guerre civile, que le prétendant revînt accompagné des baïonnettes étrangères.

Eh bien, quelles protestations énergiques n'avez-vous pas entendues hier à cette tribune ?

Les orateurs du parti légitimiste sont venus déclarer : Le serment, nous le prêtons comme vous, nous sommes obligés par lui, comme vous l'êtes vous-mêmes, nous voulons le tenir comme vous, et nous ne faisons qu'une réserve qui est faite par vous-mêmes, et dont M. le ministre de l'intérieur a reconnu hier ici la constitutionnalité ; c'est que, si le contrat était violé par le chef de l'État, la nation recouvre à l'instant l'exercice de ses droits.

Les baïonnettes étrangères ! ont-ils ajouté : Périsse plutôt la cause de Henri V que de triompher jamais par de si exécrables moyens ; et ne vous rappelez-vous pas quel sentiment d'indignation s'est manifesté dans leurs rangs au seul mot de guerre civile. A Dieu ne plaise ! se sont écriés à la fois MM. Berryer et de la Rochejaquelein, qu'un pareil fléau fonde de nouveau sur la France.

Ce cri séditieux, ce cri anti-national de *Vive le roi de France !* poussé sur la terre étrangère, on l'a réduit aux proportions d'un jeu de mots de salon, d'une pure antithèse. Après avoir salué le roi de France, on venait, dit-on, saluer, en M. de Chateaubriand, le roi de l'intelligence !

Comment auriez-vous à redouter un prétendant, il n'y a

même plus de duc de Bordeaux ; puisque M. de la Roche-jaquelein vous a dit encore que, pour ne pas s'y tromper, il fallait simplement le désigner par le titre de comte de Chambord. (*On rit.*)

Voilà les faits, les voilà exactement tels qu'ils se sont déroulés dans le débat solennel d'hier.

C'est alors que je me demande si, quand un parti en est descendu à dire : Il n'y a plus de parti légitimiste, il n'y a que des députés ayant prêté serment au Roi actuel des Français, voulant religieusement l'observer, libres seulement de conserver comme hommes des sentiments légitimistes, parce que le domaine de la conscience est impénétrable ; je me demande s'il est digne à vous, s'il vous est utile, s'il est enfin d'une bonne et sage politique, d'imposer une flétrissure à des faits qui n'existent plus, qui ont disparu par le commentaire, qui sont désavoués enfin. Auriez-vous peur d'une ombre ? Que dira l'étranger ?

Douteriez-vous de la sincérité de ces déclarations successives, réitérées, de la loyauté d'hommes qui vous ont ouvert leurs âmes, qui vous ont fait une sorte de confession publique, en prenant Dieu à témoin ?

S'il en est ainsi, messieurs, dans quelle compagnie, hélas ! sommes-nous donc tombés ? Eh quoi ! la loyauté, la foi jurée, la mutuelle confiance, ces vieilles vertus de nos pères, qui sont la base et la condition de toute assemblée honnête, n'ont plus de valeur et plus de force ; mais alors vous vous déconsidérez vous-mêmes, les sentiments de réticence et de mensonge que vous supposez chez les autres, on peut les supposer chez vous. Nous ne sommes plus les représentants d'un même peuple, les enfants d'une même patrie, divergents d'opinion, mais prêts à verser pour elle jusqu'à la dernière goutte de notre sang ; nous ne sommes plus que d'implacables ennemis. La parole n'a plus rien à faire ici, il ne peut plus y avoir que la force brutale : nous reculons de plusieurs siècles de civilisation. (*A gauche : Très bien!*)

Et d'ailleurs, messieurs, à quel parti la flétrissure politique a-t-elle jamais nui, si ce parti avait pour lui la force? Est-il un homme qui ait été plus outrageusement injurié, plus bassement flétri que ne l'a été Charles II par les écrivains gagés de Cromwell, et Charles II cependant, quand la force s'est déclarée pour lui, en est-il moins rentré dans son royaume?

Et Napóléon, messieurs, de quelles calomnies ne l'a-t-on point abreuvé, quelles ordures lui ont été épargnées? Ne l'a-t-on pas solennellement déclaré déchu à jamais, et faut-il rappeler que quand la force aussi est retournée de son côté, sa course du golfe Juan à Paris a été une marche triomphale?

Si donc le parti légitimiste avait la force, ce qu'à Dieu ne plaise! votre flétrissure serait impuissante, ridicule même; s'il ne l'a pas, prenez garde, messieurs, en paraissant effrayés de lui le lendemain du jour où il semble s'être annihilé, où il paraît avoir plus que jamais abdiqué, prenez garde, de lui donner, aux yeux de l'Europe absolutiste, une factice importance. C'est à ce point de vue de votre politique que je dis que vous commettez une faute, et cette faute, malheureusement, ce n'est pas d'aujourd'hui seulement que vous l'avez commise.

Rapprochons ici les paroles et les dates. M. le ministre des affaires étrangères vous a dit au commencement de cette discussion : « C'est à compter de la mort de M. le duc d'Orléans, de l'héritier présomptif de la couronne, que le parti légitimiste a puisé de nouvelles espérances et relevé la tête. »

Je dis moi, messieurs, que cet événement a été l'occasion, mais qu'il n'a pas été la cause. Écoutons, en effet, M. Thiers.

Que disait-il, il y a onze ans, à cette tribune? il disait :

« Qui a vu un carliste? Qu'on me montre un carliste? Il n'y
pas de carlistes ! »

(*Thiers : Je vous demande pardon, je n'ai pas dis cela.*)
(*A gauche : Si! si! — Vous l'avez dit!*)

D'où naît, messieurs, cette différence, et pourquoi ce
parti qu'on disait ne point exister, il y a onze ans, préoc-
cupe-t-il tout à coup si gravement le Gouvernement? c'est,
messieurs, que la politique suivie par la majorité dans cet
intervalle a dû le favoriser et lui a presque facilité les voies.
Quelle a été, en effet, cette politique? Restreindre une à une
toutes les libertés, espérant ainsi fortifier le gouvernement
naissant ; la majorité entraînée par le courant des faits, par
la nécessité de chaque circonstance, n'a pas pris le temps
d'embrasser dans l'avenir les conséquences d'un tel système, et ce sont ces conséquences que le parti légitimiste
est venu récemment tirer devant nous, quand il a dit :
« 1830 n'aurait-il changé que les personnes et non les
principes? »

Est-ce justement, messieurs, que le parti légitimiste a
pu s'exprimer ainsi?

Comparons en quelques mots. Quels sont les derniers
coups que s'est portés la restauration ? C'est, vous le savez,
sa défiance de la garde nationale ; les élections qu'elle a
voulu fausser ; le bâillon qu'elle a essayé de jeter à la presse.

Eh bien, vous Gouvernement de 1830, qu'en avez-vous
fait de cette garde nationale? (*Exclamations au centre.*)

Les cris ne peuvent rien contre les faits, et je prends,
pour répondre à ces cris, les propres paroles de M. le ministre de l'intérieur. Il disait l'an dernier, à cette tribune :
« Il est beaucoup de villes où les gardes nationales ont été
dissoutes. »

(*Le Ministre de l'intérieur : Je n'ai pas dit cela.*)

Vous l'avez dit, vos paroles sont au *Moniteur*, et vous
avez même osé ajouter : « Elles sont dissoutes, et bien que

la loi impose l'obligation de les reconstituer dans l'année, nous ne le ferons pas sous notre responsabilité personnelle. »

Voilà les paroles qu'a prononcées M. le ministre de l'intérieur ; la Chambre tout entière s'en souvient. (*Oui! oui!*) Eh bien, messieurs, c'est la violation la plus flagrante et la plus audacieuse de la charte.

La corruption électorale qui a contribué à la ruine de la restauration ! Mais, sous le Gouvernement de Juillet, elle a été constatée par une enquête éclatante. Ce n'est pas tout, il s'est passé en matière électorale un fait plus grave encore, s'il est possible.

Le préfet de Toulouse a pris un arrêté qui interdit toute réunion préparatoire en matière d'élection, si ce n'est avec la permission de l'autorité, tandis que la loi a fait justement pour les élections une exception formelle. Et cet arrêté, qui met ainsi les élections dans la main même du pouvoir, et qui viole si outrageusement la charte, cet arrêté, dont on veut faire un précédent sans doute, n'a point encore été réformé.

Dirai-je un mot de la presse? Ah, messieurs, je serai bien court. Vous l'avez jetée dans un filet, où elle se débat vainement entre les amendes et la prison, sans pouvoir rompre le fatal réseau. (*Rire d'approbation au centre. — Un membre. Tant mieux!*)

Vous l'avez jetée garrottée, vaincue, sous les coups des lois de septembre, lois passagères, disiez-vous, lois d'exception, qu'on devait rapporter dans les temps calmes. Le temps est calme, et cependant vous ne voulez même pas les modifier.

Ne l'avez vous pas livrée encore à cette loi hypocrite sur les annonces judiciaires ; et, comme si ce n'était pas trop déjà, n'avez-vous pas inventé la complicité indirecte et morale qu'a osé appliquer la chambre des pairs?

(*Le ministre Hébert : Je vous dirai un mot de cela.*)

Quand vous voudrez, je serai toujours prêt à vous répondre.

La restauration avait attaché un écrivain politique au bras d'un forçat ; et pour ne lui céder en rien, vous avez, ô infamie ! traîné deux journalistes, la chaîne au cou, au travers des provinces du midi.

D'un mot, j'achèverai ce parallèle : La Restauration avait eu ses prodigalités, et vous, Gouvernement à bon marché, vous avez doublé l'impôt ! (*Exclamations au centre.*)

(*Une voix : C'est une preuve de la prospérité croissante.*)

Oui, l'accroissement de l'impôt est une preuve de la prospérité croissante, quand l'impôt n'est pas dilapidé et jeté en pâture par les chemins de fer à des traitants. La prospérité, vous ne la prenez pas au sérieux.

Il y a prospérité, comme il y a équilibre ; il y a équilibre à l'aide d'emprunts nouveaux. Mais revenons au rapprochement.

La Restauration a eu ses rigueurs ; mais vous à qui le peuple des trois jours avait donné le magnifique exemple de la générosité et de la clémence, n'avez-vous pas aussi les vôtres ?

Je vais exciter vos clameurs ; mais la vérité m'oppresse ; sur trente jeunes gens jetés, il y a trois ans, dans les redoutables cachots d'une prison d'État, pleins d'ardeur et pleins de vie, vingt-deux sont, à l'heure qu'il est, morts ou agonisants.

(*Le Ministre de l'intérieur : Le fait est faux.*)

Le fait est faux ! ah ! c'est toujours là votre éternelle réponse ; le fait est faux ! mais il est consigné dans un rapport que nous a fait distribuer un de vos amis, l'honorable M. de la Rochefoucauld-Liancourt. Accusez-le donc de mensonge, il est ici présent, il siège sur vos bancs. Non, non, le fait n'est malheureusement que trop établi.

Le tableau est achevé, messieurs. Eh bien, répondez, croyez-vous consciencieusement que les légitimistes n'ont pas pu s'y méprendre, qu'ils n'ont pas dû croire que, dans cette reconstitution du passé, ils manquaient véritablement à l'œuvre? Vous leur avez donné rendez-vous, ils y sont venus! (*A gauche : Très bien! très bien! — Bruit et exclamations au centre.*)

Vous vous récriez! calmez-vous maintenant, je vais dire des choses qui sont d'ordinaire plus de votre goût, je vais parler des personnes.

Presque tous les hommes qui avaient servi la Restauration sont demeurés ou sont revenus au pouvoir.

Par qui avez-vous été représentés à l'étranger, par exemple, immédiatement après les trois jours? Par un homme qui a porté malheur à tous les gouvernements, le modèle de ceux qui trahissent la veille de la défaite, et qui, à travers les catastrophes, restent toujours debout, M. de Talleyrand.

Dans l'armée, dans l'administration, dans la magistrature, le personnel est presque identiquement le même : ceux qui n'avaient pas voulu prêter serment d'abord se sont ravisés, et pour la plupart vous leur avez donné de l'avancement.

Mais jusque dans le conseil même de la couronne, presque toujours la majorité du cabinet est composée d'hommes qui ont servi le gouvernement de la restauration.

A ne considérer que les personnes, les légitimistes peuvent donc encore s'y tromper.

Mais la forme, la forme même que vous cherchez à donner à la société actuelle, s'éloigne de plus en plus de la révolution de Juillet, et ceci s'adresse plus particulièrement à ces membres des centres, enfants de la révolution, et pour la plupart fils de leurs œuvres.

En 1830, vous avez poussé à une révolution populaire

pour qu'elle restât au moins bourgeoise. (*On rit.*) Eh bien, sous vos yeux on refait une cour et une aristocratie.

A cette époque, nous avions une marine de l'État, une armée de l'État, aujourd'hui c'est la flotte et l'armée du Roi. (*Agitation.*)

Autrefois on disait : Le gouvernement, et par là on entendait les trois pouvoirs de l'État. Maintenant on ne nous parle plus que du Gouvernement du Roi, et on y met une sorte d'affectation.

Quand on venait de refaire la charte, et qu'on avait tant d'intérêt à ne pas mécontenter encore ceux qui avaient remporté la victoire, on disait simplement le Gouvernement.

A l'étranger, on parlait au nom du Gouvernement français, et ce mot se comprenait ; il y a quelques jours un ambassadeur parlait au nom de *son auguste maître.* A défaut du cœur, on cherche à porter haut la tête. (*Vive interruption. — A gauche : Très bien! très bien!*)

Dans les actes de l'état civil, on exhume de vieilles et ridicules formules dont la bourgeoisie s'amuse.

On se donne gravement du *très-haut, très-puissant et très-excellent prince,* du *très-haut et très-puissant seigneur,* comme si la pompe des mots pouvait remplacer la valeur des personnes. (*Exclamations prolongées. A l'ordre! à l'ordre!*)

(*L'orateur est rappelé à l'ordre.*)

Vous vous courroucez pour bien peu. Disons, si vous voulez : Pouvait ajouter à la valeur des personnes. Êtes-vous contents maintenant?

(*Au centre : Non! non! — Le Président maintient le rappel à l'ordre.*)

Et moi je maintiens ma phrase. La roture même, messieurs, la roture ne suffira plus bientôt pour nous représenter à l'étranger. M. Guizot nous parlait hier de sa renommée européenne : elle a pu apparemment se passer de titre;

mais les services, les succès de M. de Salvandy, n'ont pu le mettre à l'abri de la couronne de comte, ainsi que tant d'autres que je pourrais nommer.

Ainsi jusque dans ces formes même surannées, obséquieuses, courtisanesques, je suis encore autorisé à dire que les légitimistes ont bien pu s'y tromper.

Et pour les punir d'une faute qui est plus la vôtre que la leur, que proposez-vous? Deux choses, la flétrissure et la sainteté du serment.

Le serment! de quelle efficacité peut-il être contre des hommes dont vous voulez absolument suspecter la loyauté?

La flétrissure! j'y réponds d'un seul mot, il est de la convention....

On voulait noter d'infamie un des membres. Il en fut un qui se leva pour dire : « Entre collègues on se fait juger, condamner....

(Une voix : Exécuter !)

« On se tue même, mais on ne se déshonore jamais, car le membre flétri, qui reste dans l'assemblée, flétrit l'assemblée tout entière. » *(Mouvements divers. — A droite et à gauche : Très bien !)*

Ah! croyez-moi, vos deux remèdes sont impuissants. Le seul que vous pourriez employer, on vous l'indiquait hier, c'est de revenir au principe de la révolution de Juillet, à son origine, de vous raviver à sa source, de développer, au lieu de l'étreindre, le principe de la démocratie.

Quelle puissance n'a pas cet immortel principe!

Nous autres démocrates, nous sommes en petit nombre, n'est-ce pas, sur ces bancs; eh bien, tous tant que vous êtes, vous passez là successivement devant nous pour le saluer ce principe et y rendre involontairement hommage. Les légitimistes ont-ils à se défendre, c'est sur le terrain de la démocratie; essayent-ils de se faire accepter par le pays, ce n'est au nom ni de l'absolutisme ni du droit divin, c'est en parlant le langage de la démocratie. (*C'est vrai! c'est vrai!*)

Et vous-même, monsieur le ministre des affaires étrangères, si dans la première phase de la discussion vous vous êtes montré si puissant contre un orateur d'ordinaire si puissant lui-même, c'est que, pour lutter contre le droit divin, vous étiez passagèrement dans les principes de la révolution, et sur les fondements bien assurés de la démocratie. (*Très bien! très bien!*)

Revenez donc à elle, car son principe tout puissant est le le seul vrai. Non, non, il n'a pas brillé il y a cinquante ans sur le monde, il ne s'est pas promené à travers tant de champs de bataille, pour ne pas pousser jusqu'au bout les conséquences de son œuvre. Un gouvernement peut le comprimer, le méconnaître; mais soyez convaincus que le triomphe n'est que d'un jour. (*A gauche : Très bien! très bien! — Mouvement prolongé.*)

XII

DISCOURS PRONONCÉ A LA CHAMBRE DES DÉPUTÉS

DANS LA DISCUSSION DU BUDJET, QUESTION DES FONDS SECRETS

(18 mars 1844)

MESSIEURS,

Depuis 1830, bien des ministères ont reçu, ont dévoré les fonds secrets, bien des ministères se sont succédé. Je me demande si, pour cela, leur politique en a été meilleure et si, à part d'imperceptibles modifications, elle a été bien dissemblable.

Mon esprit est préoccupé de ce problème : Pourquoi quelques-uns des hommes qui sont arrivés au pouvoir, animés de sentiments patriotiques, avec des intentions droites et pures, n'ont-ils pas pu réaliser le bien qu'ils avaient médité, et n'ont-ils pas toujours empêché tout le mal qu'ils auraient pu prévenir?

La cause en est, selon moi, dans le défaut d'unité, d'homogénéité du pouvoir, dans ses tiraillements perpétuels, dans la coexistence de deux pensées dirigeantes, l'une officielle, l'autre cachée : la coalition, disait-on, était une croisade contre cet abus; elle avait pour objet d'y apporter un remède énergique; mais le zèle des hommes qui combattaient à sa tête a été bientôt refroidi. Le voile avait été soulevé par un intérêt passager : les ambitions satisfaites ou en expectative l'ont laissé retomber aussitôt. Je vais essayer de le faire disparaître et montrer la vérité au pays en m'occupant particulièrement de la politique extérieure; car c'est celle qui engage plus irrémissiblement la grandeur de la France.

Vous le savez, messieurs, quatre grandes questions ont agité et agitent encore l'Europe : le principe de non-intervention, nos alliances, la liberté des mers et la question d'Orient. Le principe de non-intervention était déjà une modification du principe constitutif et révolutionnaire de Juillet. Après avoir poussé les peuples à la liberté pour effrayer les vieilles monarchies et se faire reconnaître, le trône du 7 août, voulant entrer plus intimement dans la communion des rois, renonce au système de propagande et proclame le principe, moins redoutable pour l'Europe, de la non-intervention. Chaque peuple, mûr pour la liberté, pourra donc l'inaugurer sur son territoire sans avoir à craindre l'intervention oppressive de la sainte alliance.

C'est le cœur encore palpitant qu'on se rappelle avec quel enthousiasme ce principe fut intronisé dans cette enceinte. De tous les côtés de la salle, lorsque l'honorable M. Laffitte monta à la tribune pour en poser les bases, retentirent d'unanimes applaudissements. M. le maréchal Soult, au nom de l'armée, le salua de quelques nobles paroles, et il n'est pas jusqu'à M. Dupin lui-même qui ne se soit écrié : « Moi, France, dont la voix doit être entendue dans l'Europe et dans le monde entier, je ne permettrai pas que les autres puissances interviennent. C'est là le langage qu'a tenu le ministère, c'est celui qn'ont tenu les ambassadeurs de Louis-Philippe, c'est celui que soutiendraient l'armée, la garde nationale, la France entière. » (*Bravo! bravo!*)

Eh bien, après ces bravos retentissants, cette proclamation si solennelle, ces magnifiques paroles, où en sommes-nous tombés? L'Autriche veut entrer dans les légations d'Italie pour étouffer la liberté dans son germe à Modène à Parme, à Bologne, à Ancône.

L'honorable maréchal Maison, notre ambassadeur à Vienne, écrit en toute hâte qu'il faut prévenir ses manœuvres et jeter une armée française sur les Alpes ; et la dépêche, adressée au cabinet, est interceptée pendant plusieurs jours ; le président du conseil n'en a connaissance que par hasard, et alors déjà nous n'avions plus qu'à rougir en présence des faits accomplis. Tel fut, le pays ne le sait que trop, le motif de la retraite de l'honorable M. Laffitte.

Nous avions sacrifié à l'Europe absolutiste le principe tutélaire de la liberté des peuples ; où vont être désormais nos alliés ? Dans les monarchies ? Nullement ; elles profitent de nos concessions mais en nous repoussant.

Il ne nous reste plus guère qu'une sympathie précieuse, la Suisse, notre plus ancienne alliée, notre boulevard à l'est, ce sol ami qui nous permet de jeter un pont au travers des montagnes, entre la France et l'Allemagne. On sait que le contre-coup du mouvement de Juillet avait appelé dans ce pays le parti démocratique, le parti français, à la tête des affaires. L'Autriche s'en inquiète et s'en irrite ; elle fomente des discordes, elle essaye de ramener au pouvoir le parti rétrograde de l'aristocratie ; pendant ce temps elle nous montre l'espoir d'une alliance possible entre un prince français et une de ses archiduchesses. La France va faiblir encore : un agent provocateur intrigue en Suisse au profit du parti autrichien ; le woorort le fait arrêter, et on trouve sur lui un passeport délivré par la France, signé d'un haut fonctionnaire français : le chef responsable du cabinet, M. Thiers, est interpellé à la tribune, et ici encore, comme M. Laffitte dans l'affaire de la non-intervention, il est réduit à répondre : « Oui, comme président, j'aurais dû tout savoir, mais je n'ai pas tout su ; j'aurais dû tout savoir, on aurait dû tout me dire, *on ne m'a pas tout dit....* La responsabilité m'aurait appartenu, si j'avais tout su ; elle ne m'appartient pas, parce que je n'ai rien su ; quelle excuse voulez-vous que je fasse valoir ? » (*Exclamations au centre.* — *Mouvement prolongé.*)

Mais de semblables preuves de l'antagonisme d'une pensée apparente et d'une pensée cachée se pressent et s'accumulent ; voulez-vous voir ces deux pensées en opposition dans deux questions des plus palpitantes ? elles ne sont qu'ajournées celles-là, et d'un moment à l'autre elles peuvent jeter le monde dans une conflagration. C'est la question du droit de visite, et la question d'Orient.

La question du droit de visite (soyez tranquilles, je n'en dirai qu'un mot), je ne reviendrai ni sur son importance pour notre pavillon, ni sur son influence pour le commerce du monde ; je ne veux parler que de la manière dont on l'a engagée, pour se donner l'appui de notre magnanime alliée, à l'insu du pays, de la Chambre, du cabinet lui-même ; laissons parler les amis de M. Molé dans une brochure qu'il est loin d'avoir désavouée :

« Une négociation, y dit-on, était entamée entre les cinq puissances sur l'extension des traités de 1831 et de 1833. L'Angleterre sollicitait vivement le cabinet, dont M. Molé était chef, de participer à cette négociation. M. Sébastiani, notre ambassadeur alors, l'en pressait de son côté. Le ministre temporisait, et, ne voulant pas répondre par un refus formel, il n'envoyait pas à l'ambassadeur les *instructions nécessaires pour l'autoriser à signer la convention* provisoire qui se discutait. Cependant, chose incroyable, chose sans exemple, peut-être, dans les fastes diplomatiques, à laquelle nous n'ajouterions pas foi, si M. Molé ne l'avait affirmée sans en être démenti, M. Sébastiani, sans *instruction*, sans *autorisation ministérielles*, signe le protocole, et il *engage ainsi la France sans le consentement, à l'insu du ministre responsable, de ses chefs constitutionnels.* Répétons-le, M. Molé ne répondait pas aux instances, aux demandes d'instruction de notre ambassadeur ; c'était assez lui indiquer sa conduite, c'était assez lui dire que, jusqu'à nouvel ordre, il devait suspendre et s'abstenir. »

Maintenant, messieurs, voulez-vous que je vous rappelle ce que disait M. Molé lui-même?

« Je reçus de notre ambassadeur de Londres, *et c'est ce point que je mettais le plus d'intérêt à constater*, une dépêche *où il m'annonçait qu'il avait signé le protocole*. Il me demandait de nouveau des instructions, et me disait (il n'y en a de témoignage que sa lettre) qu'il avait fait, avec lord Palmerston, les réserves les plus positives pour conserver la liberté de la France dans les négociations. »

Puis, dans sa réplique à M. Guizot, M. Molé ajoute ces paroles significatives :

« Au mois de décembre 1838, je reçus, *à ma grande surprise*, l'adhésion de l'ambassadeur français au protocole, *adhésion* QUE JE N'AVAIS PAS AUTORISÉE. »

Et vous savez, messieurs, si M. Sébastiani a été désavoué!

Vous voyez donc là encore qu'il y a en dehors du cabinet, de la volonté de la chambre, du pays, dans une de ces questions qui ont le plus agité la fibre nationale, le plus ému sa noble fierté, qu'il y a eu un engagement funeste pour le pays....

(*Une voix au centre: Qui donc dit cela?*)

C'est M. Molé, et il n'a pas été démenti.

Et dans une circonstance non moins grave, dans l'affaire d'Orient, la France a-t-elle été liée d'une manière plus constitutionnelle? et ici je ne crains pas de faire appel aux souvenirs de M. le ministre des affaires étrangères lui-même. Voici ce qu'écrivait lord Palmerston à son représentant à Paris, M. Bulwer, le 22 juillet 1840 :

« Le premier passage du mémorandum était celui où il est dit que le plan soumis il y a quelque temps à la France pour réconcilier Mehemet-Ali et le sultan, avait été suggéré par les idées de l'ambassadeur français à Londres. M. Guizot me fit observer que si ce passage avait pour but d'impliquer que le comte Sébastiani ayant proposé le plan auquel on faisait allusion, avec l'autorisation du Gouvernement français, ce même Gouvernement agissait d'une manière inconséquente en proposant un plan à une époque, puis en le rejetant un peu plus tard, il était de son devoir de contester l'exactitude de cette imputation. *Le comte Sébastiani avait,* disait-il, *proposé ce plan de lui-même, sans y être autorisé par le cabinet français, et la preuve, c'est qu'il n'en existait pas de trace dans les archives de l'ambassade française.*

« Je lui répondis que j'étais prêt à admettre que le comte Sébastiani eût fait cette proposition sans en avoir reçu l'instruction ; puis j'ajoutai que je vous avais fait part de ce plan, et que vous m'aviez informé qu'il ne *cadrait pas du tout avec le langage et les opinions du maréchal Soult, dont le plan différait de celui du comte Sébastiani.*

« Je montrai alors à M. Guizot la dépêche que je vous avais envoyée en septembre dernier, pour lui prouver *que ce plan avait été mis en avant d'une manière plus formelle* que ne l'eût été un *plan perdu* proposé *personnellement* par le comte ; *d'autant plus que ce dernier m'avait fait comprendre* que si le gouvernement britannique accédait à cet arrangement, la France concourrait aux mesures coercitives à employer pour en assurer l'exécution.

« J'ai ajouté à M. Guizot qu'il était impossible de séparer, ainsi qu'il le faisait dans son raisonnement, le caractère individuel du caractère public chez un ambassadeur, surtout lorsque cet ambassadeur conversait avec un secrétaire d'État, dans une entrevue officielle, *sur des dépêches que cet ambassadeur venait de recevoir de sa cour.* J'ajoutai *qu'il était bien connu que le comte Sébastiani était en communication « directe et confidentielle avec le roi des Français, »* et que lors même qu'il n'y aurait aucune trace de *ce plan dans les archives publiques de l'ambassade française*

*ce ne serait pas une preuve concluante que le comte eût parlé
sans autorisation.* » (*Vive réclamation au centre.*)

(*Une voix : C'est l'Anglais qui dit cela*).

« Oui, c'est l'Anglais, mais c'est ce même Anglais qui
exalte chaque jour M. Guizot comme le plus grand
homme d'État, et je porte à M. Guizot le défi de démentir
lord Palmerston.

Vous le voyez donc, messieurs, dans les quatre plus
grandes questions qui aient été soulevées sur la politique
extérieure depuis 1830, vous trouvez, pour faire ressortir
cette pensée latente qui pèse et agit dans un sens opposé au
vœu du pays, vous trouvez le témoignage des hommes éminents qui ont passé au pouvoir. C'est M. Laffitte, dans la
non-intervention ; c'est M. Thiers, qu'on ne peut pas soup-
çonner de manquer de dévouement à la dynastie de Juillet,
dans la question suisse ; c'est M. Molé, dans la question du
droit de visite, qui se plaint amèrement d'avoir été lié par
un ambassadeur, sans que cet ambassadeur ait reçu une
seule dépêche du ministère.

(*Réclamations au centre. — A gauche : C'est vrai !*)

*Le maréchal Sébastiani réclame pour lui seul la respon-
sabilité de ses actes.*

(*Le ministre de la guerre déclare le fait faux.*)

Je répète que j'énonce le fait, emprunté textuellement aux paroles de M. Molé d'une part, de l'autre à un
document diplomatique officiel de lord Palmerston. Le pays
jugera.

Maintenant pour vous autres membres de la majorité qui,
j'en suis convaincu....

(*Une voix au centre : Ah ! voyons !*)

Vous verrez tout à l'heure ; permettez, avec la meilleure
intention, je ne puis dire qu'une parole à la fois.

Je dis aux membres de la majorité : vous qui sans doute
voulez l'exécution de la constitution, trouvez-vous bon,

dàns certaines circonstances, qu'un pouvoir irresponsable....
(*Vives réclamations au centre. — Interruptions prolongées.*)

Messieurs, le langage que je viens de tenir.... (*Bruit*).

Le langage que je viens de tenir a été combattu par toutes
les majorités qui ont abusé du pouvoir ; aussi je ne m'émeus
pas de ce tumulte, je m'y attendais. Dès qu'on a essayé de
soutenir le juste équilibre des pouvoirs, ce qui est un langage constitutionnel, elles se sont récriées, pour donner le
change, contre les prétendues atteintes qu'on essayerait de
porter à l'inviolabilité de la couronne ; et M. Guizot lui-
même, qui demandait tout à l'heure qu'on me rappelât à
l'ordre, doit le savoir mieux que personne ; je puis citer un
passage d'un de ses discours qui le prouve d'une manière
irréfragable. M. Guizot disait, lors de la coalition :

« Sous la monarchie constitutionnelle, je ne connais rien
de plus anti-monarchique et de plus inconstitutionnel à la
fois que l'attitude.

M. Guizot n'écrit ces sortes de choses que quand il est, je
vous l'ai dit, dans la coalition. « Rien donc, disait-il, n'est
plus inconstitutionnel que l'attitude et le langage du cabinet dans ce débat. Non, ce n'est pas la royauté que nous y
avons appelée ; nous lui portons le plus profond respect ;
nous savons combien sa présence, sa force sont nécessaires
à la France, quels services elle lui a rendus et doit lui rendre
encore. »

(*Une voix au centre : Mais, c'est très-bien !*)

Attendez, vous allez voir ; ne vous pressez pas ; ceci n'est
que pour faire passer le reste. (*On rit.*)

« Qu'elle déploie donc librement, pleinement ces prérogatives ; que dans ses conseils elle *éclaire*, elle *persuade*
ses conseillers et exerce sur eux toute son influence, c'est
son droit ; vous, c'est votre devoir de l'éclairer aussi, de la
persuader, de faire pénétrer auprès d'elle l'influence du

pays. Et puis, vous viendrez répondre au pays de tout ce qu'elle aura fait par votre CONSEIL OU DE VOTRE AVEU. »

(*M. Guizot : Oui, de mon aveu, il n'y a pas de doute.*)

« Par votre *conseil* ou par votre *aveu.* » Notez bien ces deux expressions, messieurs, j'en accepte le principe, et je demande maintenant sincèrement, loyalement, au centre, en le priant de ne pas se passionner, s'il est possible ; je le demande, à M. Guizot lui-même, si c'est agir d'après le conseil d'un cabinet, avec l'aveu d'un cabinet, que de l'engager, sans sa participation, à son insu, en arrière de lui, furtivement, et de lui soustraire une dépêche qui va décider de la résolution du pays ? (*Exclamation au centre.*)

(*M. Guizot : Cela n'a jamais été.*)

Que M. Laffite, qui est ici présent, prenne la parole pour me démentir ; que les amis de M. Molé se lèvent pour me confondre et rétracter ses paroles ; que M. Thiers, de son banc, désavoue ces expressions accusatrices : « Je n'ai pas tout vu, je n'ai pas tout su. »

(*M. Guizot : C'était sous sa responsabilité.*)

Entendez-vous bien : « *Je n'ai pas tout su et je ne peux être responsable.* »

(*Le ministre de l'intérieur : Il y a toujours un ministre responsable.*)

La question n'est pas de savoir s'il y a toujours un ministre prêt à être responsable, mais s'il peut être légalement, honorablement responsable quand il n'a pas vu ou n'a pas su, et je demande au pays si, dans les circonstances que je viens de signaler, c'est là agir de l'aveu de son ministère ou sans son ministère ?

(*L'orateur se trouve interrompu par des réclamations sur le banc des ministres.*)

On veut donc me forcer à relire le passage du discours de M. Thiers :

Moniteur, *chambre des députés, séance du 13 janvier* 1837.

« Oui, comme président, j'aurais dû tout savoir, mais je n'ai pas tout su ; j'aurais dû tout savoir, on aurait dû tout me dire, on ne m'a pas tout dit. La responsabilité m'aurait appartenu si j'avais tout su ; elle ne m'appartient pas, parce que je n'ai rien su.

« Quelles excuses voulez-vous que je fasse valoir auprès de vous ? »

> Nouvelle interruption par Guizot, chef du cabinet.
> Il demande à expliquer sa théorie de la responsabilité ministérielle, et dit que tout ce qui a été fait a toujours été pris par un ministre sous sa responsabilité ; qu'il est inconstitutionnel de retirer ses faits de la sphère de la responsabilité des ministres, qui ne les ont point désavoués, pour les porter ailleurs, sous le manteau d'un autre pouvoir, qui ne doit jamais apparaitre dans le débat.

Pour que ce raisonnement soit bon et concluant, il ne lui manque qu'une chose : d'être appuyé sur les principes des véritables gouvernements représentatifs, et notamment sur ceux de l'Angleterre, qu'on aime à nous citer sans cesse, et que M. Guizot se plaisait, sur la question même, à invoquer tout récemment à cette tribune.

A propos de la proposition sur les incompatibilités, la chambre se souvient qu'il s'est élevé un incident grave, qui a fait scandale dans le pays, que je ne veux pas réveiller ; c'est alors que M. le ministre des affaires étrangères, pour parer à une position difficile, s'est écrié, touchant ces faits qu'on était loin de lui imputer, qu'il les prenait sous sa responsabilité personnelle. Je n'accuse pas, sans doute, son dévouement ; je n'accuse pas sa générosité même, s'il le veut.

> A ces mots, de violents murmures éclatent au centre de l'assemblée et sur les bancs des ministres ; des cris : « à l'ordre ! » se font entendre. Le président interpellant l'orateur lui dit que ses paroles sont contraires aux

principes constitutionnels, et qu'il doit abandonner la voie dans laquelle il s'engage.

L'orateur avec force se tournant vers le président :

Je m'engagerai dans cette voie parce qu'elle est la seule vraie et la seule constitutionnelle ; je le prouverai, pour peu qu'on veuille me laisser parler.

(*Les exclamations et les cris : à l'ordre ! recommencent.*)

Les cris, pour être les moyens oppressifs des majorités, n'en sont pas pour cela de meilleures raisons.

Je disais donc que dernièrement M. Guizot, en prenant sous sa responsabilité un fait qu'on considérait comme lui étant étranger, manquait à la logique, qui veut que la responsabilité ne pèse qu'où est la liberté d'action, et aux véritables principes des gouvernements constitutionnels, et je le démontre.

En 1783, dans le parlement d'Angleterre, une question identique à celle qui vous jette dans un tel tumulte était soulevée. Il s'agissait du bill des Indes. Ce bill était sur le point de passer ; tout à coup circule dans le parlement le bruit que le roi s'était plaint vivement à quelques membres que le bill eût obtenu une première lecture, et qu'il agissait sur eux, individuellement, pour le faire échouer. C'était bien là comme ici, vous le voyez, la question de l'équilibre du pouvoir.

Aussitôt la chambre des communes, se considérant comme *gardienne de la constitution*, se saisit de l'affaire. On lui propose de déclarer que, invoquer l'opinion ou la prétendue opinion de S. M. sur un bill présenté à la délibération des chambres, dans la vue d'influencer le vote de leurs membres, est une conduite criminelle, portant atteinte à l'honneur de la couronne, aux privilèges du parlement, et faite pour renverser la constitution.

Fox, *encore ministre*, soutient la motion avec une grande

énergie. Il examine librement, hardiment, sans perdre le respect pour la couronne, toutes les questions de principes qui se rattachaient à cet incident. « Le moment est venu, s'écria-t-il, de nous opposer à la destruction de notre constitution. Il nous faut prouver que nous pouvons encore avoir une volonté à nous, et que nous repoussons l'idée de n'être que l'écho d'une *secrète influence*. Est-il possible de supposer que tout homme raisonnable n'apercevra pas qu'en laissant *dégrader* le corps dont il fait partie, il se dégrade lui-même? »

« Si le parlement ne possède plus assez de force pour défendre ses droits, tout espoir s'évanouit bientôt, et l'*influence secrète* triomphe. Un parlement réduit à cet état méprisable, sans idée de liberté, sans volonté d'indépendance, *loin de restreindre les prérogatives de la couronne, contribue au contraire à les accroître et à les étendre au delà de toute mesure...* De vrais Anglais ne peuvent pas plus se soumettre à une *influence secrète* qu'à la violence même, et je suis convaincu qu'ils ne sont pas plus décidés à résister à l'insulte et à l'invasion étrangère qu'à la *conspiration* qui éclate dans cette séance contre notre constitution. »

Fox ajoute que ce changement d'opinion qu'il caractérise ainsi, était le résultat d'une *influence secrète qui se tient à l'écart de toute discussion*, et qui entraîne ceux qui l'écoutent à trahir l'honneur et le devoir, plutôt que d'oser *déplaire en rien à leur souverain*.

Les adversaires de Fox gardaient sur l'incident un silence systématique ; Fox les provoquait ainsi :

« Si le noble lord le veut, il peut détruire toute espèce de soupçon ; il peut désavouer ces bruits, il est de son devoir de le faire. »

Puis, ne reculant devant aucune des difficultés de la question, il disait :

« On a parlé de la captivité du roi sur le trône, du mo-

ment qu'il n'agirait que par ses ministres, et il semblerait
que la constitution anglaise fût encore inconnue. On allègue
la maxime que jamais le roi ne peut avoir tort, et que,
quelque faute dont le pouvoir exécutif puisse se rendre coupable, le roi seul en est innocent. Mais comment cela se
doit-il entendre? Ce n'est pas en souffrant que l'oppression
et la tyrannie exercent leur pouvoir avec impunité; non,
certainement. Mais le ministre qui propose et conseille une
mesure en doit répondre devant les Anglais jaloux de leurs
droits. Telle est la différence entre la monarchie absolue et
la monarchie limitée, que, dans l'une, le souverain est
despote et peut faire ce qui lui plaît; tandis que, dans l'autre, *il reste soumis à la loi*, et n'est pas libre par conséquent
de se laisser guider par ceux qui ne sont pas responsables
devant cette loi de l'avis qu'ils auraient donné. Aussi la
constitution lui donne-t-elle le droit d'opposer son refus à
tout acte qui ne comporterait pas cette responsabilité. *Mais
ce n'est pas pour en abuser d'une manière arbitraire* que
la loi lui a conféré cette prérogative.

« S'écarter de ce point est agir d'une manière *inconstitutionnelle.* »

« Si donc S. M. voulait arrêter la marche de la législature et *faisait connaître sa disposition d'opposer son refus
à tel ou tel acte de ce corps par des moyens insidieux, ca-
chés et impossibles à combattre;* si, loin de *consulter ses
ministres*, elle les laissait *exposés à défendre les conséquences de sa détermination*, dès lors tout serait en péril,
car la constitution n'a même pas prévu ce cas. Rendons
grâces à Dieu de ce que la constitution n'ait pas prévu une
circonstance si dangereuse pour la chose publique! »

Et s'il vous fallait, messieurs, dans les enseignements de
l'histoire une situation plus semblable encore, je l'emprun-
terais aux premiers temps du règne de Guillaume III.

Lorsque ce prince, qui n'a pas attendu, lui, l'heureuse

issue d'une révolution, mais qui est venu la dénouer par l'épée, est monté sur le trône d'Angleterre, toutes ces questions qui vous irritent, il les a vu agiter, sans haine et sans colère. On comprend, en effet, qu'une dynastie naissante puisse s'égarer dans une voie mauvaise; mais alors il est du devoir du parlement de la réduire à ses véritables limites et de faire respecter la constitution.

(*M. Guizot : Mais vous la violez, vous.*)

Ces interruptions sont-elles bien loyales? Eh quoi, en présence de ces précédents de l'Angleterre, devant lesquels vous vous inclinez toujours vous-même, vous osez sérieusement soutenir que je viole la constitution! J'en appelle à l'impartialité du pays, et je le fais juge de la question de savoir si je ne suis pas si souvent interrompu que parce que je ne suis que trop bien dans la constitution.

Eh bien, je dis que Guillaume III, qui était resté, lui, le représentant du parti révolutionnaire, le continuateur du parti national, qui avait à lutter au dehors contre les forces de l'Europe, contre cette monarchie universelle à laquelle aspirait Louis XIV; qui avait à lutter au dedans contre les sourdes menées des jacobites et de la légitimité déchue, demanda vainement une augmentation de subsides, l'érection de quelques citadelles, l'augmentation de l'armée : les subsides furent refusés, les citadelles repoussées, l'armée, au milieu de tant de dangers, réduite, le croirait-on! à sept mille hommes. Une enquête fut ordonnée à deux reprises différentes par le parlement, relativement à des ordres donnés par le monarque. C'était un grand homme d'État, supérieur à presque tout ce qui l'environnait, et qui, à plusieurs reprises, s'était immiscé, avec succès du moins, dans les négociations extérieures. Le parlement le lui interdit cependant; il fit plus : pensant qu'un fondateur de dynastie peut se laisser entraîner plus facilement vers les intérêts de race ou de famille que vers les intérêts sacrés du pays, il limita les droits de la couronne dans un bill spécial. Voilà ce qu'a fait le parlement anglais. Oserez-vous dire maintenant que, pour avoir sauvegardé les franchises et les libertés du pays, il soit sorti de la constitution, et ait fait Guillaume moins glorieux et l'Angleterre moins puissante?

Je me résume d'un mot : vous, vous avez livré notre indépendance et nos libertés, et sur la pente périlleuse et fatale où le pouvoir est placé, privé du concours et de la confiance du pays, il ne lui reste plus que deux moyens précaires de gouvernement : la corruption et la violence. (*Murmures au centre. — Approbation à gauche.*)

XIII

DISCOURS PRONONCÉ A LA CHAMBRE DES DÉPUTÉS

DANS LA DISCUSSION DU BUDGET
CONCLUANT A DÉGREVER DE L'IMPOT LES CLASSES PAUVRES

(18 juillet 1844)

MESSIEURS,

Au point où en est arrivée la session, je n'ai point la
prétention de me livrer à une discussion approfondie. Je
veux simplement recommander une grave et redoutable
question aux méditations de la chambre.

Toutes les fois que le parti démocratique a demandé la
diminution d'un impôt onéreux, accablant, d'un impôt indirect enfin, celui qui pèse plus particulièrement sur les
classes pauvres, on n'a jamais manqué de lui répondre que
ses plaintes étaient légitimes, mais qu'il y avait impossibilité d'allégement, que les ressources du trésor étaient taries
et les balances du budget équilibrées de telle façon qu'il
serait impossible de retirer d'un côté sans à l'instant même
creuser un déficit de l'autre. En aucun temps ces raisons
ne nous ont paru concluantes; mais bien moins que jamais
elles ne peuvent prévaloir aujourd'hui.

Que venons-nous de voir, en effet? On nous apprend
qu'une loi récente, la loi des patentes, vient tout à coup,
d'une façon inattendue, d'apporter un dégrèvement d'impôts de 7 millions. Ce dégrèvement, a-t-on ajouté, n'a

laissé aucun vide dans les coffres de l'État, d'autres ressources l'ont comblé et fait disparaître.

Je m'en félicite, messieurs, à un certain point de vue : c'est que cet essai doit vous rassurer puisqu'il démontre que le désordre et le chaos ne sont point au bout des plus urgentes améliorations. L'impôt qui frappait sur certaines classes moyennes a pu être diminué impunément et sans danger pour l'État, tant mieux ; mais n'aurait-il pas pu, n'aurait-il pas dû l'être préférablement au profit des classes les plus pauvres, les plus réellement misérables? Telle est la question que je soumets à la sollicitude du pays et de la chambre. De l'aveu de tous, en effet, l'impôt indirect n'est-il point arrivé, pour les classes ouvrières, aux dernières limites du possible ? Ne peut-il plus être supporté davantage par l'immense majorité du pays sans danger, sans danger imminent pour le pays même ?

Cet état alarmant, tout concourt à le constater : les coalitions d'ouvriers sans cesse renaissantes, et vos propres statistiques.

J'insiste sur ce point que ce n'est point ici une question politique, mais une question de justice et d'humanité ; je ne m'adresse pas aux passions de la chambre, mais à ses sentiments les plus élevés et les plus généreux.

Oui, messieurs, croyez-moi, il est temps, il est grand temps de sonder ces difficiles problèmes : car les coalitions ne sont point, comme le Gouvernement paraît le penser, un fait passager, qu'il faut oublier dès qu'il est réprimé ; c'est le symptôme incessant, continuellement renouvelé, la manifestation, diverse en apparence, d'un fait au fond toujours le même, d'un malaise profond au sein des classes pauvres. C'est la question du paupérisme, du prolétariat qui bouillonne et s'agite, non-seulement sur la surface de notre France, mais dans toute la civilisation de la vieille Europe.

Voyez donc : depuis 1842 seulement, vingt-deux coalitions, j'en ai là le relevé, ont éclaté, ont été punies dans la plupart des professions et sur tous les points de notre territoire ; vingt-deux coalitions dans un si court espace ! On les a réprimées, c'était justice : il faut sans doute que force reste à la loi ; mais à quelles conditions ? Que la loi sera possible et équitable, et que l'orage passé on s'occupera sans relâche des moyens de le conjurer de nouveau, qu'on sondera d'une main persévérante et fraternelle la profondeur du mal, qu'on préparera un meilleur avenir.

Ces promesses, le Gouvernement a senti à plusieurs reprises la nécessité de les faire. Ainsi, en 1831, quand des événements, de lamentable mémoire, ont ensanglanté le sol de la deuxième ville du royaume, que répondit Casimir Périer à cette sombre et funèbre devise : « Vivre en travaillant, ou mourir en combattant ? » Les conditions du travail sont changées, s'écria-t-il, et je n'aurai point de repos que le problème ne soit résolu, et que ses lois véritables ne soient reconnues et posées. Le cours impétueux des événements a emporté, au milieu du tumulte et du combat, les dernières années de sa vie. Le problème a été oublié ; depuis 1831, qu'avez-vous essayé, qu'avez-vous fait ? rien ! et pourtant le peuple souffre sans qu'une lueur d'espérance brille à l'horizon.

En 1840, j'en conviens, le Gouvernement a été tellement effrayé des progrès du paupérisme qu'il a ordonné une enquête. Mais, il faut le dire aussi, les résultats de cette enquête l'ont alarmé à ce point qu'il n'a pas osé les faire connaître.

Si cependant les résultats de l'enquête n'ont pas été officiellement connus, n'est-il pas possible de les suppléer ? Il est des statisticiens appartenant au parti conservateur qui se sont livrés aux travaux les plus sérieux à cet égard, et ils établissent que le chiffre de l'indigence pour les localités

---

urbaines et pour les campagnes s'élève, à l'heure qu'il est, à 8 millions au moins. (*Dénégations au centre.*)

Messieurs, cela est incontestable !

(*Une voix : Mais les caisses d'épargne démentent cette assertion.*)

Les caisses d'épargne ! elle sont bonnes pour ceux qui ne meurent pas de faim comme les 8 millions d'indigents dont je parle, et si vous niez l'exactitude du chiffre, je vous renvoie à M. de Morogues, dont vous ne suspecterez pas le témoignage.

Le chiffre accepté, et je le répète, il ne peut pas être raisonnablement contesté, voyez, messieurs, combien la progression du paupérisme a été effrayante.

En 1790, l'Assemblée constituante avait ordonné un relevé des classes indigentes ; le respectable M. de la Rochefoucauld-Liancourt fut nommé rapporteur ; il arriva à ce résultat qu'il y avait trois millions de pauvres en France. Eh bien, depuis cette époque, la population s'est accrue de neuf millions sur lesquels il y a cinq millions de misérables. (*Mouvement prolongé.*)

(*Une voix au centre. Cela n'est pas possible.*)

Cela n'est pas possible ! hélas ! je le voudrais ; mais je n'ai que ceci à répondre : Vous avez fait une enquête officielle, publiez-la, si vous l'osez, je vous en porte le défi ! (*Mouvement.*)

Mais vous allez vous convaincre vous-mêmes qu'il ne peut en être autrement. Des esprits graves, des cœurs généreux ont recherché quelle était en France la moyenne du salaire par jour de travail. Avant 1789, Herbin et les statisticiens de l'époque l'ont unanimement évaluée à 1 fr. ; on s'est efforcé de fixer la moyenne d'aujourd'hui ; M. de Morogues a établi que, par suite des chômages continuels et applicables à toutes les industries, elle était de 98 centimes au plus. M. Charles Dupin l'a portée à 1 fr. 15 c. Or, les impôts ont

augmenté, les objets de première nécessité ont augmenté
dans la proportion du quart au tiers au moins, la main d'œuvre n'a pas suivi cette progression, d'où la conséquence tirée par plusieurs économistes que l'ouvrier gagne à peine
aujourd'hui en sept jours ce que l'ouvrier d'avant 1789 ga-
gnait en six,

Voilà pourtant les conséquences d'une révolution faite
par les classes ouvrières, en leur nom, mais dont le profit
a été jusqu'ici exploité contre elles.

Ce résultat déplorable, je ne l'apporte pas à cette tribune
pour rabaisser mon pays, à Dieu ne plaise ; car ce mal ne lui
est pas particulier, il est partout, partout à l'ordre du jour ;
il travaille, il ronge à la fois, comme une lèpre envahis-
sante, l'Angleterre, l'Irlande, l'Espagne, l'Allemagne, la
Prusse, l'Italie. Mais je dis aussi avec bonheur, avec fierté,
plus que tout autre la France a dans ses mains le remède,
dès qu'elle voudra sérieusement l'appliquer, parce que, plus
que tout autre, elle a dans ses ressources territoriales d'iné-
puisables richesses. (*Très bien ! très bien !*) Le mal n'est
rien pour quiconque a le courage de le regarder en face ;
mais, messieurs, je vous en conjure, au lieu d'attendre l'impulsion, sachons la donner : que la France ne reste point
inactive, quand le roi de Prusse vient résolûment de poser
devant un pays engourdi par les plaisirs et le despotisme,
la grande, l'immense question du paupérisme.

Vous sembliez, il y un instant, trouver exagérées les statistiques que je citais ; mais considérez, je vous prie, qu'elles
sont fortifiées par mille autres documents.

Ainsi, ne savez-vous pas aussi bien que moi d'où sortent
la plupart des malheureux que la prison réclame ? de quelques grands centres d'industrie. Les départements manufacturiers fournissent aux cours d'assises un nombre
d'accusés double de celui que présentent les départements

agricoles. Or, que penser de l'organisation actuelle du travail, si le bagne se recrute dans les ateliers ?

Tout mariage est un accroissement de charges. Voilà donc la famille faisant place au concubinage. De là tant d'infortunés enfants trouvés morts au coin des bornes, et jusque sous le péristyle de ce palais. La statistique vient encore ici nous apprendre que le chiffre d'infanticides provenant de nos quatorze départements industriels est du tiers de celui fourni par le reste de la France.

Nous pourrions multiplier ces désolantes preuves : à Paris, sur 12 507 femmes inscrites au registre public de la prostitution, les *villes* en fournissent 8641; et toutes appartiennent à la classe des *artisans*. Et combien d'autres encore resteraient honnêtes pour lesquelles la débauche n'est qu'un supplément au salaire insuffisant.

Toujours, toujours les plus grands maux où l'industrie a choisi son théâtre !

Il est un autre fait non moins significatif et qui frappe bien péniblement nos administrateurs, je ne serai démenti à cet égard par aucun des militaires qui siègent dans cette enceinte ; c'est la dégénérescence de nos classes, l'abâtardissement de nos milices.

M. Charles Dupin disait à la Chambre des pairs.... (*Interruption.*)

Messieurs, vous avez tout intérêt à m'entendre ; d'abord ce sera beaucoup plus court. (*On rit.*)

M. Charles Dupin disait donc que, sur 10 000 jeunes gens appelés à supporter les fatigues de la guerre, les dix départements les plus manufacturiers de la France présentaient 9980 infirmes ou difformes, tandis que les départements agricoles n'en présentent que 4029. En 1837, pour avoir 100 hommes valides, il fallut en repousser 170 à Rouen, 157 à Nîmes, 168 à Elbeuf, 100 à Mulhouse.

Ayez donc le courage de reconnaître que le paupérisme a

fait des progrès effrayants, que son invasion vous menace, qu'il n'y a plus un instant à perdre, et qu'il faut l'arrêter. J'ai proclamé en commençant que c'était une question de justice et d'humanité, et le temps seulement que j'ai parlé, j'ai presque le droit de dire que c'est devenu pour vous une question de sécurité. (*Mouvement.*)

Mais ne l'oublions pas, je le répète encore, le remède dans ce pays est à côté du mal !

Il est d'une application difficile sans doute, comme toute question sociale, mais impossible, ne le croyez pas, car il n'est pas un abus déraciné, détruit, pas un seul auquel on n'ait appliqué ce mot, et cependant le temps a marché pour les améliorations même qui ont éprouvé le plus de résistance. A force d'ouvrir les yeux, on a fini par être frappé de la clarté du jour.

Aujourd'hui, je n'ai voulu que poser la question devant des hommes expérimentés, pour les mettre en demeure et appeler leur sérieux examen.

Ce n'est point à la course que s'improvisent de telles solutions ; si cependant il fallait, en quelques mots, indiquer que les obstacles ne sont pas insurmontables, et que le parti démocratique, loin de s'acharner à critiquer sans cesse, se préoccupe de ces graves problèmes de l'avenir, vous me permettriez bien de rappeler que, si en 1825, on avait suivi la pensée de M. de Villèle qui était d'employer à l'amortissement la réduction de 1 pour 100 sur l'intérêt de la rente, vous auriez, en 1835, soldé 3 milliards de votre dette 5 pour 100.

Je dirais encore qu'en réduisant l'intérêt de la dette aujourd'hui, vous pourriez presque supprimer cet impôt si exorbitant du sel. (*Une voix : Ce n'est pas possible.*) Je dis presque. Comptez : L'impôt du sel est de 66 millions, l'intérêt à réduire est de 44 millions, j'ai donc raison de dire que vous pourriez en abolir la plus grande partie.

Ne serait-il pas possible, quelques hommes pratiques et sérieux le pensent, de protéger, momentanément au moins, le travail national, d'établir équitablement un enregistrement proportionnel et progressif sur les successions, de commanditer le travail avec les capitaux des caisses d'épargne, de rapprocher le travail de l'ouvrier à l'aide des chemins de fer exploités par l'État, de supprimer autant que possible les intermédiaires en donnant une nouvelle constitution aux banques.

Il y a plus, un ministre, un homme expérimenté, a indiqué le moyen d'augmenter en vingt ans de 1 milliard *par an* le revenu agricole de la France, en livrant à la culture les communaux stériles ou presque improductifs.

Retenez bien que ce n'est là qu'une esquisse imparfaite et rapide où je pose aujourd'hui la question, je ne saurais trop le répéter, sans avoir la prétention de la traiter.

(*Émile de Girardin : Traitez-la.*)

Vous savez bien, monsieur, que dans l'état de fatigue et d'épuisement où se trouve la Chambre, je serais arrêté, et par vous-même, si j'y donnais le moindre développement. C'est donc un inutile défi. Ce que j'ai voulu, je l'ai fait ; car je ne voulais qu'attirer l'attention du pays sur d'intolérables douleurs, réveiller la sollicitude de la Chambre, faire comprendre que la répression n'était légitime qu'à la condition d'étudier les causes du mal. Ce que j'ai voulu encore, c'était de rétablir la question sur son propre terrain, pour qu'on ne reprochât plus stupidement au parti démocratique de demander la ruine du capital, la ruine du fabricant, la ruine du consommateur, la ruine du pays dans sa concurrence avec l'étranger, en demandant l'augmentation du salaire. Dans l'état actuel, augmenter le salaire, c'est, en effet, provoquer tous ces maux ; aussi le parti démocratique n'y a-t-il jamais songé. Non, non, n'augmentez pas le salaire, diminuez-le si vous pouvez, mais alors, et pour Dieu, diminuez l'impôt qui pèse si lourdement sur lui, l'impôt indirect qui frappe sur le travail, sur la faim, oui, sur la faim, au lieu de tomber sur le revenu net. Enrichissez le pays par d'autres voies, mais diminuez l'impôt indirect qui, au lieu d'affecter les citoyens en proportion de leurs fortunes les atteint en sens inverse, puisqu'il a été établi que l'ouvrier paye quatre fois l'impôt du vin, huit fois l'impôt du pain, quand le riche ne le paye que deux fois.

Dernièrement, messieurs, on nous parlait d'argent à donner encore, on nous entretenait de certains malaises, on cherchait à nous faire comprendre certaines doléances pour arriver enfin, disait-on, à éclairer le pays. Les misères dont je viens d'exposer ici le fidèle et sinistre tableau valent bien d'autres misères ; je les recommande, pendant l'intervalle de la session, à toute la sollicitude du pays et aux méditations du rédacteur extraordinaire du *Moniteur*. (*Exclamations et rumeurs au centre. A gauche : Très bien! très bien !*)

XIV

MANIFESTE AUX TRAVAILLEURS

PUBLIÉ DANS LE JOURNAL LA RÉFORME, LE 2 NOVEMBRE 1844, INTITULÉ :
TRAVAILLEURS, FAITES DES PÉTITIONS !

Le jour où je me suis présenté devant les électeurs de la
Sarthe, j'ai dit :

« Sans la réforme électorale, tout progrès pacifique est
impossible ; il faut que chaque citoyen soit électeur, il
faut que le député soit l'homme de la nation, non de la
fortune ; mais le pays exige davantage ; de grandes questions ont été posées et peuvent être résolues ; de grandes
souffrances se sont révélées et demandent satisfaction. La
réforme politique ne peut être qu'un moyen pour réaliser
de justes améliorations sociales. C'est par cette tendance
fraternelle et sympathique, c'est à ce point de vue élevé de
l'amour du peuple que le parti démocratique se distingue
surtout, et profondément, des autres partis éclos de la
révolution de Juillet ; et c'est ainsi que je comprends ma
mission. »

Cette grande question des travailleurs, dont les cœurs
justes et les bons esprits sont préoccupés depuis si longtemps, cette question vitale que mon illustre ami, M. Arago,
avait déjà fait apparaître à la tribune, le progrès incessant
des idées m'a permis de la poser, à la fin de la session
dernière, devant la Chambre des députés. Pour mes amis
et pour moi, ce sera une des tâches de la session prochaine ;

aux discussions si importantes de la session actuelle, nous joindrons ainsi l'affaire essentielle de notre temps.

Si nous nous sommes réunis, de tous nos moyens et de toute notre sympathie, aux écrivains de la *Réforme*, c'est que les questions politiques et sociales se confondent indissolublement dans leur esprit. La *Réforme*, la *Revue Indépendante* seront, dans la presse périodique, l'appui des principes que nous défendrons à la tribune, et qui, nous osons l'espérer, obtiendront le concours nécessaire de tous les journaux démocratiques en France.

Mais, ce concours unanime serait insuffisant encore, si les droits et les intérêts exclus ne soutenaient, par des réclamations régulières, pacifiques, ceux qui plaideront leur cause à la tribune et dans la presse. Les exclus se sont plaints souvent, et avec amertume, que l'une et l'autre négligeaient de parler pour eux ; mais que font-ils eux-mêmes ?

L'association secrète ne servait qu'à cacher leurs besoins et leur nombre ; elle les livrait, pour le moins, aux périls de la répression légale. Les coalitions d'ouvriers ne font aussi qu'appeler la rigueur du châtiment ; les coalitions, c'est un symptôme partiel du mal qui les engendre, comme des besoins que ce mal irrite. C'est trop longtemps se consumer en efforts impuissants ; il faut enfin un appel direct et universel à la législature, par l'usage de ce droit de pétition, le seul que la masse des exclus possède aujourd'hui. Qu'elle l'emploie donc avec ensemble, avec persévérance ; qu'elle se fasse un devoir de l'exercice réitéré de ce droit ; que la masse appuie ceux qui soutiennent sa sainte cause, par l'expression imposante et calme de ses vœux, de ses sentiments, de ses cruelles souffrances ; qu'elle se rappelle enfin cet axiome à la fois religieux et pratique : Aide-toi, le ciel t'aidera.

Car, lorsque nous nous adressons aux travailleurs, nous ne voulons pas parler seulement de leurs besoins matériels ; nous en séparons d'autant moins les choses de l'ordre moral et de l'ordre politique, que la puissance de celles-ci peut seule amener la satisfaction des besoins. Quand nous nous adressons aux travailleurs, nous ne voulons pas parler exclusivement des classes ouvrières, mais de tous ceux qui, employant leurs moyens et leurs facultés au profit de la société, ne trouvent ni dans l'ordre politique, ni dans l'ordre social actuel, les droits et la récompense qui appartiennent au travail.

Il ne s'agit pas d'ailleurs de faire amèrement le procès à ceux qui, exerçant le privilège, obéissent à des penchants que le vice de l'organisation présente favorise ; à ceux qui sont peut-être plus étrangers qu'indifférents à la connaissance des maux terribles que le privilège enfante. Ces maux, menaçants pour ceux qu'ils n'atteignent pas, il s'agit de les constater, de les étaler sans cesse à la clarté du jour ; il s'agit d'en demander la réparation par tous les organes de la réclamation populaire. Oui, constatons les faits, donnons-leur cet empire qui naît de l'unanimité, de la persistance ; dans ce temps où, nous dit-on, les faits sont tout, armons-les de l'usage d'un droit légal et de cette consécration qui appartient à la conscience publique.

Prouvons que le capital privé est aujourd'hui le propriétaire universel. Il est le propriétaire du sol par l'hypothèque, le propriétaire de l'industrie par la commandite, le propriétaire de la circulation par le crédit. Il s'est constitué le propriétaire de la production, en substituant partout les grandes manufactures aux petites fabriques ; il se fait aujourd'hui le propriétaire du négoce, en substituant les gigantesques magasins aux petits débitants ; il sera bientôt le propriétaire des grandes voies de communication par les compagnies des chemins de fer. Enfin, si cela durait, à part tous les effets de la corruption, oui, par la seule omnipotence qui s'attache à la richesse, par l'accroissement et les coalisations du capital privé, celui-ci deviendrait tout à fait le maître des institutions politiques et du gouvernement du pays. Alors que resterait-il aux travailleurs et à l'État lui-même, ce protecteur naturel des travailleurs qui font sa force.

A quelque opinion qu'on appartienne, à quelque point de vue qu'on soit placé, politique ou économique, réformiste ou conservateur, n'est-ce pas là une situation aussi funeste qu'inique? Le capital privé fait son métier, c'est tout simple; mais comment les travailleurs et l'État ne feraient-ils pas leur devoir? Quelle puissance usurpée résisterait à la légitime et souveraine volonté du pouvoir public et du peuple immense des travailleurs? L'industrie surtout et les ouvriers de l'ordre industriel ont besoin de combattre les vices de l'organisation présente, ou plutôt du défaut de toute organisation.

La *Réforme* a déjà signalé un contraste bien frappant. Grâce à l'immortelle Révolution française, les travailleurs agricoles sont dans une condition matérielle comparativement tolérable, quoique très imparfaite encore ; ils sont moins dépendants que les ouvriers proprement dits; la division du sol et les règles de nos codes combattent sans cesse l'accumulation de la propriété territoriale. Dans l'industrie, encore une fois, tout s'agglomère, tout s'absorbe entre les mains de la richesse. L'exploitation est plus en vigueur qu'avant la Révolution. Or, le sort horrible des paysans irlandais nous montre ce que celle-ci a déjà fait de bon pour les nôtres ; considérez l'Angleterre, vous verrez, hélas ! ce que l'exploitation industrielle peut faire des ouvriers.

Malgré tout ce qu'en a dit la *Réforme*, on feint de croire que l'hostilité du parti démocratique contre l'aristocratie anglaise découle d'un faux esprit de nationalité haineuse, ou du besoin de pousser deux peuples l'un contre l'autre, afin de profiter d'un grand tumulte.... Non! l'aristocratie

anglaise représente, à nos yeux, toutes les horreurs du privilège et de l'exploitation, toute cette barbarie féodale entée
sur l'industrialisme, contre laquelle la société française, la
civilisation démocratique, ont si vigoureusement lutté
après 1789. Voilà pourquoi nous avons déclaré la guerre à
l'alliance anglaise, sans compter bien d'autres raisons. Et
faut-il vous dire, travailleurs, quel est le sort de vos frères
dans les trois royaumes, et de quels remèdes il peut inspirer
l'idée? Faut-il vous citer *ce livre de Malthus*, où, pour parer
à l'excès de la population, on a proposé d'*étouffer sans douleur* tous les enfants qui naîtraient dans chaque famille
après les deux premiers; ce livre qui, par pure humanité,
a dressé la statistique de l'infanticide légal? Remède indiqué, dira-t-on, par un stupide monomane, soit; mais rappelez-vous cependant ce qu'est venu déclarer, à plusieurs
reprises, le chef du ministère anglais. S'agissait-il, par
exemple, de cette terrible sédition de 1842, où l'on a vu
des bandes d'ouvriers, de femmes, d'enfants affamés, sans
vêtements, armés de bâtons, envahissant Manchester, Pres-
ton, Stockport, arrêtant les travaux, menaçant de pillage
les riches et les nobles, ayant inscrit sur leurs drapeaux:
Du pain ou du sang! à ces cris de désespoir, que répondait
le premier ministre? « L'on me sollicite d'énoncer quelque
« remède; comment pourrais-je entretenir un trompeur
« espoir dans l'esprit du peuple, *quand je suis moi-même
sans espérance?* » Et dans la dernière session même, quand
le Parlement, par trois votes successifs, avait adopté une
réduction sur les heures de travail des femmes et des enfants,
quel a été, de nouveau, le langage du chef de l'aristocratie?
« Qu'avec une réduction de deux heures, c'en était fait de
« l'industrie britannique; que ce palliatif insuffisant n'en
« rendrait pas moins le gouvernement impossible, et que le
« ministère allait se dissoudre. » Ainsi, la pensée officielle
proclamait en même temps que, sans le *maximum* du tra-

vail, l'Angleterre périrait, et qu'elle ne peut rien faire, cependant, pour le travail dont l'effort excessif est nécessaire à son existence !

Voilà où en est arrivée la reine des mers, la dominatrice de l'Asie, la rivale momentanément heureuse de la France ! — Et voilà où la France marche à grands pas ! Mais en Angleterre, au moins, les travailleurs assiègent le Parlement de leurs réclamations incessantes ; en France, laisseront-ils la tribune et la presse élever une digue contre le torrent, sans l'étayer de toute la force de leurs épaules ? Laisseront-ils dormir ce droit de pétition qui viendrait, sans violence, sans empêchement légal, protégé au contraire par la loi, provoquer la sollicitude de la Chambre ? Éveillez dans son enceinte ces échos qui retentissent déjà sur tous les points de l'Europe, en Espagne, en Allemagne, comme en Angleterre et en France ; ces échos qui répètent le nom du peuple, en y joignant le nom également auguste qui consacre tous les droits, tous les vœux, celui du travail.

Ce n'est pas là l'esprit d'anarchie dont on nous accuse ; et d'autant moins que, selon nous, il faudrait, pour émanciper le travail, donner à l'État le moyen d'intervenir dans l'ordre économique en faveur des intérêts exclus ; il faut qu'il puisse, non pas opprimer la liberté des individus, mais les soustraire tous à l'oppression du privilège. Le parti démocratique ne sépare pas cette nouvelle fonction de l'État des institutions politiques, dont la démocratie est la base ; mais nous ne vous convions pas ici à un acte de parti. Il s'agit de mettre la Chambre en demeure, par l'usage d'un droit commun, au nom du plus grand des intérêts publics. A en juger par la manière dont elle a écouté mes paroles, à la fin de la session dernière, le tableau de vos souffrances la frapperait. Je ne dis nullement qu'elle les guérira ; mais, du moins, vous les aurez fait connaître ; vous mettrez en demeure avec elle tous les pouvoirs de l'État ; vous dresserez

sous leurs yeux l'inventaire de la situation actuelle, celui de
l'héritage de la Révolution de 89, de la Révolution de 1830 ;
vous raconterez quelle est votre part ; vous demanderez
celle qui vous revient. Et personne n'y perdrait, car, encore
une fois, la situation présente, ceux qu'elle n'accable point,
elle les menace, et chacun est contraint d'en convenir à sa
manière.

Il nous semble donc qu'il faut constater aux yeux de tous
la condition générale des travailleurs, et pour cela demander une enquête ; car, chose singulière, dans ce temps de
publicité, dans ce siècle positif, on semble ignorer les plus
frappantes réalités, et le présent est, en quelque sorte, à
deviner de même que l'avenir. Ce serait pour la prochaine
session comme les *cahiers de doléances* de notre époque.
Cette exhibition des vices de la société, ce serait en même
temps le meilleur moyen de conclure à la réforme électorale ;
car si la Chambre, telle qu'elle est constituée, ne fait rien
pour réparer des maux dont l'immensité se déroulerait aux
regards, comme celle de la mer, il faudra bien reconnaître
la nécessité impérieuse d'une réforme du pouvoir législatif.

Pétitionnez donc, pétitionnez ; parlez vous-mêmes de vous-
mêmes. La pétition, c'est la presse des masses, c'est la brochure composée par tous et par chacun, c'est la voix de l'ensemble. Aujourd'hui que le droit d'association est détruit,
que la presse est encore restreinte aux mains de ceux qui
ont de l'argent, la pétition, c'est autre chose qu'un journal
organe d'un parti seulement ; la pétition, c'est bien mieux
que l'expression individuelle d'une opinion, d'une prétention.
La pétition, si vous le voulez, c'est tout le monde, l'œuvre
comme le droit de tout le monde ; c'est une édition des pensées publiques qui n'a besoin ni d'abonnés, ni d'actionnaires, ni de prôneurs, ni de beau style ; dont l'éloquence
est dans l'énergique vérité des faits, la modération des

paroles, le nombre des signatures, et dont le public même est l'auteur.

Mes amis et moi, à la tribune, dans la *Réforme*, nous pourrons alors, en plaidant votre cause, faire vibrer l'imposante voix des masses. Votre esprit se déployant dans sa puissance au sein même de l'ordre légal, animera quiconque, dans la Chambre et dans la presse, comprend cette tâche de toute philosophie, de toute politique, de toute paix : Émancipation morale et matérielle des citoyens. Voilà ce que la Révolution a promis au monde sur la foi des idées religieuses comme des idées philanthropiques. Voilà ce qui, après avoir complété la Révolution, tracera cette ligne infinie, le progrès pacifique pour tous les hommes et pour tous les peuples. Voilà ce que je dois vous dire, d'accord avec mes amis.

LEDRU-ROLLIN,
Député de la Sarthe.

XV

LETTRE A LAMARTINE

PUBLIÉE EN 1844

SUR L'ÉTAT, L'ÉGLISE ET L'ENSEIGNEMENT

MONSIEUR ET HONORÉ COLLÈGUE,

Lorsque d'illustres écrivains répandent les charmes de leur style sur les graves questions qui agitent les esprits, il devient difficile pour tout autre de se mêler à une lutte qui s'agrandit par le talent des joûteurs, et il faut tout d'abord se défendre de l'accusation de témérité. Comme vous, je ne dispose pas des richesses de la poésie pour les verser à pleines mains sur les sujets les plus arides ; comme vous, je ne saurais dire :

.... *Narrate puellæ*
Pierides ....

Mais mon insuffisance même me servira de sauvegarde : une plume novice exclut toute idée de comparaison et sert de garantie contre toute pensée présomptueuse.

D'ailleurs, ne rien dire parce qu'on dit les choses moins bien, serait accepter tout ce qui a été dit ; et lorsqu'il s'agit de matières aussi graves que la Religion et l'Église, que l'enseignement et l'État, que la liberté et l'autorité, il peut être permis à tout homme politique d'apporter son mot dans la discussion, d'éclairer ce qui lui semble obscur, de compléter ce qui lui semble inachevé.

Commençons par résumer les points de la discussion où je suis heureux de me trouver d'accord avec vous, et ceux où je me crois obligé de combattre vos théories.

Le clergé, pendant quelque temps humble et modeste, s'est fait tout à coup audacieux et menaçant ; l'Église est en guerre avec l'État. — Vivement ému de ces dissensions, au lieu d'examiner de quel côté se trouvait la justice, vous n'avez songé qu'aux malheurs de la guerre ; et sans vouloir prononcer sur le bon droit de l'un ou de l'autre combattant, vous leur proposez à tous deux de signer une trève, et à quelle condition ? A condition que l'État soit indépendant de l'Église, l'Église indépendante de l'État ; c'est-à-dire à condition qu'il y ait deux états dans une société, deux têtes pour un corps, deux volontés dans une âme. Voilà ce que je ne saurais admettre.

Cependant, comme les bons esprits ne peuvent longtemps s'égarer, tout en partant d'une proposition erronée, vous arrivez à une conclusion juste : la liberté de l'enseignement. Je souscris de bon cœur à cette partie de votre programme ; mais, par une singularité frappante, au moment où je suis d'accord avec vous, je me trouve en opposition avec quelques-uns des organes de la presse démocratique, qui voudraient concentrer l'enseignement dans les mains de l'État, et contraindre les familles à livrer les enfants corps et âme au niveau tyrannique d'une éducation uniforme.

Ainsi, d'un côté j'ai à combattre l'autorité d'un nom illustre ; de l'autre, j'ai à repousser des doctrines professées par des amis politiques. Je vais tâcher de me justifier des deux côtés, et avec eux contre vous, et avec vous contre eux.

Il serait à souhaiter que la question de la liberté de l'enseignement, question qui intéresse non pas une seule croyance, mais toutes les croyances, fût dégagée de toutes les complications qu'y sont venues apporter les passions cléricales, et je regrette qu'on ait consacré, par des discussions solennelles, une querelle de sacristie. Dès que l'Église se mêlait à cette controverse, elle jetait le trouble dans les consciences. La liberté, invoquée par des ennemis de la liberté, rencontrait des adversaires où elle ne devait attendre que des amis, parce qu'elle trouvait des défenseurs dans les lieux où elle n'avait jamais entendu que des malédictions. Peut-être eût-il été sage de ne tenir aucun compte de ces vaines déclamations ; mais, comme c'était le clergé qui soulevait une discussion sur la liberté, on a cru devoir éclaircir la matière par une discussion sur le clergé. Avec tous les publicistes, vous avez accepté cette complication. Je ne prétends pas m'y soustraire, bien qu'en bonne logique je puisse m'y croire autorisé ; mais le clergé lui-même m'accuserait de reculer devant une difficulté.

Revenons donc à votre première proposition. La guerre est déclarée entre deux puissances qui vous sont également chères : l'Église et l'État. Naguère unies pour mieux affermir l'autorité, elles se disputent aujourd'hui à qui en aura la plus grande part. Pour les mettre d'accord, vous voulez les séparer, et afin de faire revivre cette union qui faisait leur force, vous leur proposez un divorce pour incompatibilité d'humeur. Cette solution séduit, à première vue, par sa simplicité. On divise la société en deux parties, l'âme et le corps. L'âme est livrée à l'Église, le corps est livré à l'État. On dit à l'Église : « Faites ce que vous voulez de l'âme, mais ne touchez pas au corps. » On dit à l'État : « Traitez comme vous l'entendez le corps, mais ne vous mêlez pas de l'âme. » En d'autres termes, on dit aux deux adversaires : « N'ayez jamais de terrain commun, et vous serez toujours en paix. » Certes, c'est là le beau idéal de la séparation du pouvoir temporel et du pouvoir spirituel, tant et si long-

temps réclamée par les fils et petit-fils de Voltaire. Cet
arrangement ne présente qu'une seule difficulté, c'est qu'il
existe pour l'âme et le corps un terrain commun, l'homme ;
c'est qu'il est pour le spirituel et le temporel un terrain
commun, la société. Or, l'âme et le corps se touchent par
tous les points et à tous les instants, et l'on ne saurait agir
sur l'un sans agir sur l'autre, parce qu'ils ne font, dans
leur union, qu'une seule et même existence. De même
le spirituel et le temporel se confondent sur toute la surface
de la société comme dans la profondeur de ses entrailles,
et les satisfactions ou les douleurs de l'un et de l'autre
retentissent avec la même force dans toutes les parties de
l'être social. Séparez l'âme du corps, et vous causerez la
mort de l'individu ; séparez le spirituel du temporel, et vous
causerez la mort de la société.

De tout temps, il n'y a eu, il n'a pu y avoir qu'un seul
pouvoir dirigeant, qu'une seule autorité souveraine. Ce pouvoir peut être théocratique et alors on l'appelle Église, ou
être politique et alors on l'appelle État ; mais ce n'est qu'un
fait identique sous deux formes différentes. Car, soit que le
pouvoir s'appelle Église, soit qu'il s'appelle État, il ne peut
exister comme pouvoir qu'autant qu'il est l'expression de la
pensée commune. Lorsque l'Église attirait à elle tous les
cœurs, gouvernait tous les esprits et comptait parmi ses
docteurs toutes les illustrations de l'époque, elle pouvait, à
bon droit, dire : L'État, c'est moi. Mais lorsque les consciences
se sont affranchies, lorsqu'il n'y a plus eu entre les cœurs
d'autres liens que les liens légaux, d'autres émotions que
les émotions politiques, l'État a pu à son tour dire : L'Église,
c'est moi. Lorsque l'Église romaine était souveraine du spirituel, elle commandait aussi au temporel ; dès qu'elle a
perdu la souveraineté temporelle, elle a vu lui échapper la
puissance spirituelle ; car les mêmes causes lui enlevaient les
deux dominations, et la double tiare est tombée le même jour.

Il n'y a pas de milieu : il faut que l'Église soit dans l'État, ou l'État dans l'Église. Le clergé catholique le sait bien ; et lorsqu'il réclame le partage, il n'est pas sincère ; car il veut la domination : s'il demande à être quelque chose dans l'État, c'est qu'il veut y être tout ; et il ne peut y être quelque chose qu'à la condition d'y être tout.

D'où naissent cependant ces aspirations vers le divorce ? D'où naissent nos disputes sur l'État et l'Église ? Pourquoi nous agiter quand on prononce ces paroles ? C'est que nous sommes les dupes de mensonges officiels. Mensonges dans les mots, mensonges dans les choses.

Mensonges dans les mots. Et d'abord, y a-t-il aujourd'hui une Église ? Y a-t-il un centre commun de toutes les croyances, où chacun vienne résoudre ses doutes, dissiper ses incertitudes et retremper sa foi ? Y a-t-il un rayon commun de lumière où chacun vienne éclairer son ignorance et emprunter quelques étincelles au flambeau de la vérité ? Y a-t-il un foyer commun d'attraction qui appelle tous les cœurs pour les réchauffer aux chastes ardeurs de la charité, pour les enchaîner dans les liens d'une mutuelle fraternité ? Je cherche en vain au milieu de nous les signes éclatants qui font reconnaître l'Église, et la foi qui la consacre, et la science qui la fortifie, et l'amour qui unit à elle toutes les affections, tous les désirs, toutes les volontés. Je ne vois que les symboles effacés d'un culte qui s'éteint, que la lettre-morte d'une loi sans puissance, que les lambeaux d'une gloire éclipsée. Autrefois le sacerdoce catholique renfermait dans son sein tout ce qu'il y avait de sciences et de lumières ; les ministres de l'Évangile étaient les princes de l'intelligence ; les docteurs chrétiens étaient les premiers philosophes, les premiers savants, les premiers littérateurs. Il y avait une Église alors ! et l'Église dominait, et nul ne lui contestait sa domination, parce que nul ne pouvait dire qu'il valait mieux qu'elle ; et l'Église enseignait, et nul ne

lui disputait ses chaires, parce que nul ne pouvait offrir un
meilleur enseignement.

Aujourd'hui, le clergé catholique ne saurait présenter un
seul homme qui puisse sérieusement compter parmi les
savants. Dans cette nombreuse hiérarchie cléricale qui
couvre toute la surface du pays, il n'y a pas un seul nom
qui puisse être glorieusement revendiqué par les arts, par
la littérature; et si, par hasard, une vocation erronée
appelle parmi eux quelque hommes d'élite, les clercs, épouvantés d'une science qui n'est plus leur partage, éblouis
par une lumière qui blesse leurs yeux affaiblis, prononcent
l'anathème sur celui qui vient les arracher à leur torpeur,
et se replongent avec indolence dans la profondeur de leurs
ténèbres. L'esprit saint s'est retiré du milieu d'eux, et ils
ne peuvent rien souffrir de ce qui le leur rappelle : conservateurs de vieilles formules, adorateurs de vieilles images,
ils se plaisent à psalmodier au milieu des ruines. Est-ce là,
je vous le demande, une Église? Y a-t-il là cette vie, cet
amour du beau et du bien qui constitue l'Église : autant
vaudrait descendre aux Catacombes et dire qu'on se trouve
au milieu de la société. Non ; ce que vous saluez encore du
nom d'Église n'est plus qu'un temple vermoulu desservi par
les hommes du passé.

Or, il est tout naturel que lorsque le passé réclame pour
lui le pouvoir, l'État, qui est la forme du présent, repousse
de pareilles prétentions; mais il n'est pas naturel qu'on
propose une transaction entre le passé et le présent, qu'on
leur assigne des parts égales qu'on divise entre-eux la société.
Sans doute le passé doit avoir sa place, mais sa place n'est
pas au premier rang de la société, parce que cette place appartient à ceux qui font marcher la société en avant. Or, la
mission des hommes du passé est d'agir en sens contraire,
afin de ralentir par leur résistance les mouvements trop
précipités et les impatiences trop ardentes. La place du

clergé est donc marquée par la nature des choses ; il a encore une utilité comme contre-poids dans le mouvement social ; mais vouloir faire du contre-poids une force motrice, le considérer comme un rouage principal, placer le clergé à côté de l'État, le passé à côté du présent, donner autant à la décrépitude qu'à la virilité, c'est là ce que ne sauraient admettre ni la logique ni la justice. Lorsque la voix populaire demande la séparation de l'Église et de l'État, elle appelle Église une corporation de clercs, dont, à bon droit, elle repousse la domination. Mais vous, monsieur, qui connaissez la valeur des mots, vous savez qu'il n'y a plus d'Église, et que ce qui en reste n'est qu'une association religieuse autorisée par l'État, mais autorisée comme toutes les autres, et n'ayant pas plus que les autres le privilège du commandement.

Autre erreur de mots. Vous demandez satisfaction pour la religion ; vous nous représentez la religion humiliée par la suzeraineté de l'État, opprimée par les lois de l'État, et presque martyrisée par les bienfaits mêmes qu'on lui accorde. Par ce mot religion, vous entendez sans doute la religion catholique. Mais, de bonne foi, l'Église n'existant plus, la religion catholique existe-t-elle encore? La Charte a naïvement proclamé que cette religion était celle de la majorité des Français. Eh bien ! qu'on interroge cette majorité sur le dogme fondamental de la religion, sur la transsubstantiation. Qu'on lui demande si elle croit à l'incarnation, à l'immaculée conception, à la présence réelle, à peine saura-t-elle ce qu'on lui veut, tant elle est indifférente sur des choses qui dans des époques de foi ont fait exterminer des nations. Non-seulement elle a oublié les mystères de la foi, mais elle a aussi perdu le sens des mots, et ne sait plus rien du vocabulaire catholique. La majorité des Français fait baptiser ses enfants, se marie à l'église, et appelle à ses derniers moments un prêtre, avec qui, bien souvent, elle fait connaissance pour la première fois. Ces faciles pratiques peuvent suffire pour sanctionner les déclarations de la Charte ; mais elles ne supposent guère ces émotions religieuses dont vous nous tracez un si éloquent tableau. Croyez-moi, la conscience publique ne se trouble pas de la domination de l'État, la foi commune ne souffre pas des exigences de l'Université, et si les esprits ont été agités par les doléances du clergé, c'est qu'ils ont trouvé le clergé bien difficile de ne pas se contenter de tout ce qu'on lui donne. Dieu n'est donc pas en question dans cette querelle d'ambitieux, et il y a imprudence, sinon sacrilége, à faire intervenir à tout propos ce nom sacré.

Non-seulement les citoyens ont oublié les traditions de l'Église catholique, le clergé lui-même en méconnaît la loi et en viole ouvertement les principes.

Je n'en veux pour preuve que ses ardentes déclamations en faveur de la liberté. En effet, pour qui connaît l'histoire du catholicisme, il est évident que la liberté a toujours été traitée par lui en ennemie. Et vous le reconnaissez vous-même : « La religion, dites-vous, justement jalouse et tyrannique, car sa foi lui ordonne la conquête et la garde des âmes, emploie la main du pouvoir politique à extirper ou à étouffer tous les germes de *nouveautés* qui peuvent éclore dans l'esprit humain. Toute philosophie est une menace pour elle, tout examen est un attentat, toute tentative de culte libre est une sédition de la pensée. » — Oui, vous avez raison, monsieur, la liberté est incompatible avec l'Église catholique, et son développement est une longue lutte contre la liberté. Depuis Arius jusqu'à Pélage, depuis Abailard jusqu'à Jérôme de Prague, tout libre penseur a été poursuivi sans relâche, persécuté sans pitié. Depuis les maximes de l'Évangile qui veut rendre à César ce qui appartient à César, jusqu'à la doctrine de la grâce formulée par les Pères, tout le dogme, toute la science, toute la

croyance de l'Église catholique, sont une manifestation exclusive en faveur de l'autorité, une protestation permanente
contre la liberté. Et la consécration des souffrances en ce
monde ne s'oppose-t-elle pas à l'émancipation des classes
souffrantes? Et la sainteté de la douleur, et la vertu des
humiliations ne justifient-elles pas les plus grands maux,
même l'esclavage? Qu'y a-t-il donc de commun entre cette
doctrine d'asservissement qui mutile l'œuvre de Dieu, sa-
crifie le corps aux jouissances futures de l'âme, et la nôtre
qui, respectant dans son unité l'émanation divine, veut accorder dès ce monde satisfaction légitime et au corps et à
l'âme? On peut sans doute, à côté de cette doctrine absolue
de l'autorité, rencontrer dans l'Évangile d'autres préceptes
et mettre le législateur chrétien en contradiction avec lui-
même. Mais jamais l'Église ne s'est contredite dans ses
œuvres; jamais dans l'ensemble de ses actes, de ses doctrines, de sa politique, il n'y a eu autre chose que la condamnation de la liberté. Ainsi, qu'on ne s'y méprenne pas,
lors même que l'Église a combattu contre les rois, elle n'a
jamais songé à la liberté des peuples. C'était encore pour l'autorité qu'elle luttait, car c'était pour placer l'autorité de l'É-
glise au-dessus de l'autorité des rois. Et qu'est-ce donc que la
grande voix de la réforme, si ce n'est un appel à la liberté?
Luther avait-il besoin de remuer le monde, si l'Église romaine
professait la même doctrine que lui? Non, sans doute. Aussi,
fut-il maudit par l'Église comme un esprit de désordre, et
salué par la moitié du genre humain comme un émancipateur. Quand donc aujourd'hui le clergé invoque la liberté,
s'il est sincère, il n'est plus catholique; s'il n'est pas sincère, qu'avons-nous besoin de nous préoccuper de ces déclamations hypocrites?

Je sais bien que l'État a provoqué lui-même ces folles
disputes, et c'est ici qu'on peut signaler le mensonge dans
les choses. — Tristement préoccupé des oppositions qu'il

rencontrait, le gouvernement s'est mis en quête d'alliés, et il a cru faire une œuvre de haute politique en tendant les bras au clergé. Alors se sont faites de mutuelles concessions et se sont échangées de menteuses paroles. Le clergé a parlé de liberté, et les hommes d'État ont parlé de religion. Orthodoxes par calcul et catholiques de circonstance, ils n'ont tenu aucun compte de l'article de la Charte qui décrétait la liberté des cultes, et toutes leurs faveurs ont été réservées pour un seul clergé; tous leurs sacrifices ont été faits dans un seul sanctuaire. Non contents de livrer à l'association catholique les trésors des citoyens, ils ont humilié devant elle leur propre dignité; ils s'en sont faits les serviteurs afin qu'elle devînt entre leurs mains un instrument d'oppression. Aujourd'hui l'État porte la peine de sa condescendance, et subit le châtiment de ses complaisances coupables. Les auxiliaires devant lesquels il s'était incliné, lui crient de se courber plus bas, le menaçant de lui retirer les mains s'il ne cède pas encore une partie de sa puissance. On ne peut, en vérité, s'intéresser à cette lutte où l'État fait pitié à force de faiblesse, le clergé à force d'arrogance.

En résumé, écartons d'une discussion générale sur l'enseignement le clergé, qui veut être tout dans une question où il n'a évidemment qu'une part relative.

Et puisqu'il a fallu s'en occuper en passant, disons que le clergé ne peut pas être indépendant sans briser l'unité du pouvoir. Surtout ne le croyons pas destiné à régénérer l'avenir, n'ajoutons pas foi à ses théories de fraîche date sur la liberté. Mais appelons-le avec tous les autres à jouir de cette liberté, non pas comme clergé, non pas comme corps indépendant, mais comme faisant partie d'une société où tout individu doit être libre en vertu de principes que je vais développer.

J'arrive à la question de la liberté de l'enseignement.

Cette question, comme toutes celles où il s'agit de mettre d'accord le droit public avec le droit privé, présente des difficultés insurmontables, si l'on ne pose pas tout d'abord les principes qui régissent la matière ; elle offre une solution facile si ces principes sont bien déterminés.

Ces principes reposent sur la nature même de l'humanité. En effet, la société se compose de tous les citoyens pris en masse, et de chaque citoyen pris en particulier. Les citoyens pris en masse constituent l'État ; le citoyen pris en particulier constitue l'individu. De là, deux existences distinctes, deux êtres séparés, l'être social et l'être individuel. Et cette séparation n'est pas seulement une abstraction de l'esprit, elle est aussi une réalité. Car l'individu a sa vie propre, ses fonctions particulières, comme la société a sa vie propre et ses fonctions générales. L'individu, en tant que membre de la société, n'est qu'une partie dans le tout ; en tant qu'individu, il forme un tout lui-même. Il est comme le nombre simple détaché du nombre composé ; fraction par rapport au nombre composé, unité par rapport à lui-même. Ainsi, l'individu est un être complet, comme la société est un être complet, et cependant, ils sont tellement inhérents l'un à l'autre, qu'on ne saurait nier l'individu sans nier la société, nier la société sans nier l'individu ; de même qu'on ne saurait nier le nombre simple sans nier le nombre composé, et réciproquement. Or, comme chaque être a sa loi, ses droits, son principe d'action, la société comme l'individu, l'individu comme la société a sa loi, ses droits, son principe d'action.

La loi de la société est d'agir pour tous et au moyen de tous ; son principe d'action est l'autorité.

La loi de l'individu est d'agir par lui-même et pour lui-même ; son principe d'action est la liberté.

Le droit social repose donc sur l'autorité ; le droit individuel sur la liberté.

L'autorité est la garantie de tous; la liberté est la garantie de chacun.

Ces deux droits sont également incontestables; car nier l'un serait nier la société; nier l'autre serait nier l'individu.

Ce sont là des principes tellement simples, qu'ils peuvent s'appliquer à toutes les thèses sociales. Il nous serviront à résoudre la question de l'enseignement.

Dans l'ordre moral, l'État représente la pensée de tous; ce qui n'empêche pas chaque individu d'avoir sa pensée propre, et d'être un tout complet comme intelligence, de même qu'il est un tout complet comme corps. Il n'est donc pas plus permis à l'État d'enchaîner l'intelligence de l'individu, qu'il ne lui est permis d'enchaîner son corps.

Cependant, la mission de l'État est de diriger les esprits comme les corps, et il doit vouloir accomplir sa mission, il doit vouloir faire autorité.

De son côté, l'individu doit pouvoir accepter ou refuser cette direction; il doit conserver sa liberté.

Cette liberté n'offre aucun danger; car si l'État est dans le vrai, c'est-à-dire s'il représente la pensée commune, la majorité acceptera nécessairement cette direction; s'il est dans le faux. c'est-à-dire s'il a la majorité contre lui, de gré ou de force il devra subir un changement.

L'État étant l'expression de la conscience publique, constitue essentiellement le présent. Mais il y a aussi dans la société les hommes du passé et les hommes de l'avenir, formant des individualités qui veulent également avoir leur liberté; car elles ont leurs besoins et leurs vœux à satisfaire, leurs croyances et leurs affections à défendre. Et il n'est pas plus permis à l'État d'empêcher la satisfaction des besoins de l'âme que des besoins du corps. Ce n'est que par mesure d'ordre qu'on peut gêner la liberté individuelle; or, bien loin que cette liberté du passé et de l'avenir trouble l'ordre, elle est dans la loi sociale, qui doit toujours concilier les traditions du passé avec les connaissances du présent et les aspirations de l'avenir. Ces prémisses étant posées, il est facile d'en déduire les conséquences.

L'État, en vertu de son autorité, doit organiser l'enseignement public.

L'individu, en vertu de sa liberté, peut organiser un enseignement privé.

Mais rien n'étant absolu dans les sociétés humaines, chaque principe a ses limites.

En effet, si l'autorité était absolue, elle dégénérerait en tyrannie, et contraindrait les consciences. Elle a donc pour limites le choix du père de famille qui accepte ou n'accepte pas son enseignement. Mais elle peut, elle doit provoquer ce choix en sa faveur, par les immenses ressources qui lui permettent de placer en tête de l'enseignement tous les hommes d'élite. Sans quoi elle aura aussi pour limites l'ignorance ou la médiocrité de ses fonctionnaires. Mais si son devoir ne l'y invitait, la concurrence l'obligerait à offrir aux citoyens toutes les garanties de capacité ou de moralité.

Si la liberté était absolue, elle dégénérerait en désordre. Un ignorant pourrait se faire professeur, un homme immoral ouvrir une maison d'éducation. L'État doit, par conséquent, exiger des conditions de capacité et de moralité. La moralité s'établit par les antécédents; la capacité s'établit par des examens et prend pour signe un diplôme. La liberté a donc pour limites l'intervention de l'État qui exerce son droit d'examen et de surveillance.

Ainsi les droits de l'État sont limités par le choix du père de famille; les droits de l'individu sont limités par l'intervention de l'État. En d'autres termes, l'autorité a pour limite la liberté, la liberté a pour limite l'autorité, c'est-à-dire qu'il y a conciliation parfaite des deux principes, ce qui constitue l'état normal de la société.

Ainsi se trouveront résolues ces difficultés que vous signalez, ainsi disparaîtront ces troubles que vous déplorez lorsque vous montrez l'enfant jeté tour à tour dans l'esprit du siècle et dans l'esprit du sanctuaire. Les familles qui préfèrent l'esprit du siècle s'adresseront à l'État; celles qui préfèrent l'esprit du sanctuaire s'adresseront au clergé. Mais il faudra que le clergé enseignant ait pris ses grades dans l'État, afin de constater sa capacité; et il faudra que l'État offre un enseignement meilleur, afin de se garantir contre toutes les concurrences extérieures.

Un mot sur les diplômes. Pour les délivrer aujourd'hui, l'État exige, comme règle générale, que le candidat ait passé un certain temps dans ses collèges; mais si ces collèges sont, de bonne foi, considérés par certains hommes comme des *écoles de pestilence*, si les consciences de certaines familles s'épouvantent de livrer leurs enfants aux dangers de l'enseignement officiel, n'y a-t-il pas injustice, n'y a-t-il pas violation de la liberté dans cette condition antérieure à l'examen? Que l'État augmente la sévérité des épreuves, qu'il exige pour l'enseignement des grades plus élevés, une capacité plus grande : j'y applaudirai. Mais il n'a pas le droit de refuser un brevet de capacité à celui qui prouve sa science, quel que soit le lieu où il ait puisé cette science. Pour enseigner, il faut savoir, et l'État est en droit de demander les preuves du savoir; il peut même exiger qu'on ait appris tout ce qu'il enseigne dans ses écoles, puisqu'il pose les questions de l'examen; mais c'est aller au delà des limites de l'autorité, que d'exiger qu'on n'apprenne pas ailleurs que dans ses écoles.

Je ne me cache pas que, sur ce point, je me trouve en opposition avec des publicistes qui marchent dans les mêmes rangs que moi. Mais s'est-on bien demandé, jusqu'ici, quelles étaient les limites précises de l'autorité et de la liberté? Tantôt, entraînée par les circonstances, comme

sous la Convention, la démocratie a poussé l'autorité jusqu'à la négation de l'individu; tantôt, luttant contre un
gouvernement oppresseur, comme sous la Restauration,
elle a porté l'esprit de liberté jusqu'à l'avilissement de
l'autorité. Aujourd'hui qu'elle se développe par la paix et
se développe par la discussion, elle se doit à elle-même,
elle doit au pays de montrer qu'elle existe pour autre chose
que pour la lutte, et qu'elle peut faire entendre un mot
d'ordre qui n'est pas un cri de guerre. Or, la véritable base
de la doctrine démocratique est la conciliation de la liberté
et de l'autorité, l'une appuyée sur l'autre, l'une tempérant
l'autre, l'une garantissant l'autre. Sans l'autorité, point
de liberté durable; sans la liberté, point d'autorité assurée.
Quand l'État est gêné dans l'exercice de son autorité, il y
a souffrance générale et désordre de toutes parts; quand
l'individu est gêné dans l'exercice de sa liberté, il y a souffrance particulière, mais cette souffrance est aussi un trouble dans la société.

Or, existe-t-il une souffrance plus grande pour l'individu
que l'oppression de sa conscience, que la déportation de ses
fils dans des écoles qu'il regarde comme des *lieux de per-*
dition, que cette conscription de l'enfance traînée violem-
ment dans un camp ennemi, et pour servir l'ennemi?
L'État, dit-on, doit se croire dans le vrai : il doit, par conséquent, chercher à y maintenir les autres, fallût-il même
employer la contrainte, car il ne saurait permettre que les
individus abusent de leur liberté contre eux-mêmes. D'abord,
le signe propre de la liberté, c'est la faculté d'en faire abus.
Otez le droit d'abus, il n'y a plus de liberté. Enlevez à
l'homme la possibilité de l'erreur, la liberté n'est qu'un
vain mot. Si l'abus fait tort aux autres, l'État doit intervenir, parce qu'il est le gardien de l'ordre public. Mais
quand l'abus ne fait tort qu'à l'individu qui abuse, l'État
n'a aucune action, car l'abus est le critérium de la liberté.

Ensuite, l'État doit se croire dans le vrai, j'en conviens ;
j'ajoute même qu'il doit être dans le vrai, sans quoi il prépare sa propre décadence. Mais en raison de la marche de
l'esprit humain, en vertu de la loi du progrès, il arrive un
jour où il n'est plus dans le vrai, précisément parce qu'il
est semblable à lui-même et qu'il est aujourd'hui ce qu'il
était hier. L'État, qui a grandi par le développement et
l'application d'une idée féconde, ne renoncera pas à l'idée
qui l'a fait grand, même lorsque cette idée sera épuisée.
Qui l'avertira cependant qu'il est temps de changer ? qui lui
dira qu'il n'est plus dans le vrai, si lui seul enseigne, si lui
seul peut faire entendre sa voix ? Quand on a été fort dans
le passé, on n'arrive pas à la conscience de son insuffisance
dans le présent, qu'on soit l'État ou l'individu. Le vieillard
conserve le culte de sa jeunesse et les admirations de son
âge mûr ; et lorsque tout est changé autour de lui, il accuse
les autres plutôt que de se condamner lui-même, et
reproche au siècle d'avoir dégénéré plutôt que d'avouer
qu'il est déplacé dans le siècle. L'État, sous ce rapport,
n'est pas plus sage que l'individu. Il faut donc qu'il reçoive
les avertissements du dehors ; il faut que les voix extérieures puissent se faire entendre. Il faut, en d'autres
termes, que la minorité ait toujours le droit de parler ; car
c'est de la minorité que doivent éclore les progrès de l'avenir et les futures transformations de l'État. Sans la minorité, point d'antagonisme, sans l'antagonisme, point de
progrès. Il faut que la minorité du passé puisse enseigner,
car elle conserve les traditions ; il faut que la minorité de
l'avenir puisse enseigner, car elle prépare les innovations.
De même que la liberté est la sauvegarde de l'individu, de
même elle est la sauvegarde de la minorité ; comme aussi
l'autorité est la sauvegarde de la majorité : car l'État et la
majorité, l'individu et la minorité, sont des termes corré-
latifs. Respect donc à la minorité, car elle est la voix véné-

rable d'un passé qui fut grand, la voix sainte d'un avenir
qui aspire à devenir plus grand encore! Respect à la minorité, si nous voulons respecter la tombe de nos aïeux, le
berceau de nos enfants!

Voyez cependant à quelles contradictions mène un faux
système. Les mêmes hommes qui veulent que l'État s'empare exclusivement de l'enseignement demandent en même
temps la liberté de la presse. Il est manifeste pourtant que
si l'État a le droit de se réserver l'enseignement de la jeunesse, il a aussi le droit de confisquer l'enseignement de
l'âge mûr. A cela, on répond que l'État a sur les enfants
des droits qu'il ne peut avoir sur les hommes ; mais
qu'est-ce donc que l'enfant dans l'État? Est-ce un individu
social ? Non, sans doute ; car il n'est rien par lui-même. Il
n'est quelque chose que par son père, il vit par lui, pense
par lui, aime avec lui. En opprimant le fils, c'est donc le
père que vous opprimez ; en soumettant le fils à la dicta-
ture, vous tyrannisez le père ; car c'est le père seul qui
souffre, qui souffre dans ce qu'il a de plus intime, dans ses
plus tendres affections, dans ses plus chères espérances.
Quoi! vous reconnaissez que vous n'avez pas le droit de
torturer le corps de l'individu, et vous invoquez le droit de
torturer son âme! Vous n'osez enchaîner sa main, et vous
enchaînez sa volonté, ses sentiments, ses désirs les plus
saints! Dérision! Quant à l'enfant, vous le réclamez comme
votre esclave jusqu'à vingt et un ans, et du jour au lendemain, vous le rendez à la liberté. Vous avez façonné son âme
sous le niveau de l'État, et vous lui dites de se développer
selon sa vocation ; vous l'avez étouffé dans l'atmosphère
de la servitude, et vous lui dites de grandir à l'air libre.
Mais ne voyez-vous pas qu'il n'a plus une pensée à lui,
qu'il faudra qu'il pense par vous, homme fait comme enfant,
et que dès lors la liberté de la presse est une anomalie et
un mensonge. Il n'y a pas un argument en faveur du pre-

mier monopole qui ne puisse être invoqué en faveur de
l'autre ; et, par contre, il n'y a pas un témoignage en faveur
de la liberté de la presse qui ne puisse être cité en faveur
de la liberté de l'enseignement ; car toutes les libertés se
servent de garantie l'une à l'autre, parce qu'elles reposent
toutes sur les mêmes principes, les droits de l'individu, les
droits de la minorité. Si vous respectez une des libertés,
vous devez les respecter toutes, car elles ont toutes la même
origine. Si vous en enlevez une, vous devez les enlever
toutes, car l'une n'a pas plus de sanction que l'autre. Décrétez l'enseignement exclusif de l'État, il vous faudra
décréter une presse exclusive de l'État, une religion exclusive de l'État ; alors vous aurez décrété l'immobilité, la
tyrannie, les persécutions, et comme il faudra bien, après
tout, que la minorité se manifeste de quelque façon, ne
pouvant plus écrire, elle conspirera, et le progrès ne pouvant plus s'accomplir par l'enseignement, s'accomplira par
les révolutions.

On m'opposera peut-être le système de la Convention sur
l'enseignement public. Parlons avec franchise à cet égard.
La Convention fut l'enfantement douloureux de la démocratie, et il est dans la loi des choses que l'enfant, pour
naître, déchire et ensanglante le sein de sa mère. Cette loi,
ce ne sont pas les hommes qui l'ont faite, et comme la nécessité l'explique, elle peut se passer de justification. Héritiers des grands principes de la Convention, nous n'avons
pas besoin d'être d'inintelligents plagiaires. Sans rien
diminuer de son héroïsme, sans rien retrancher à sa gloire,
sans lui rien enlever de l'admiration que lui a méritée son
audacieux génie, nous pouvons dire simplement que la
démocratie a cinquante ans de plus qu'alors, et que les
mêmes moyens politiques ne sauraient être bons aujour-
d'hui, par cela même qu'ils étaient nécessaires il y a cinquante ans.

Je me hâte d'arriver aux conclusions de cette lettre.

L'État a proclamé la liberté des cultes ; il doit donc accorder la liberté de l'enseignement.

La démocratie demande la liberté de la presse ; elle doit donc demander la liberté de l'enseignement.

L'État, représentant de l'autorité, doit organiser l'enseignement.

L'individu, représentant de la liberté, peut demander qu'il y ait plusieurs enseignements, afin que sa liberté se manifeste par le choix.

L'État, représentant de la majorité, doit donner un enseignement qui réponde à la pensée commune ; manifestation du présent, il doit faire l'enseignement de l'époque, diriger la jeunesse dans l'esprit du siècle. -

L'individu, représentant de la minorité, peut demander un enseignement qui réponde à ses anciennes affections ou à ses espérances ; manifestation du passé ou de l'avenir, il peut demander qu'on lui enseigne les traditions ou qu'on l'initie aux pensées nouvelles.

L'État, gardien de l'ordre public et protecteur de la morale, doit exercer son droit de contrôle et de surveillance ; il doit donc exiger de ceux qui enseignent des preuves de savoir et de moralité.

L'individu qui, dans tous ses actes publics, est soumis à la police de l'État, doit fournir ses preuves.

Ainsi, l'autorité de l'État sera garantie par son droit de contrôle et de surveillance ; la liberté de l'individu sera garantie par sa moralité et sa capacité.

Voilà les principes généraux, et je voudrais m'arrêter ici. Mais puisque le clergé demande quelle part on veut lui faire dans l'enseignement, la réponse est facile : sa part sera celle de tout le monde. Qu'il se place dans la loi commune ; qu'il entre dans l'enseignement en vertu de la liberté, mais qu'il se soumette au contrôle de l'État en vertu de l'autorité. Si l'État se méfie du clergé, qu'il augmente la sévérité des épreuves ; si le clergé se croit mieux fait pour enseigner que tout autre, qu'il se montre plus savant que tout autre. Voilà à quelles conditions il peut invoquer la liberté ; voilà à quelles conditions il sera digne d'en user.

Au moment de terminer cette longue et aride discussion, je voudrais me flatter, monsieur, d'avoir porté la conviction dans votre esprit et d'avoir réussi à calmer quelques-unes des douloureuses inquiétudes que vous avez si éloquemment exprimées. J'ai l'espoir, du moins, que vous reconnaîtrez chez les hommes de la démocratie l'intention d'accorder aux autres la liberté qu'ils demandent pour eux-mêmes, et la volonté de s'abstenir de toute passion injuste, même dans une controverse soulevée par leurs ennemis les plus acharnés.

LEDRU-ROLLIN,
Député de la Sarthe.

XVI

PROPOSITION

DE L'ABOLITION DU CENS D'ÉLIGIBILITÉ
ET D'UNE INDEMNITÉ AUX DÉPUTÉS, AVEC LE DÉVELOPPEMENT
DES MOTIFS MILITANT A L'APPUI DE CES RÉFORMES

(Écrit publié dans le journal *la Réforme*, le 7 mars 1845)

ART. 1.

Tout Français, âgé de 30 ans, jouissant de ses droits civils et politiques, et inscrit sur les rôles de la contribution directe, est éligible à la chambre des députés s'il remplit d'ailleurs les autres conditions exigées par la loi du 19 avril 1831.

ART. 2.

Les art. 59 et 60 (tit. 5) de la loi du 19 avril 1831 sont abrogés.

ART. 3.

Pendant la session, une allocation quotidienne sera accordée, à titre d'indemnité, à chaque membre de la chambre des députés.

ART. 4.

Pour les jours de travaux de la chambre, elle ne sera acquise que par la présence.

ART. 5.

Le taux de cette indemnité sera fixé par un règlement ultérieur.

On connaît les idées du parti démocratique en matière d'élections, elles sont simples : il professe que tout citoyen a un droit imprescriptible à sa part proportionnelle dans la représentation nationale. Pour lui, la réforme électorale, c'est donc l'organisation du suffrage universel.

Cependant, tout en restant fidèle à ses larges principes, il accepte, seconde, provoque tout progrès qui tend à faire faire un pas au pays. Parlementairement, il marche et vote le plus souvent avec une autre opposition qui n'a ni son radicalisme ni sa décision d'esprit. Entre lui et cette opposition, il est certaines idées qui sont, pour ainsi dire, la voie de communication par laquelle les deux partis se rapprochent sans se confondre. C'est au parti démocratique à les discerner et à les choisir pour en faire plus spécialement l'objet de la conquête commune. Parmi ces idées, je n'hésite pas à placer les deux sujets de ma proposition :

L'abolition du cens d'éligibilité ;

L'indemnité aux députés ;

Ces deux questions se tiennent et sont véritablement solidaires :

Le cens d'éligibilité, comme le cens électoral, est opposé aux principes de l'égalité démocratique. Cela n'a pas besoin d'être démontré. Au point de vue des deux oppositions, il a, de plus, le vice considérable de contredire et de limiter la prérogative souveraine du corps électoral, et de tracer un cercle étroit à l'exercice de cette prérogative. Par le cens d'éligibilité, la loi électorale retire d'une main à l'électeur une bonne partie de ce qu'elle lui remet de l'autre.

Le cercle dessiné autour de l'électorat est en effet fort restreint si l'on veut s'arrêter à la réalité. L'éligible est chose rare en France, non pas peut-être l'éligible fictif et légal, mais l'éligible réel. Plusieurs causes peuvent être assignées à cette pénurie. D'abord l'extrême division et l'heureuse médiocrité des fortunes, division qu'alimentent et activent sans cesse les sages dispositions de nos codes sur les partages. Un revenu annuel de 15 000 francs n'est pas commun dans les départements, et le cens d'éligibilité ne représente guère qu'un revenu de 3 à 4000 francs. Toutefois le chef de famille, avec le plus fort de ces deux revenus, peut rarement abandonner ses affaires et son établissement principal, et venir passer plus de la moitié de l'année à Paris, ayant à soutenir à la fois deux maisons au lieu d'une seule. Député, sa position officielle ne permet pas à sa famille de descendre de l'état qu'elle avait ; habitué à une large aisance, il lui est imposé à son tour, pour son influence et sa considération, de ne pas déchoir même à Paris. Dans quelle alternative est-il placé ? celle de ne pas aspirer à la députation, ou de compromettre son patrimoine, ce que l'on fait rarement, et celui de ses enfants, ce que l'on fait moins encore.

Pourtant les hommes qui jouissent de 15 000 francs de revenu composent la très-grande minorité du corps des éligibles. Des membres de ce corps, la plus grande partie possède en moyenne la moitié de ce revenu. Pour ceux là l'endettement et la ruine sont au bout de la députation, après deux législatures.

Combien de députés, après une longue résistance, ont fini par succomber aux conseils de l'obsession, parce que le mandat gratuit qu'ils avaient imprudemment brigué les avait placés entre la misère et le déshonneur !

Il en est d'autres, plus purs et plus énergiques, qui, se voyant sur cette pente fatale, ont résigné leurs fonctions, regrettés de la chambre, non seulement pour leur caractère, mais aussi pour leurs lumières et leurs capacités.

J'en ai connu un qui disait : « J'ai 5000 francs de rente. Je peux vivre sur mon champ avec 4000 francs. Mes cinq années de députation m'en coûteront au moins 30 000. Je me retirerai ensuite dans mon village, avec le strict nécessaire, heureux d'avoir servi pendant cinq ans mon pays. »

Ces dévouements simples sont touchants et généreux. Mais il est dangereux pour une nation de les ériger en loi commune, parce que, le plus souvent, cette loi ne fait que préparer la place à l'intrigue et à la corruption.

Qu'arrive-t-il? Que beaucoup de citoyens honorables, utiles, éclairés, qui pour cela ne sont pas des héros, se découragent devant cette perspective de pauvreté ou de honte; que les hommes sans conscience sont seuls à ne pas s'en effrayer, leur choix étant fait d'avance.

Supposons, cependant, qu'il se trouve en France un certain nombre de ces citoyens à la fois aisés et dévoués ; que de conditions spéciales n'auront-ils pas encore à remplir pour réunir toutes les chances d'une candidature ! Il faut à l'éligible une certaine autorité morale, une considération acquise; il lui faut le secret d'attirer des sympathies. Il faut que son nom, son entourage, ses antécédents, tout ce qui constitue sa vie, n'éveillent ni des répugnances publiques ni des préjugés locaux. Dévoûment, aisance, notabilité, autorité, situation laborieusement acquise ou brillamment improvisée, sur combien de têtes privilégiées la route de la naissance laisse-t-elle échapper ce *quine* social?

Aussi les conséquences de cette difficile accessibilité se développent-elles tous les jours. Les portes de la députation ne s'ouvrent pas à cette portion de la jeunesse éclairée, studieuse et grave qui s'est plus occupée de la culture de l'âme que de celle de l'habit, et qui a plus de richesse dans son cœur que dans sa caisse. La jeune génération de 1830 n'a guère dans la chambre que des représentants dont les vertus brilleraient beaucoup plus parmi de frivoles courtisans que dans une assemblée de citoyens et de législateurs. La jeunesse forte est contrainte par le cens d'éligibilité de céder la place à la jeunesse dorée. Il est de mode dans cette aristocratie qui portait, hier, le nom d'un paysan ou d'un ouvrier, de honnir la Révolution sans laquelle elle serait encore à la charrue, d'adorer l'immobilité politique et de placer son bien-être personnel au-dessus de toutes ces misères qu'on appelle emphatiquement progrès et patrie. Aussi, le ministère l'accueille, la caresse ; les électeurs la nomment, indigents parfois de candidats à ce point que s'il s'en présente un qui n'ait pas l'âge, ils consentent niaisement à faire une ou deux années d'antichambre devant son extrait de naissance.

En 1837, l'honorable M. Gauguier fit une proposition tendant à suspendre, pendant la session, le traitement des fonctionnaires. Ce fut un grand scandale au *Journal des Débats*, et sur le champ un article fut rédigé, où l'on prouva avec beaucoup de force et de raison que « l'éligibilité se partageait presque entièrement entre les fonctionnaires et les légitimistes, que la suspension du traitement des députés fonctionnaires, pendant la session, était l'équivalent de leur expulsion, parce qu'ils ne pouvaient vivre à Paris sans leur traitement, et que le leur supprimer, c'était livrer le monopole de l'éligibilité aux légitimistes dont les électeurs n'aimaient pas les opinions. »

Ce qui était vrai alors l'est-il moins aujourd'hui ? Et le cens d'éligibilité ne constituera-t-il pas bientôt le monopole des candidatures au profit de la richesse oisive et dissipée, de la grande propriété, ou des fonctionnaires publics. Vous aurez deux chambres des pairs au lieu d'une. C'est vers ce but que se précipite infailliblement la marche des choses, car, aux dernières élections générales, 133 collèges sur 459 n'ont eu qu'une seule candidature, ou n'en ont pas eu deux sérieuses. Un fait aussi significatif n'établit-il pas la disette des candidats et la nécessité d'élargir le cercle de l'action électorale ?

Mais ce cercle ne saurait s'élargir sans l'indemnité.

L'indemnité? voilà le véritable principe moral de toute élection populaire.

Avant 1830, un préjugé, accrédité par l'esprit rétroacteur du temps, avait jeté une sorte de discrédit sur ce principe. Eh quoi! s'écriaient les sophistes du privilège, ravaler les fonctions du député jusqu'au matérialisme d'une rétribution, c'est abaisser sa dignité; c'est compromettre son caractère. La représentation n'est respectable et glorieuse qu'autant que celui qui l'ambitionne consent à servir son pays avec une entière abnégation. Une rétribution souillerait les mains du député.

Il est vrai que lors de la présentation de la liste civile, et des apanages, et des dotations, on tenait, sur les questions d'argent, un tout autre langage. La couronne, disait-on, a besoin de beaucoup de splendeur; il lui faut beaucoup d'argent. Le lui refuser, c'est l'humilier, c'est rabaisser son importance. Le prestige d'une royauté se mesure à la grandeur de sa richesse. Ainsi l'honneur de la royauté consiste à être magnifiquement rétribuée; l'honneur de la représentation consisterait à servir à ses dépens. La gloire, d'un côté, c'est un immense traitement; la honte, de l'autre, c'est une indemnité modeste. Pour être digne d'être roi, il faut imposer à la nation de lourdes charges; pour être digne d'être député, c'est à soi-même qu'il faut imposer les sacrifices.

Comme on le voit, cette théorie monarchique et financière place, dans l'échelle morale, l'âme d'un député bien au-dessus de celle d'un monarque.

Les courtisans n'ont cependant ni si mauvaise opinion de l'une, ni si bonne opinion de l'autre. Il leur faut simplement des arguments pour tous les cas. Ils savent que l'argent est un des nerfs de la puissance; comme ils veulent que la royauté soit puissante, ils disent qu'il faut que la royauté soit opulente; comme ils désirent que la représentation soit faible, ils s'arrangent pour que la représentation soit ruineuse.

Mandat gratuit. — Indemnité. — Pour apprécier la valeur de ces deux ordres d'idées différents, remontons rapidement à leur source. D'où procède l'indemnité? d'où procède le mandat gratuit?

Le principe de l'indemnité est proclamé par la Révolution française. L'indemnité est fille de la Révolution comme notre émancipation démocratique. Les esprits puissants qui posèrent le grand principe du progrès dans l'humanité, virent, au simple regard, que sans l'indemnité, les classes moyennes et populaires pourraient bien avoir leur part dans l'élection, mais qu'elles ne l'auraient pas dans la représentation. L'indemnité ne fit question pour aucune des mémorables assemblées issues de la période révolutionnaire. La Constituante, la Législative, la Convention, le conseil des Cinq-Cents, le Tribunat, le Corps législatif lui-même, cette parodie de représentation, l'adoptèrent successivement.

Le mandat gratuit, au contraire, est une des réactions de la Restauration revenant en France pour *faire du vieux*, selon la parole d'un de ses ministres de 1814[1]. Elle voulait que la députation ne fût abordable que pour les fortunes aristocratiques; elle fut conséquente : elle fixa le cens d'éligibilité à 1000 francs et abolit l'indemnité aux députés. Elle rentrait chez nous pour y importer le gouvernement d'oligarchie anglaise. Elle devait donc décréter le mandat gratuit, car c'est sous le régime de ce mandat, qui immobilise la représentation dans les grandes familles et les grandes fortunes, que l'aristocratie britannique perpétue son intolérable tyrannie. Le gouvernement de 1830, ne voulant

---

1. M. de Montesquiou, dont M. Guizot était alors l'instrument et le secrétaire général au ministère de l'intérieur.

que refaire la révolution de 1688, a dû rester fidèle à la même tradition.

Ainsi, l'indemnité est le principe révolutionnaire ; le mandat gratuit, le principe contre-révolutionnaire. Témoins, ici encore, quelques gouvernements contemporains : aux États-Unis, en Suisse, l'indemnité est de principe ; la Belgique elle-même l'accorde à ses représentants ; mais c'est en Suède surtout, pays de vieilles mœurs et de sens pratique, que l'opposition des deux principes est consacrée d'une façon plus tranchée et plus frappante. Dans ce royaume, l'aristocratie, c'est-à-dire l'ordre du clergé et de la noblesse, exerce gratuitement le mandat. La démocratie : l'ordre des bourgeois et des paysans, reçoit une indemnité.

Mais, dit-on, que devient, avec l'indemnité, la dignité des fonctions législatives ?

La dignité du député !

Il nous va bien vraiment de nous insurger contre la dignité et la fierté des représentants de ces trois immortelles assemblées qui, de 1789 à 1795, régénérèrent le monde. A aucune autre époque l'histoire offrit-elle plus admirable spectacle de grandeurs morales, de dévouements sublimes, de désintéressements antiques ! Et cependant ces assemblées étaient indemnisées.

Mais, en revanche, elles furent gratuites ces chambres de la Restauration dont un conservateur put dire justement en 1852 : « Elles ont été *corrompues*, *avilies*, *prostituées*. »

Hélas ! l'histoire dira qu'elles furent gratuites aussi ces chambres élues depuis 1850, qui ont fait de la France, chose incroyable ! une puissance secondaire en Europe ; qui, à l'intérieur, ont laissé dérober clandestinement, une à une, toutes les libertés au nom desquelles s'était faite cette Révolution de Juillet ; qui, en signe de progrès, ont répondu au citoyen : Tu n'as de droits imprescriptibles que ceux que nous proclamons ici ; qui, à titre de fraternité,

ont répondu aux travailleurs affamés : Mourez où vous voudrez, le travail ne se distribue pas dans cette enceinte.
Oui, elles ont été gratuites ; mais elles éterniseront ce mot
d'un vieux sceptique qui se connaissait en vénalité : RIEN,
C'EST BIEN CHER.

En terminant, définissons bien le principe de l'indemnité, pour ne laisser aucune espèce de nuages dans les
esprits. L'indemnité n'a pas pour objet de créer un traitement en faveur du député, de le placer sur la même ligne
que le fonctionnaire salarié ; non, elle a quelque chose de
plus élevé. Elle est par excellence l'élément égalitaire. Elle
consiste à déterminer les dépenses nécessitées par l'accom-
plissement du mandat, et à rembourser, selon les règles de
l'honneur et de la justice, ces dépenses au mandataire. La
fonction du député *sera toujours gratuite*, seulement, elle
ne sera plus onéreuse. La fonction de député n'est accessible qu'à une partie très limitée des classes moyennes ;
elle est inaccessible aux classes populaires ; elle sera désormais ouverte à toutes les capacités, à tous les talents, à
toutes les fortunes. Il ne faudra plus pour l'obtenir que le
libre choix de l'électeur. Le député y gagnera plus d'indépendance du côté du pouvoir ; il sera forcé à plus de respect
et à plus de ménagements pour les opinions du corps qu'il
représente. Il sera plus fortifié contre les attaques de la
corruption parce que la nation aura eu le soin de ne pas lui
demander de sacrifices supérieurs à ses facultés. Il aura
plus de désintéressement, parce qu'il y aura plus de sécurité dans son présent, moins d'appréhensions pour l'avenir
de sa famille. La dignité du pays en sera accrue ; il ne peut
convenir au peuple de dire au pauvre : Sers-moi en te
ruinant ; aux riches : Daignez me protéger, et si la Royauté
n'est pas déshonorée pour avoir une liste civile, la Représentation Nationale ne sera pas déshonorée non plus pour
avoir aussi la sienne.

Telles sont les raisons pour lesquelles j'ai cru devoir poser, en face de la gauche, deux réformes qui ont été inscrites dans son programme. On lui a reproché souvent de parler plus et mieux qu'elle n'agit. Aujourd'hui l'occasion est propice, le hasard lui a donné plus que la majorité nécessaire dans les bureaux; l'opinion la lui a presque donnée dans la Chambre; qu'elle agisse donc, si elle est vraiment l'opposition !

LEDRU-ROLLIN.

XVII

DISCOURS PRONONCÉ A LA CHAMBRE DES DÉPUTÉS

DANS LA DISCUSSION D'UN PROJET DE LOI RELATIF A LA TRANSLATION

DU DOMICILE POLITIQUE

(12 mars 1845)

Je demande la parole.

(*Aux voix! aux voix! la clôture! la clôture! A gauche : Parlez! parlez!*)

La Chambre peut calmer son impatience, je ne veux dire que quelques mots ; je ne toucherai même pas la question de rétroactivité ; la loi étant, à mon sens, mauvaise en elle-même, je n'ai point à me préoccuper de son exécution. Qu'il me soit seulement permis de faire remarquer que si c'est sincèrement et uniquement aux abus qu'on veut parer, comme on prétend, d'une façon si douce et si modeste, on devrait se contenter de tout ce qui embrassera l'avenir.

Vouloir, comme on l'a soutenu tout à l'heure, appliquer la loi en discussion aux électeurs inscrits, quelle que soit la minime quotité de leur cens, avant la promulgation de cette loi, ce n'est pas prévenir des abus possibles, ce n'est pas interpréter la loi, mais bien en créer une nouvelle et préparer un instrument politique ; c'est attenter à des droits acquis. (*Murmures, interruption. — A gauche : C'est cela! c'est cela!*

L'idée d'urgence qu'on y attache, l'application très-prochaine qu'on veut en faire, est la meilleure preuve que ce n'est pas seulement l'abus qu'on envisage, mais le droit qu'on veut renverser. (*Dénégations au centre.* — *A gauche : Très-bien!*)

Que soutiennent, au fond, les auteurs de la proposition? Que c'est en violation de la loi de 1831 que, dans beaucoup de collèges, se font les déplacements d'électeurs. Cela est contraire, disent-ils, au texte de la loi comme à son esprit.

Je n'ai qu'une réponse à faire au jurisconsulte qui a occupé avant moi la tribune : c'est que les cours royales et la cour de cassation ont, sauf deux espèces, unanimement décidé que cette translation de domicile était conforme au texte et à l'esprit de la loi. (*Mouvements divers.*)

Il faut même ajouter qu'il est peu de questions sur lesquelles il a moins existé de dissidences ; seulement comme il faut toujours que la propriété repose d'une façon sérieuse sur une tête, ces cours ont déclaré nul tout acte qui n'était qu'apparent, qui n'était point une transmission réelle et définitive de la propriété. Oui, elles ont invalidé la transaction qui aurait pour objet de prêter, pour ainsi dire, une propriété en vue de l'élection, comme, par exemple, une vente à pacte de rachat, comme un bail fictif ; mais retenez bien ceci, qu'elles ont maintenu, consacré les ventes de parcelles les plus réduites, les plus minimes, pourvu qu'elles fussent sincères ; qu'on ne dise point inexactement que ces tribunaux n'ont point appliqué la loi de 1831 ; ils ont parfaitement et souverainement jugé que cette loi autorisait les translations qu'on attaque. Comment auraient-ils pu agir autrement? Vous allez voir que pour soutenir que ces transactions sont incompatibles avec l'esprit de la loi de 1831, il faut avoir oublié les débats de cette loi.

En 1831, la question même qui nous occupe a été tran-

chée aussi nettement que possible, et dans un sens tout à
fait favorable aux translations de domicile, si minime, si
réduit que fut le cens de l'électeur.

Permettez-moi de vous citer un passage fort court de
cette discussion.

Un amendement avait été proposé sur l'art. 10 de la loi ;
cet amendement était de l'honorable M. de La Rochefoucauld. Voici ce qu'il disait pour l'appuyer :

« Vous avez vu très souvent abuser de la faculté qui est
accordée par l'article pour donner aux fonctionnaires publics entrée dans les collèges électoraux ; vous avez vu souvent nommer, pour composer le bureau, des hommes
qu'aucun intérêt n'attachait au département ; et c'est sur ce
point que j'appelle l'attention de la Chambre.

« Il me semble que si l'on était tenu de payer une contribution foncière, même très légère (10 sous, 20 sous, par
exemple), dans l'arrondissement où l'on doit voter, il y aurait *plus de garanties pour l'élection*, et il y aurait certitude
qu'au moins l'électeur serait intéressé au bien du pays. »
(*Mouvement.*)

C'est bien la question, n'est-ce pas ? Eh bien, qu'est-il
advenu de cet amendement ? Le rapporteur, l'honorable
M. Bérenger, s'écria : « Mais c'est changer tout le système
de la loi ! » et au vote, M. de La Rochefoucauld s'est levé
seul en faveur de son amendement, la Chambre fut entière
contre lui. (*Nouveau mouvement.*)

De cet incident grave de la loi de 1831 découlent deux
conséquences que je vous prie, messieurs, de méditer : c'est
qu'il est faux, d'abord, essentiellement faux qu'on soit
obligé de représenter d'une façon en quelque sorte adhé-
rente au sol, le sol lui-même, le terroir, la localité, puisque
M. de La Rochefoucauld voulant faire adopter pour la translation du domicile l'impôt exclusivement foncier, la
Chambre s'y est opposée. En second lieu, qu'il est faux

encore que l'esprit de la loi de 1831 s'oppose à ce qu'on acquière un domicile politique à l'aide d'une imperceptible contribution, puisque, sur la fixation d'un impôt de 10 ou 20 sous, la Chambre a passé à l'ordre du jour. Les transactions qu'on signale comme frauduleuses étaient ainsi parfaitement légitimes, l'opinion du rapporteur comme la décision de la Chambre les autorisaient évidemment. (*Mouvement.*)

Ce n'est donc point une loi interprétative que vous demandez; jamais loi, en effet, ne fut plus claire. Ayez le courage de le dire, c'est bien une loi nouvelle, c'est une restriction, chose incroyable! à une loi déjà si restrictive. (*A gauche : Vous avez raison.*)

Et l'on ose parler de fraudes, de manœuvres non sincères! Messieurs, si la sincérité manque quelque part, c'est dans la proposition qui vous est soumise sous prétexte d'une question de droit, c'est une arme politique qu'on aiguise : il en sera de celle-ci comme de la loi des patentes. C'était, à en croire le ministère, une simple loi de finances; aujourd'hui, tout le monde en convient, c'est une loi dirigée contre les élections. A l'œuvre vous les connaîtrez.

Pour masquer les dangers de la proposition et la faire plus inoffensive, l'honorable préopinant vous a cité la loi de 1790. Ce que nous demandons, a-t-il dit, a été décidé par les assemblées les plus libérales ; témoin la constitution de 1790 qui exigeait pour conférer l'électorat la réalité du domicile dans le canton. Cela est vrai, messieurs; l'orateur n'a oublié qu'une chose : c'est que l'élection se faisait alors à deux degrés; c'est que les citoyens nommaient non pas des députés, mais des électeurs ; c'est que les électeurs prenaient leurs représentants là où ils voulaient. Si, au surplus, puisqu'on cite la constitution de 1790, on veut nous en octroyer les bénéfices comme amendement à la loi de 1831, si c'est le suffrage universel qu'on veut nous accorder, même à deux degrés, nous l'accepterons provisoirement de grand cœur. (*Rire général.*)

Mais au lieu de nous traîner sur cette question de droit, terrain où il m'a fallu suivre le préopinant, que n'élevons-nous un peu cette discussion ?

Qu'est-ce que l'électeur, aujourd'hui ? Qu'avez-vous voulu, quand vous avez décidé qu'il y aurait des électeurs à 200 francs ? Une seule chose, injuste, impolitique, immorale selon moi. Mais enfin vous avez voulu admettre l'argent comme signe de la capacité. Eh bien ! pourvu qu'on ait cette capacité, c'est-à-dire pourvu qu'on paye le cens, vous devez être satisfaits, vos alarmes doivent être dissipées, peu importe où ce cens sera payé. Qu'on paye 10 centimes dans un lieu et le reste dans un autre, encore une fois peu importe, pourvu qu'en totalité on paye 200 francs.

En a-t-on pour cela moins la capacité que vous voulez ? Mais, loin de voir du mal, vous devriez voir un grand bien à ce que l'électeur se groupe avec ses analogues d'intérêt et d'opinion. L'immobiliser à sa place, l'enraciner, pour ainsi dire, sur le terrain où l'a posé le hasard de sa naissance ou l'empire de ses affaires, c'est créer la glèbe dans la classe électorale ; c'est lui donner l'esprit de clocher à la place de l'esprit de patrie ; lui inspirer la personnalité au lieu du dévouement ; c'est refuser à son opinion, à son âme, le droit qu'on ne peut refuser à son corps, le droit de se mouvoir et de s'assimiler à sa guise dans le vaste domaine de la politique.

Et, avec votre système, le député, qu'en faites-vous ? Vous revenez au bon temps où le député ne représentait qu'une certaine portion de territoire ou une certaine classe de personnes : la Normandie, la Bretagne, l'Anjou ; ou bien encore la noblesse, le clergé, le tiers.

Ne vous souvient-il plus déjà, à cinquante ans de date,

de cette immortelle déclaration : nous sommes l'Assemblée *nationale* : nous représentons non une classe, non une portion du territoire, nous représentons la *France*. (*A gauche : Très-bien!*)

En cette circonstance, encore, ne trompez donc pas le pays sur le caractère de la loi que vous proposez ; non, non, ce n'est point une loi d'interprétation ; les interprétations se font par les tribunaux ; et je vous ai montré que les interprétations faites par les cours royales étaient favorables à ce que vous combattez. Encore une fois, ce que vous voulez, c'est bien une loi restrictive de la dernière liberté laissée aux électeurs. (*A gauche : Oui, c'est cela !*)

Eh bien! cette manœuvre n'est pas nouvelle, on en a abusé également à d'autres époques ; toutes les fois qu'un gouvernement a voulu toucher à une loi électorale qui garantissait quelques droits, comme c'est un jeu périlleux, il a toujours prétendu, en prenant un langage timide et humble, il a toujours prétendu qu'il interprétait, qu'il ne réformait pas.

Ainsi, dès 1815, sous la Restauration, toutes les modifications apportées à nos lois fondamentales ont été ainsi déguisées : on nous a donné successivement la quinquennalité, le renouvellement successif, par année, des représentants du pays. Le progrès des idées s'activait cependant, alors on a bâillonné la presse ; on a porté atteinte à la liberté de la tribune ; puis est revenu le double vote ; puis la septennalité ; puis on a fractionné les élections ; on a créé des bourgs pourris ; mais le torrent grossissait toujours ; enfin on a fait un appel à la force. Le reste, vous le savez.

Messieurs, permettez-moi de le dire, la démocratie tôt ou tard doit se faire jour : toutes vos restrictions électorales ne l'en empêcheront point. Laissez-lui son libre cours, il sera pacifique et bienfaisant, cherchez à la comprimer, au contraire, en la concentrant, vous centuplez sa puissance. Si multipliées que soient vos digues, elles ne sauraient l'arrêter. Loin de là elles accélèrent et précipitent sa marche.

Je vote contre la proposition. (*Approbation à gauche.*)

———

XVIII

DISCOURS PRONONCÉ A LA CHAMBRE DES DÉPUTÉS

DANS LA DISCUSSION D'UNE PROPOSITION TENDANT A SUPPRIMER
LE TIMBRE DES JOURNAUX

(15 mars 1845)

Messieurs, nous assistons vraiment à un singulier spectacle, une proposition est faite au nom de l'opposition, proposition ayant pour objet d'accélérer la diffusion des lumières et l'éducation du pays, en facilitant la production de
toutes les nuances d'opinions; et voilà que cette proposition,
par une manœuvre habile de la majorité, se transforme en
une arme fatale pour la presse même. Au lieu de reconnaître l'utilité des journaux et leur influence favorable sur
la liberté et sur les institutions du pays, il est vraiment
incroyable qu'on vienne porter à cette tribune des vœux
tout à fait contraires. Loin de désirer l'extension des organes
de la publicité, on la déplore, on en signale les dangers, et
c'est à en diminuer le nombre que tend, sans détours, le
système de la commission. Comment, messieurs! c'est pour
organiser, c'est pour réduire en loi une proposition faite au
profit de la presse que votre commission est nommée; et,
à cette idée protectrice et libérale, elle ne trouve rien de
mieux que de substituer une législation oppressive et tyrannique!

Je le répète, c'est un spectacle vraiment incroyable, surtout quand on parle après quinze ans d'une révolution faite

par la presse, au nom de la presse, quand ce gouvernement
lui-même doit tout à la presse. On a dit aux partis avancés,
et qu'on calomniait du nom de violents, on leur a dit de
s'éclairer, d'éclairer le pays par la discussion, d'agir sur
l'opinion par les voies légales, de transporter la lutte de la
place publique dans le domaine des idées, de tendre au
progrès par les voies de l'intelligence ; et quand ils ont compris ce langage, tout d'un coup vous jetez à ce mouvement
de l'intelligence de nouvelles entraves, vous méditez de
l'emprisonner dans de plus étroites limites, vous le murez ;
vous poussez l'audace jusqu'à accréditer ce principe que,
moins il y aura de journaux, plus l'intérêt public sera
satisfait !

Vous voulez donc régner sur un pays d'ignorants et de
muets ! oh ! oui, je dis que cela est aussi douloureux qu'incroyable, et qu'il est important pour l'opposition de prendre
acte de pareilles doctrines ; car elles sont subversives de
toute liberté, ennemies de tout progrès. Puisqu'elles lèvent
ainsi la tête, je les livre au pays pour qu'il les juge. (*A gauche : très-bien ! très-bien !*)

Un mot maintenant sur le fond de la proposition.

La proposition était l'abolition complète du timbre ; au
lieu de la proclamer, la commission a consenti seulement
la réduction de 5 à 4 centimes, mais elle a proposé que cet
impôt ainsi dégrevé fût fixe, également applicable à tous les
journaux, quels que soient la dimension et le format.

Eh bien, je ne crains pas de le dire, et votre bon sens,
votre expérience ratifieront mes paroles : ce projet ne tend
à rien moins qu'à établir ou à modifier le monopole de la
presse, au profit de quelques grands journaux, et à étouffer
toute modeste concurrence. Et, en effet, ces journaux, d'une
pagination considérable, d'un format étendu, qui peut
s'augmenter encore, car vous savez, messieurs, qu'avec les
machines nouvelles, ils peuvent atteindre les dimensions

démesurées des journaux anglais et des journaux américains; ces journaux exceptionnels profitèraient seuls de la mesure proposée. D'une part, bénéficiant comme toutes les autres feuilles de la diminution du timbre; d'autre part pouvant par la couleur effacée et pâle de leur politique, par le dramatique de leurs feuilletons, par la richesse de leur commandite, avouée ou non, par le fabuleux nombre de leurs abonnés, ils accapareront toute la publicité, la moisson des annonces, l'omnipotence du journalisme, et feront peser leur intolérable tyrannie sur le pouvoir lui-même.

Est-ce là ce que vous voulez faire? tendez-vous à tuer cette presse qui appartient à des partis moins riches, mais aussi respectables et peut-être plus nombreux dans le pays, à des partis représentés en général par des journaux à plus petit format? Voulez-vous donc en finir de cette presse de province qui moralise les grands centres de population, qui éclaire et fait naître à la vie publique l'humble et utile habitant des campagnes? Voulez-vous créer, au profit de quelques habiletés industrielles ou politiques, d'irrésistibles instruments de domination, qui livreront à quatre ou cinq directeurs de journaux, les idées, l'honneur, la moralité de la France? Oh! votez, votez alors l'impôt fixe et vous aurez atteint votre détestable but. (*A gauche : très-bien! très-bien!*)

Mais, pourquoi, raisonnablement, cet impôt fixe, quand la proportionnalité de l'impôt est une maxime générale de ce pays? pourquoi cet inexorable niveau en matière de presse? quand pour toute autre branche de revenu, l'échelle de l'impôt est établie en proportion directe de la faiblesse du revenu ou de l'exiguité de l'objet imposé? Un bouge ne paye pas le même impôt qu'un château, 1 hectare que 100 hectares, quelques arbres qu'une immense forêt. Par haine contre la presse voudriez-vous donc manquer aux règles de la logique, du bon sens, et renverser dans un accès d'aveuglement le pivot même de votre budget, le principe de vos 1400 millions d'impôts? la position de la presse n'est déjà que trop inégale entre ses différents organes; vous ne pouvez point y ajouter encore.

Non! non! à moins de renier complètement votre origine et d'étouffer la pensée humaine, vous ne voudrez pas, quand elle est déjà enchaînée, et par un cautionnement énorme, et par les sommes incalculables qu'il faut pour alimenter un journal, et par des lois politiques de toutes sortes; non! vous ne pourriez humainement pas achever de l'écraser sous une semblable mesure.

Ainsi, je me résume d'un mot.

Voulez-vous venir en aide à la presse, voulez-vous faire quelque chose de profitable, d'utile à l'éducation de votre pays; supprimez ce timbre, dégrevez-le, au moins; mais, pour Dieu! que ce dégrèvement soit proportionnel; autrement, vous créerez, je le répète, contre le pouvoir même, dont je m'inquiète, moi, pour l'avenir, vous créerez une puissance formidable, la plus tyrannique, la plus honteuse, la plus exécrable, car elle aurait pour objet de spéculer sur l'ignorance du pays; de lui montrer, non la vérité, mais une vérité relative, de fausser ses nobles instincts et de le faire s'oublier lui-même dans une voie trop extrême pour que la chambre veuille s'y associer. (*Vive approbation à gauche.*)

XIX

DEUX DISCOURS PRONONCÉS A LA CHAMBRE DES DÉPUTÉS

DANS LA DISCUSSION D'UN PROJET DE LOI SUR LE RÉGIME DES COLONIES

SÉANCES DES 2 ET 3 JUIN 1845

(Séance du 2 juin)

Singulière contradiction ! Messieurs, c'est au nom des plus nobles principes d'humanité, au nom des sentiments les plus généreux, que l'honorable M. Berryer vient vous demander le *statu quo*. Sous prétexte d'une question de prérogative constitutionnelle, il ne tend à rien moins qu'à prolonger l'esclavage, qui lui inspire tant d'horreur, pour qu'on approfondisse davantage la question, et qu'on n'engage point légèrement les droits du pouvoir parlementaire.

Demander qu'on procède par la loi, et non par ordonnance, je dis que, dans les circonstances, c'est ajourner indéfiniment la loi, et que la question ainsi posée est bien posée.

Je ne parle pas, bien entendu, ni de la magnificence du langage, ni des sentiments d'éternelle justice auxquels vous avez fait appel, et qui ont servi de cadre à votre discours ; je parle simplement du but auquel votre discours conclut logiquement. Eh bien, je dis que vous êtes venu soutenir que la chambre n'a pas le droit de déposer un principe dans la loi, sur la situation des esclaves, sur leur mariage, sur les conditions de leur émancipation, en laissant les conséquences et la réglementation de ce principe au pouvoir des ordonnances.

Oh ! oui, sans doute, comme vous j'aurais préféré, pour plus de garantie, que toutes les conditions de la vie du malheureux esclave, ou que les voies qui conduiront à son affranchissement, fussent tracées dans une loi, j'aurais désiré bien d'autres améliorations encore, et de principes et de détails, pour lesquelles je fais toutes réserves au nom de la dignité humaine et des saintes lois de l'humanité ; mais le temps fuit rapidement, et la loi, amendée ici, ne pourrait plus être votée à la chambre des pairs. Je ne cède donc, en acceptant la loi, qu'à l'empire d'une invincible nécessité.

(*M. Berryer : Il n'y a donc plus de liberté pour la Chambre ?*)

Permettez ! si vous m'aviez laissé achever, vous auriez mieux compris ma pensée.

Je ne parle en rien, et vous l'avez parfaitement compris, d'un conflit possible entre les deux chambres ; je n'ai en vue que l'époque avancée de la session, les jours qui s'écoulent surchargés de travaux ; et tout le monde est d'accord sur ce point, que la chambre des pairs, qui aura à voter après nous différentes lois importantes, la loi du budjet, ne pourra, malgré les meilleures intentions, s'occuper itérativement cette année de la question de l'esclavage. (*De toutes parts : c'est vrai ! c'est vrai !*)

Revenons donc à la question.

M. Berryer a dit que la chambre, légalement, constitutionnellement, ne pouvait pas remettre à l'autorité purement exécutive le droit de régler la situation coloniale. L'honorable orateur devrait se rappeler qu'en France la situation coloniale a été réglée par ordonnances. Je le répète, il vaudrait mieux sans doute que la loi seule parlât et pût prévoir même les détails : en cela nous sommes d'accord ; mais

l'urgence, la nécessité, une fois admises — et j'ai montré ce
que, dans les circonstances, elles avaient d'impérieux — dénier à la chambre le droit de déléguer ses pouvoirs, après
qu'elle a posé les principes, c'est méconnaître les lois,
les règles immémoriales de notre droit public. (Oui!
oui!)

Je comprendrais parfaitement que si le pouvoir exécutif agissait sur des matières aussi graves que celles qui vous
ont été signalées, sans que les chambres eussent voté,
sans qu'elles eussent communiqué leur droit d'initiative
et d'impulsion, sans qu'elles eussent circonscrit les limites dans lesquelles ce pouvoir devrait se mouvoir, je comprendrais alors qu'il y eût violation de la constitution. En
dehors de là, il n'y a que hiérarchie, discipline et jeu
régulier de nos institutions. (*Approbation.*)

Le droit, la constitution, ne sont donc point intéressés
dans le débat, et si les scrupules de M. Berryer avaient
besoin d'être dissipés, les précédents de l'Angleterre devraient
suffire à le rassurer.

Et, en effet, est-ce qu'en Angleterre on a craint d'attenter aux prérogatives du parlement, lorsque la couronne,
après avoir, en 1823, en 1831, posé les principes rudi-
mentaires des améliorations à introduire, a renvoyé aux
états des colonies ou aux gouverneurs pour les colonies
conquises, les détails d'exécution ou d'administration?

(*Une voix : Pour les colonies de la couronne, mais non
pour les colonies à esclaves.*)

Pour les unes et pour les autres. Vous contestez les faits,
je demande à la chambre de les rappeler à sa mémoire.

En 1823 des résolutions furent prises pour les îles qui
n'appartenaient pas directement à la couronne, et qui
étaient elles-mêmes des États. Ces résolutions arrêtées, et
je les ai là, vous ne pouvez les nier, les principes posés, on
envoya pour en régler l'application au pouvoir exécutif.

(La même voix : Erreur !)

Comment erreur ! En 1831, l'affranchissement des esclaves de la couronne fut prononcé, et, le 2 novembre 1831, un ordre en conseil fut rendu pour les colonies conquises et placées sous l'action directe du gouvernement métropolitain. Il est, si ma mémoire est fidèle, en vingt articles ; chacun de ces articles commence par ces mots : *Pourvoir* à l'éducation, etc.; *allouer* aux esclaves, etc.; *admettre* le témoignage des esclaves, etc. : c'est-à-dire que chaque paragraphe contient un principe qu'il laisse au pouvoir exécutif le soin d'organiser et de réglementer.

Le droit ainsi fixé, messieurs, les craintes de notre honorable collègue repoussées, détruites, qu'il me permette une réflexion.

Il s'est récrié, s'est indigné presque, quand je lui ai dit que son discours tendait au *statu quo*. Vous vous rappelez cependant lui avoir entendu soutenir que l'abrutissement de l'esclave était tel qu'il n'était pas digne encore de la liberté, et il vous a rappelé Saint-Domingue pour évoquer les souvenirs sanglants que ce nom réveille.

Eh bien, moi, qui suis obligé aujourd'hui, sous l'empire de l'urgence et de la nécessité, de me contenter de la loi, je ne suis cependant pas de l'avis de M. Berryer. Non, non, je ne pense pas, quelles qu'aient été les cruautés des blancs, je ne pense pas que cette race de noirs, nos frères, soit tombée dans un tel état d'idiotisme et de dégradation, qu'ils ne puissent être, dès à présent, émancipés. Ce qui leur manque, croyez-le bien, c'est l'air seul de la liberté. « Tout homme né dans l'esclavage naît pour l'esclavage », a dit Rousseau, et l'antiquité avait dit avant lui : « Quand Jupiter condamne un mortel à la servitude, il l'y prépare en lui enlevant la moitié de sa vertu. » Brisez leurs chaînes, élevez leur âme, nourrissez leur esprit, et alors vous verrez se multiplier les preuves de leur intelligence, comme vous avez eu, dans une catastrophe récente, la preuve irrécusable de leur dévouement infini et de leurs sentiments sincères de fraternité.

Ces vils esclaves, ces êtres abjects, ne sont pas dignes encore de la liberté !

Ah ! messieurs, que je voudrais qu'il me fût permis de vous citer ici quelques fragments du beau et consciencieux travail de notre ami M. Schœlcher : ils vous peindraient si bien les progrès rapides de leur moralisation et de leur intelligence au souffle vivifiant de la liberté ! Mais souffrez au moins que je vous rappelle ce lamentable désastre de la Guadeloupe, où, au milieu des éléments déchaînés, il n'y a eu de leur part que des pensées d'abnégation et d'humanité, et cet affranchissement subit des colonies anglaises, où un million d'hommes a pu sortir de la servitude sans une pensée de vengeance, eux qui cependant avaient si longtemps et si cruellement souffert. (*Mouvement prolongé.*)

Puisqu'on a parlé de Saint-Domingue, repoussons d'un mot cette éternelle objection.

On se rappelle que les hommes de sang mêlé, quoique libres, furent exclus par les blancs des municipalités. On leur interdit même de porter la cocarde nationale. Inquiets des vues qu'ils supposaient à la constituante, les créoles menacèrent de se donner à l'Angleterre. Pensant arrêter l'effusion du sang, l'Assemblée révoqua le décret par elle porté en faveur des hommes de couleur. Ce fut alors des deux parts une guerre terrible.

L'Assemblée législative envoya des commissaires et des troupes à Saint-Domingue pour établir la tranquillité. Ces commissaires n'apportaient avec eux d'autre idée que celle de l'égalité de tous les hommes libres. C'est donc mille fois à tort que l'on attribuait au décret d'abolition de l'esclavage, postérieur à ces événements, les troubles de Saint-Domin-

gue. Les scènes horribles qui ensanglantèrent cette île, et
en particulier l'incendie du Port-au-Prince, avaient eu lieu
pendant la lutte des créoles et des hommes de couleur libres.
Reconnaissons donc loyalement, sincèrement que, faire de
la tragique histoire de Saint-Domingue un argument contre
l'émancipation de l'esclavage, c'est abuser d'un anachronisme. (*Mouvement.*)

L'honorable M. Berryer a parlé du travail libre pour vous
dire que, ne pas l'organiser avant d'émanciper les esclaves,
c'est ruiner les colonies; et après avoir longtemps laissé
planer, sous les ménagements et les voiles de sa parole, la
menace de la question anglaise, il a fini par prononcer ce
grand mot.

Le travail libre, messieurs! mais l'on sait très bien que
la loi qui est l'annexe et le complément de celle-ci cherche
à en poser les premiers jalons. Le travail libre, tous les
hommes spéciaux ont parfaitement établi qu'il est incompatible avec l'esclavage, et qu'on ne pourrait sérieusement
l'organiser que quand aurait cessé la servitude. Le demander en maintenant l'esclavage, c'est espérer avec l'esclavage
l'éducation religieuse et la moralisation ; c'est vouloir concilier deux choses qui s'entre-détruisent. C'est la question
par la question. (*Approbation à gauche.*)

Abordons la question anglaise, car il est bon aussi d'en
finir avec elle.

Messieurs, ce n'est certes pas le parti démocratique qu'on
pourra suspecter de faiblesse envers l'Angleterre. On sait
sa constante et invincible opposition aux envahissements de
cette oligarchie. Ce n'est point vis-à-vis du parti démocratique que l'Angleterre a jamais parlé un langage hautain,
et qu'elle a pu espérer de conduire à bien ses prétentions
au commerce exclusif du monde et à la souveraineté des
mers.

Il existe bien contre l'Angleterre assez de griefs légitimes et d'ineffaçables rancunes pour ne point se répandre sur son compte en fausses déclamations.

Prêter pour cause aux mesures prises par la Grande-Bretagne sur l'abolition de la traite et de l'esclavage, sa haine contre la France et le besoin d'anéantir notre commerce des Antilles, c'est se faire l'écho d'une opinion irréfléchie.

C'est n'avoir pas lu l'histoire, ou c'est la mutiler.

Qui ne sait qu'il a fallu vingt-cinq ans de lutte parlementaire à l'Angleterre pour arriver à la solution de cette question? Et pendant vingt-cinq ans une nation ne saurait donner le change au monde; il n'est point de comédie si bien jouée qu'elle puisse, pendant un tel laps de temps, tromper l'univers attentif.

Qui ne sait que le gouvernement anglais a résisté longtemps à cette mesure, et qu'il y a été entraîné par l'ascendant des masses et le courant de l'opinion publique? Qui l'y a forcé, sinon les progrès du peuple anglais dans la charité universelle? Qui ne sait encore la barrière infranchissable contre laquelle, pendant un quart de siècle, se sont brisés les efforts des Sharp, des Wilberforce, des Clarkson, des Buxton, des Brougham? efforts glorieux, puisque, par sa courageuse persévérance, Wilberforce gagna une statue à Westminster. La démocratie française, sur une motion de Levasseur (de la Sarthe), avait prononcé par acclamation, le 4 février 1794, l'abolition de l'esclavage; trente-neuf ans plus tard, le peuple anglais la décrète, à son tour. C'est dans ces immortelles questions, messieurs, que les démocraties donnent toute la mesure de leur puissance. Française, allemande, anglaise, les démocraties portent en elles la sympathie pour les grandes infortunes, et si, avec raison, des préjugés nationaux les séparent encore, elles se confondent déjà par une aspiration commune vers le soulagement des petits, des affligés, de ceux qui souffrent.

(A gauche : très-bien! très-bien!)

Soyons justes, et reconnaissons que la cause impulsive de l'Angleterre n'a pas été un sentiment étroit et mesquin de rivalité.

Ah! sans doute, j'avouerai que, depuis cette grande mesure, certains hommes d'État de l'Angleterre se sont occupés d'introduire dans les colonies de la Grande-Bretagne quelques noirs sous le nom de travailleurs libres, et que ces immigrations pourraient couvrir une traite déguisée. Qu'est-ce à dire, messieurs? que le gouvernement tromperait le vœu de la nation? Est-ce donc si rare, grand Dieu! et si la supposition devenait une réalité, qui donc empêcherait les nations maritimes du monde de rappeler l'Angleterre à la pudeur de ses engagements et des vrais principes? Il serait de bien courte durée, l'expédient qu'un gouvernement serait réduit à dissimuler ainsi : car sa dissimulation même serait un hommage aux droits imprescriptibles de l'humanité.

On s'est écrié encore : Évitez le piège! l'Angleterre reconnaît aujourd'hui qu'elle s'est trompée dans la mesure de l'émancipation. A cette banale assertion je ne répondrai que par deux citations.

Lord Stanley a pu dire au parlement (séance du 22 mars 1842) :

« Le résultat de la grande expérience d'émancipation tentée sur l'ensemble de la population des Indes occidentales a surpassé les espérances les plus vives des amis mêmes les plus ardents de la prospérité coloniale. Non-seulement la prospérité matérielle de chacune de ces îles s'est grandement accrue; mais, ce qui est mieux encore, il y a eu progrès dans les habitudes industrieuses, perfectionnement dans le système social et religieux, et développement chez les individus de ces qualités du cœur et de l'esprit qui sont plus nécessaires au bonheur que les objets matériels de la vie. »

Et sir Robert Peel, qui s'était montré peu favorable à l'abolition de l'esclavage : « C'est la plus heureuse réforme dont le monde civilisé puisse offrir l'exemple. »

Ainsi, écartons sans hésiter la question politique, écartons la question de rivalité nationale, la question d'insuccès de la part de l'Angleterre, et revenons à la seule question qui s'offre vraiment ici : Faut-il, dans l'intérêt des esclaves nos frères, adopter ou rejeter la loi aujourd'hui en discussion ? (*Voix nombreuses : C'est cela!*)

La loi en discussion ! oh ! oui, c'est là un grave sujet de responsabilité.

Qu'il me soit permis d'exprimer toute mon anxiété à cette tribune, et d'associer la chambre aux combats que se sont livrés depuis quelques jours mon cœur et ma raison. A moi aussi la raison, la logique me disaient qu'il faudrait rejeter ou au moins amender cette loi qui violait la dignité humaine en reconnaissant l'esclavage, qui consacrait l'iniquité en obligeant le pauvre esclave à payer pour un crime qui est celui de la société, et dont la société devrait au contraire l'indemniser.

Ma raison me disait encore que, du moment où, d'après cette loi même, tout esclave n'était plus une chose, les tortures corporelles devraient cesser pour lui ; qu'il était cruel et profondément immoral qu'on pût infliger à des femmes et à de misérables enfants l'horrible châtiment du fouet ; qu'il ne pouvait pas être permis à des magistrats, à des prêtres, protecteurs naturels des opprimés, de posséder des esclaves. Oui, voilà ce que me disait ma raison, quand mon cœur m'a répondu que cette loi, ajournée d'une année, pourrait être une nouvelle source de châtiments terribles ; que chaque cri de douleur poussé au delà de l'Atlantique viendrait troubler mon âme ; que chaque goutte de sang répandue retomberait sur moi ; et alors ma raison s'est inclinée devant mon cœur ému, et je me suis promis de voter la loi sans modifications, sans amendement. (*Très-bien! très-bien!*)

C'est au nom de ces sentiments, que M. de Gasparin est digne de comprendre, lui dont la parole ardente et convaincue a si bien servi cette sainte cause, c'est au nom de ces sentiments que je l'adjure de retirer ses amendements. (*Très-bien! très-bien!*) Les excellentes améliorations qu'il voulait introduire, eh bien, quand cette loi, telle quelle, aura déjà apporté quelque adoucissement, l'an prochain, nous les porterons à cette tribune, et notre voix ne demeurera pas sans écho.

Mais, dès à présent, il est deux principes qui peuvent nous permettre de l'adopter. Le premier, c'est le rachat forcé. Pour être fécondé, celui-là, il n'a besoin que de la charité privée, mais grande, dévouée, universelle. Les prêtres enseignent que tous les hommes sont frères, que les ministres qui possèdent des esclaves manquent aux saintes lois de l'Église ; eh bien, que leurs temples s'ouvrent en faveur de l'œuvre de l'esclavage, et qu'ils quêtent en son nom.... Les femmes n'ignorent plus que de pauvres femmes, leurs sœurs, sont lacérées sous le fouet d'un commandeur ; eh bien, qu'elles quêtent en leur nom, que chacun de nous apporte son obole, et nous verrons se renouveler dans notre société mondaine cette admirable institution d'un autre âge ; cette institution si éminemment charitable des Pères de la Merci. Comme eux, nous irons racheter de l'esclavage nos frères d'Afrique ! (*Très-bien! très-bien!*)

Il est encore un principe non moins tutélaire, c'est celui qui fait enfin peser sur le maître le niveau de la responsabilité légale. Autrefois il n'était presque comptable que de la mort, — et même l'était-il bien sérieusement ? — par lui donnée, à son esclave. Aujourd'hui il doit compte de toute punition et l'excès sera frappé d'une peine. On ne peut guère se croire d'une nature supérieure, quand il faut courber aussi

sa tête sous la loi commune. Croyez-moi, les sentiments de
l'orgueil révolté ou d'un sordide intérêt fléchiront sous la loi
que vous allez rendre (*très-bien !*); et, j'en suis bien convaincu, quand il n'y aura plus de la part du gouvernement
d'hésitation ou de temporisation possible, quand le colon
comprendra bien que l'heure a sonné, que les temps sont
accomplis, il dépouillera le vieil homme; sa nature heureuse et facile, viciée seulement par une abominable institution, reprendra le dessus ; comme le maître des colonies
anglaises, il sera assez intelligent pour se mettre à la tête
du mouvement et provoquer lui-même l'émancipation. (*Vive
approbation.*)

(Séance du 3 juin)

La chambre sait, messieurs, quels sentiments d'humanité me donnent le désir de voir adopter la loi, même sans
amendement, puisque nous sommes sous l'empire d'une
pressante nécessité ; mais je me dois à moi-même, je dois
à ma conscience de protester contre les paroles que M. le
ministre vient de prononcer tout à l'heure, et qui vont jusqu'à substituer à la justice l'arbitraire le plus illimité. Oui,
messieurs, le système de M. le ministre, c'est le pouvoir
arbitraire remis aux mains des magistrats qui, de l'avis de
tous, ne présentent pas des garanties suffisantes.

(*Voix diverses : En ce cas, votez l'amendement !* —
Bruit.)

Monsieur le président, je vous prie de réclamer le silence
de faire respecter l'orateur, ou de lever la séance.

(*Le silence se rétablit.*)

On a l'air, messieurs, de se méprendre sur mes intentions : non, je ne veux pas voter l'amendement; car, encore
une fois, voter l'amendement, c'est ajourner indéfiniment

la loi ; mais sans voter l'amendement je puis réclamer des garanties qu'une simple ordonnance suffirait à accorder.

Toutefois, avant d'examiner cette question de forme, disons un mot de la mesure en elle-même.

Cette mesure, dit-on, qui consisterait à interdire aux magistrats coloniaux le droit de posséder des esclaves, est tyrannique, exorbitante. Et cependant, messieurs, ce n'est autre chose que la disposition si sage et si prudente de vos anciennes lois françaises, et de l'ordre en conseil rendu par l'Angleterre en 1831. A cette époque, en effet, un bill a été porté, qui contient une interdiction formelle. On y lit qu'aucun magistrat, qu'aucun gouverneur, qu'aucun prêtre ne pourra posséder des esclaves, parce que les uns ne sauraient enseigner avec succès une religion d'égalité et de fraternité, en consacrant, par leurs propres exemples, ce qu'il y a de plus horriblement inégal, et de plus antifraternel au monde, l'esclavage ; parce que les autres ne peuvent posséder comme meubles les créatures mêmes que le gouvernement leur impose le devoir de protéger : autrement ils seraient juges et parties dans toutes les causes où ils ne doivent apporter que l'impassibilité de la loi. (*A gauche : Très-bien, très-bien !*)

En fait, on a d'abord répondu que ces précautions devenaient inutiles en présence d'une magistrature qui n'avait jamais failli à son auguste mandat ; que le ministère sacré du juge, aux colonies, ne s'était jamais ressenti de l'influence pernicieuse du milieu où il s'exerçait.

On veut donc des exemples ? Eh bien, qu'on me permette, entre mille, d'en citer deux auxquels vous trouverez, je crois, une certaine gravité.

« Le 19 février 1840, l'esclave Adonis vient se plaindre à la gendarmerie d'avoir été soumis à des châtiments excessifs. On le renvoie au maire de la commune de son quartier, M. Belloc, maire de Saint-François, qui, pour lui apprendre à porter sa plainte, fait donner un quatre-piquets (c'est-à-dire 25 coups de fouet) à ce malheureux, en présence même de la gendarmerie,

« Le juge de paix du Moule dénonce le fait au procureur du roi, M. Marrait, par une lettre en date du 22 février 1840, rappelée dans une autre lettre du 4 mars 1840. Le procureur du roi ne répond pas. Une nouvelle lettre du 7 mai informe le procureur général, M. Bernard ; le procureur général ne répond pas davantage. L'affaire en reste là. » (*Mouvement prolongé.*)

L'honorable M. Chégaray, qui protestait tout à l'heure si énergiquement au nom des procureurs généraux, trouvera-t-il ce fait assez significatif?

(*Ce député fait observer que ce sont là des allégations sans preuves.*)

Sans preuves! Ah! je vous citerai bientôt la source incontestable à laquelle, entre mille autres, je le répète, j'ai puisé ce fait, et personne ici ne pourra la récuser, plus qu'il ne l'a été aux colonies. Mais permettez, auparavant, que je vous cite un abus non moins révoltant, commis, cette fois, non par un juge, mais par un administrateur.

Ici ce n'est plus un esclave à qui on refuse justice, c'est une femme libre qu'on va vendre, en violation de tous les droits.

Non, non, ce ne sont point des allégations, je citerai les dates et les noms.

« La nommée Manette, arrêtée *divaguant* (1), le 1er novembre 1836, resta à la geôle de la Basse-Terre jusqu'au 25 février 1838, quoiqu'elle se dît libre. Elle ne justifiait ses allégations, il est vrai, par aucun titre ; *mais personne ne la réclamait*, et nul durant *ce long espace de temps* ne fit valoir de droit sur elle. Toujours malade, d'ailleurs, et cau-

---

1. C'est le terme des colonies qui exprime l'état du vagabondage.

sant de grands frais à la geôle, Manette embarrassait fort le concierge. Il rendit compte à l'administration, et, *sur autorisation du directeur de l'intérieur*, il vendit l'épave à un M. Bourreau, habitant de la Capestre, pour *six barils de farine de manioc, destinés à éteindre une partie des frais qu'elle avait causés à la geôle*. M. Bourreau revendit la pauvre femme, avec bon bénéfice, à un M. Delaville, brave homme chez lequel elle se trouvait encore au mois de décembre 1839. » (*Sensation.*)

(*Plusieurs voix : L'auteur ?*)

L'auteur de l'ouvrage? (*Oui! Oui!*)

L'auteur de l'ouvrage est un homme au cœur excellent, à la parole sûre, dont la consciencieuse exactitude n'a jusqu'ici été mise en défaut par personne.

(*Les mêmes voix : Le nom! le nom!*)

Son nom est parfaitement connu, et mérite d'être honoré pour les services éclatants qu'il a rendus à la cause de l'émancipation : c'est M. Schœlcher. (*Interruption et rires.*)

Permettez-moi de dire à l'interrupteur que la réputation de l'estimable et courageux M. Schœlcher vaut, à tous égards, la réputation de celui qui rit en ce moment.

Les faits consignés dans son ouvrage, je le répète, n'ont été démentis par aucun des hommes qui, gagés ou non, ont soutenu en France ou aux colonies la cause de l'esclavage. C'est, je ne crains point de le dire, un ouvrage classique, un ouvrage faisant loi, qui survivra à l'esclavage pour le faire détester à nos enfants.

Voilà donc des faits d'une extrême gravité, qui n'ont point été réprimés par l'autorité supérieure, et qui établissent que les magistrats des colonies ne sont point suffisamment surveillés, et que les fonctionnaires possesseurs d'esclaves ne peuvent pas faire respecter la loi.

Je termine par un mot sur la question de forme. Non, ne

le croyez pas, nous n'avons pas besoin, pour obtenir la garantie si justement sollicitée, nous n'avons pas besoin d'ajourner la loi par un amendement, ce qu'encore un coup je considérerais comme affligeant. Le régime des ordonnances et le bon vouloir du gouvernement suffiraient.

Les ordonnances antérieures à 1828, le régime du Code noir lui-même prohibaient pour les magistrats la possession des esclaves. En 1831, l'Angleterre avait condamné cette possession comme un odieux scandale. On ne pouvait pas, à ses yeux, faire respecter la loi écrite, et violer la plus sainte de toutes les lois, la liberté, la fraternité humaine. (*Très-bien! très-bien!*)

D'anciennes dispositions, émanées non de la loi, mais du pouvoir exécutif, avaient consacré cette indispensable garantie ; que le pouvoir exécutif les exhume donc et les ravive, qu'il en recommande l'exécution et en honore la pratique par une constante sollicitude. Plus d'hésitation, plus d'ambiguités, plus de réticences sur ce point de la part du ministère, plus d'arbitraire abandonné au magistrat! Au milieu de ces grands conflits d'intérêts qui peuvent s'élever, ce que nous demandons pour tenir d'une manière rassurante les balances de la justice, ce sont des mains dépouillées de toutes espèce d'intérêt. (*Très-bien! très-bien!*)

Ainsi, on comprend bien qu'il ne s'agit plus d'amendement, et qu'il ne faut de la part du ministre qu'un engagement d'honneur aujourd'hui, une ordonnance qui, plus tard, le consacre, et pardessus tout une volonté inébranlable. (*Très-bien! très-bien!*)

XX

DISCOURS PRONONCÉ A LA CHAMBRE DES DÉPUTÉS

DANS LA DISCUSSION DU BUDGET, A L'OCCASION DES DÉPENSES FAITES POUR LES FORTIFICATIONS DE PARIS ÉLEVÉES EN EXÉCUTION DE LA LOI DE 1841

(19 juin 1845)

MESSIEURS,

Une double question se présente, celle de l'emploi des 7 ou 8 millions votés pour indemnités des servitudes à établir sur certains terrains compris dans les zones. C'est à mes yeux le point le moins important en ce moment. J'y reviendrai tout à l'heure ; puis la question beaucoup plus grave de savoir si, dans les zones de 250 mètres qui s'étendent à partir des capitales, on peut ou l'on ne peut pas bâtir. Oui, cette question est grave ; car vous avez été tous frappés, en sortant de l'enceinte de Paris, à l'aspect de constructions considérables....

(Le commissaire du roi : Permettez, je reconnais avoir fait un oubli, j'ai dit que, pour appliquer les servitudes autour de Paris, il faudrait qu'il intervînt une ordonnance....)

J'accepte ces paroles, et j'en prends acte. Je désire insister cependant pour avoir une réponse plus solennelle et obtenir de M. le ministre de la guerre qu'il veuille bien remédier par une disposition de loi formelle à cette situation ambiguë, périlleuse, intolérable des nombreux propriétaires de la banlieue.

Je disais donc tout à l'heure, messieurs, que vous avez dû être tous frappés des constructions considérables qui s'élèvent, comme par enchantement, depuis deux ou trois ans dans la zone des fortifications de Paris ; outre des milliers d'habitations, on y voit se dessiner, à l'horizon, de gigantesques usines, de grands magasins, des manufactures.

On estime à environ 25 millions les propriétés érigées dans ce périmètre depuis la loi de 1841. (*Mouvement.*)

Vous voyez si l'intérêt est grave et mérite une sérieuse attention.

Eh bien, tous ces bâtiments, toutes ces richesses ont-ils une base légale indestructible, ou sont-ils livrés aux chances capricieuses de l'arbitraire ministériel ? Sur un simple arrêté émanant du département de la guerre, pourra-t-on faire disparaître, sans indemnité, ces nombreux immeubles, balayer ce terrain, et faire place nette, comme on dit militairement ?

Voilà bien l'état de la question, messieurs ; question si digne d'intérêt, que non seulement elle a ému les habitants de la banlieue, mais que les officiers supérieurs, qui ont présidé à la construction des fortifications, s'en sont préoccupés vivement. Quelques-uns d'entre eux ont même pensé qu'il était impossible de ne pas demander immédiatement une solution définitive à la loi.

Pour éclairer rapidement le débat, permettez-moi, messieurs, de mettre sous vos yeux l'art. 7 de la loi de 1841 :

« La ville de Paris ne pourra être classée parmi les places de guerre qu'en vertu d'une loi. »

Or, dit-on d'un côté aux propriétaires de la banlieue : ayez confiance, Erigez, Érigez, vous n'aurez rien à craindre tant qu'une loi n'aura pas classé Paris parmi les places de guerre; et ceux à qui cet argument suffit se mettent à l'œuvre et construisent.

D'un autre côté, des esprits expérimentés, des hommes prudents, les tiennent en éveil. Prenez garde, leur crie-t-on, que le silence du gouvernement ne soit perfide et ne couvre, plus tard, une dépossession ruineuse, sans compensation, sans indemnité.

En temps d'urgence, c'est la politique, la façon d'agir des gouvernements; et, à cette dépossession violente, ne pourrait-on pas trouver une apparence de droit dans la disposition de ce passage de l'art. 8 de la loi de 1841, portant :

« La première zone des servitudes militaires, telle qu'elle est réglée par la loi du 17 juillet 1819, sera seule appliquée à l'enceinte continue et aux forts extérieurs.

« Cette zone unique de 250 mètres sera mesurée sur les capitales des bastions, et à partir de la crête de leurs glacis. »

Ce texte, messieurs, peut, en effet, laisser supposer que les servitudes sont, dès aujourd'hui, établies, et les alarmistes viennent encore fortifier cette interprétation en invoquant les paroles consignées dans le rapport de la loi des fortifications présenté devant la chambre des pairs.

En voici les termes : « Nous devons faire observer que quoique l'art. 7 du projet de loi énonce que Paris ne pourra être classé parmi les places de guerre qu'en vertu d'une loi — j'appelle l'attention de la chambre sur ce passage — le gouvernement entend, quant aux servitudes qui s'attachent à la conversion d'une ville en place de guerre, et qui sont la suite de l'existence des fortifications, qu'elles seront *immédiatement* établies; elles correspondent aux ouvrages, c'est-à-dire que, dès qu'un ouvrage de l'enceinte ou des forts sera construit, la zone militaire sera tracée en avant de ces ouvrages, en mesurant 250 mètres à partir de la crête des glacis. »

Vous voyez en effet, messieurs, qu'ils sont assez significatifs. Jusqu'ici il ne peut donc y avoir, d'après les textes,
que doute, incertitude, hésitation ; car, dire d'un côté que
Paris ne sera constitué place de guerre qu'en vertu d'une
loi, ce n'est rien décider sur la question ; c'est établir seulement que, eu égard à son importance politique et com-
merciale, Paris, la grande cité, ne sera pas traité comme
les villes ordinaires ; c'est poser encore que les zones des
servitudes de ses fortifications ne pourront point être de
4000 mètres comme dans les autres places ; mais ce n'est
pas dire qu'elles ne seront pas, dès à présent, de 250 mètres, ce que semble supposer l'art. 8 de la loi du 3 avril
1841, et encore plus le rapport devant la chambre des
pairs que je viens de citer.

En présence de ces contradictions et de ces ambiguïtés,
examinons la marche des tribunaux ; la thèse s'est offerte
à eux dans une circonstance récente, dont je puis parler
avec d'autant plus d'exactitude que j'ai pris au débat une
part active. Le tribunal de Versailles a décidé qu'en vertu
de la loi de 1841, expliquée par les rapports, les servitudes
existaient dès à présent ; que, par conséquent, il y avait
lieu, dès aujourd'hui, à payer indemnité aux propriétaires
ainsi dépossédés de la partie la plus notable du domaine
utile.

La Cour de cassation a statué, vous disait-on. Oui, sans
doute, mais non sur la question même qui nous occupe.
Elle a simplement cassé, par un moyen de forme, pour un
vice de procédure tout à fait étranger au fond. Le fond
renvoyé devant le tribunal de Melun, ce tribunal, par un
jugement que vient de vous citer M. de Lasteyrie, a décidé
en sens diamétralement opposé ; c'est-à-dire qu'il n'y avait
pas servitudes, Paris n'étant pas classé place de guerre, et
qu'il n'y avait, par conséquent, point lieu à indemnité.

Donc, partout dans les textes comme dans leur interprétation, dans l'administration comme devant les tribunaux, partout confusion, incertitude, obscurité. Quand 25 millions reposent déjà sur de tels nuages, quand demain ce chiffre peut être doublé; au milieu d'un tel chaos, y a-t-il situation normale, juste, tranquillisante pour les citoyens ou pour l'État? Si de la part des premiers il y a légèreté ou imprudence, de la part du gouvernement il y aurait forfaiture et crime à ne point s'expliquer. (*Très-bien! très-bien!*)

Aussi est-ce sans esprit de parti, sans intention d'opposition, que je viens dans l'intérêt des citoyens, dans l'intérêt de l'État, demander une réponse non équivoque, mais formelle et catégorique. Oui, dans l'intérêt des citoyens; car les transactions privées, les engagements de famille ne peuvent flotter plus longtemps au gré du caprice et de l'arbitraire; dans l'intérêt de l'État, car si, pour faire planer légalement, constitutionnellement, les servitudes sur les terrains compris dans les zones, une mesure législative ou de haute administration devait être prise, et qu'elle ne l'eût point été jusqu'ici, chaque jour, chaque heure de retard, grève le trésor d'indemnités futures dont la négligence du ministère devrait le rendre responsable.

M. le Commissaire du Roi résout, il est vrai, la question d'un mot, en répondant qu'une ordonnance royale interviendra; je lui demande où il a appris cela?

(*Le Commissaire du Roi : Dans l'art. 1er de la loi de* 1819.)

J'accepterai pour mon compte, je le répète, la solution de M. le Commissaire du Roi; mais, comme l'administration a déjà tergiversé dans ses réponses, comme déjà elle a eu des solutions selon les personnes et les circonstances, que l'opinion de M. le Commissaire du Roi ne peut être qu'individuelle, et que les paroles sont quelque chose d'éminemment fugitif, je persiste à demander que, dans une question de cette gravité, on propose à notre délibération un projet de loi qui tranche irrévocablement la difficulté.

Vous semblez dire que l'art. 7 de la loi de 1841, renvoyant à l'art. 1er de la loi de 1819, une ordonnance royale pourrait seule asseoir de fait les servitudes que la loi de 1841 n'a fait que consacrer en principe. D'abord est-il vrai que la solution soit aussi facile et aussi indiscutable, quand le rapport devant la Chambre des pairs semble proscrire cette interprétation, quand l'administration l'a primitivement méconnue, et quand le conseil général de la Seine a plusieurs fois invité M. le préfet à solliciter une loi expresse.

Et si, enfin, il était vrai que cette opinion fût la bonne, qu'une ordonnance du roi rendue en exécution de la loi de 1819 pût seule faire courir au profit de l'État le droit de servitude, c'est-à-dire le droit de renverser sans indemnité toute construction érigée postérieurement à la publication de l'ordonnance, oh! mais, alors, pourquoi tant et tant de lenteur dans l'émission de cette ordonnance. Si cet oubli calculé avait eu pour objet de laisser accomplir, sans exciter de trop vives réclamations, l'œuvre détestable des fortifications, un tel système serait vraiment bien coupable, car il aurait volontairement grevé l'avenir du trésor de charges qui effrayent la pensée. Mais quelles qu'aient été les causes de cette marche tortueuse et inexplicable, ce qu'il faut aujourd'hui, c'est un terme à un tel état de choses.

La chambre ne saurait donc plus se contenter d'allégations et de paroles ; ce qui est urgent dans l'intérêt de l'État, dans l'intérêt des transactions privées, c'est un texte qui décide ou qu'il n'y a point de servitudes encore, c'est-à-dire que toute expropriation des constructions élevées depuis la loi de 1841 sera indemnisée ; ou bien qu'il y a eu servitudes à partir de 1841, et que tout bâtiment érigé postérieurement sera détruit sans indemnité. Et que ce texte soit clair, précis, sans ambages, pour ne rien laisser à la spéculation ni à la ruine.

Quant à l'autre question, messieurs, que je n'avais fait que poser en passant, j'y reviens d'un mot. Celle-ci n'est plus une question de droit, elle est purement politique. Lors de la présentation de la loi des fortifications devant la Chambre des pairs, M. le Ministre de la guerre avait, entre autres allocations, demandé 6 à 7 millions à affecter à des acquisitions de terrains, dans la zone des servitudes, pour protéger en cas de guerre dans des travaux ouverts à la gorge, les abords des routes qui aboutissent à l'enceinte. Ce qu'il y a de sûr, c'est que ces terrains n'ont point été achetés ; c'est que les indemnités de servitudes n'ont point été payées. Les fonds ont été votés, cependant ; touchés aussi ; employés, où ? C'est l'énigme. L'application n'en a été justifiée dans aucun budget. Que vous a répondu, à cet égard, M. le Commissaire du Roi ? ce qu'on avait déjà répondu, à plusieurs reprises, dans d'autres sessions : quelque chose d'inintelligible, de vague, d'insaisissable. Eh bien, ce que l'opposition a l'audace de rechercher, moi, je vais le lui dire : Les fonds ont été détournés de leur destination, et employés à quelque bastille de prédilection, comme Vincennes, Aubervilliers, où Canonville. (*Murmures au centre — A gauche : très-bien !*)

Revenons à la question des servitudes :

La chambre me permettra d'insister en considération de l'importance de cette question. Elle sent parfaitement toute l'influence que les paroles prononcées dans cette enceinte peuvent avoir dès demain sur la hausse ou sur la baisse des propriétés situées dans la zone des servitudes. Je désire donc, autant qu'il est en moi, pousser cette question à fond et en avoir le dernier mot pour faire cesser toute incertitude.

Je crois, si je ne me suis trompé, que M. le ministre

de la guerre a émis l'opinion que, depuis que la loi du 3 avril 1841 avait été rendue, les terrains se trouvaient suffisamment grevés de servitude. Il me semble, d'un autre côté, avoir entendu M. le Commissaire du Roi exprimer un avis tout à fait contraire.

Il a dit que c'était seulement à partir de l'ordonnance à rendre, en exécution de la loi de 1819, que les terrains *seraient* grevés de servitude.

Je n'ai pas besoin de faire ressortir, messieurs, l'immense différence qu'il y a entre ces deux opinions ; si celle de M. le ministre de la guerre prévalait, il en résulterait manifestement que les 25 millions de propriétés bâties pourraient être supprimées, sans compensation, sans indemnités, tandis que si l'opinion de M. le Commissaire du Roi était fondée, elle aurait pour conséquence de reconnaître la légitimité du droit de construire dans la zone présumée jusqu'au moment où le pouvoir royal ordonnerait le tracé de la zone sur le terrain ; c'est-à-dire que, jusqu'à l'ordonnance future, tout propriétaire qui construirait serait assuré de recevoir la valeur de la dépréciation qu'éprouverait son immeuble.

Pour faire bien comprendre à la chambre que l'opinion de M. le Commissaire du Roi est la seule fondée en droit, qu'il me soit permis de mettre sous ses yeux les termes de l'art. 1er de la loi de 1819.

« Lorsque le Roi aura ordonné soit des constructions nouvelles de place de guerre ou postes militaires, soit la suppression ou démolition de ceux actuellement existants, soit des changements dans le classement ou dans l'étendue des dites places ou postes, les effets qui résulteraient de ces mesures, dans l'application des servitudes imposées à la propriété en faveur de la défense, par la loi du 10 juillet 1791, ne pourront avoir lieu qu'en vertu d'une ordonnance du roi publiée dans les communes intéressées, et d'après les formes prescrites par la loi du 8 mars 1810. »

Tenons donc, maintenant, pour démontré que tant qu'il
n'y aura pas une ordonnance du roi rendue en exécution
de la loi de 1919, les terrains ne seront pas grevés de servitude, et que toute expropriation de constructions élevées
avant l'ordonnance devra être indemnisée.

J'ajoute, comme surcroît de raisonnements que la loi de
1819 a été interprétée en ce sens par une ordonnance du
roi rendue le 28 juillet 1720 : « Les propriétés particulières ne peuvent être réunis au domaine de l'État, dans
l'intétêt des places de guerre, que suivant le mode prescrit par les lois des 10 juillet 1891, 8 mars 1810 et 17 juillet 1819, pour les expropriations pour cause d'utilité publique, et que tout autant que le gouvernement a consacré la mesure. Le fait de l'autorité militaire subalterne
s'emparant de la propriété privée est un excès de pouvoir ;
le propriétaire lésé peut s'adresser à l'autorité judiciaire
pour se faire maintenir dans son droit de propriété. »

Ainsi, plus de doutes, plus d'hésitations, plus de craintes
possibles. La solution donnée par M. le Commissaire du Roi
l'emporte sur celle hasardée par M. le ministre de la guerre
parce que, à part l'équité, elle repose sur une base immuable, incontestée : l'art. 1er de la loi de 1819, (*Aux voix! aux
voix!*)

XXI

DISCOURS PRONONCÉ A LA CHAMBRE DES DÉPUTÉS

DANS LA DISCUSSION DU BUDGET DE LA MARINE, POUR REPROCHER AU GOUVERNEMENT
L'ÉTAT D'ABAISSEMENT DANS LEQUEL IL LA LAISSE

(20 juin 1845)

MESSIEURS,

Je crois résumer parfaitement le sentiment unanime de
la Chambre en disant que c'est le cœur profondément affligé
que j'aborde la tribune. Non! non! ne le croyez pas, ce
n'est pas comme homme de parti que je prends la parole
en une telle circonstance. En présence du douloureux
tableau qui vient d'être déroulé sous vos yeux, toutes les
divisions cessent pour ne laisser place qu'à un seul sentiment. Quand il s'agit de notre honte ou de notre gloire, on
ne se demande plus si l'on est démocrate, opposant ou
conservateur, on doit être et on est seulement Français.
(*Très-bien! très-bien!*)

Oh! oui, la Chambre a été bien péniblement émue au
récit des faits que lui a présentés M. Rihouet. C'est qu'en
effet ils sont graves, en eux-mêmes, Messieurs, puisqu'ils
établissent sans réplique l'abaissement de notre pays vis-à-
vis de l'étranger, et que, de leur rapprochement — chose
incroyable! — ressort la preuve que le gouvernement renversé en 1830 abandonnait moins que celui-ci nos moyens

dc défense extérieurs ; et cette gravité serait encore augmentée, s'il était possible, par la position même de M. Rihouet, par le parti auquel il appartient dans cette enceinte, et par les faits qu'il nous a laissé deviner sous ceux même qu'il énumérait. Comme il vous l'a dit, ce n'est point une guerre de ministère qu'il est venu faire, et, pour accuser ses amis, il fallait que sa conviction fût bien profonde et que le sentiment du devoir fût bien impérieux.

A cette accusation si écrasante par le calme même qu'a gardé son auteur, qu'a répondu le ministère ? a-t-il nié les faits ? non ; les a-t-il atténués ? non encore. Il les a confessés dans toute leur étendue, et il s'est contenté de supposer que les fonds mis à sa disposition n'étaient pas assez considérables. Il a parlé d'une augmentation dans l'effectif des troupes de marine, d'un accroissement de dépenses nécessité par l'extrême division de nos escadres sur plusieurs points du globe ; en un mot, il a laissé croire à la pénurie des allocations, à l'insuffisance des sommes votées.

Mais il a protesté de ses bonnes intentions et de ses vœux pour la grandeur et l'éclat de nos forces navales.

Ces intentions, Messieurs, sont-elles aussi sincères qu'on le croit ? La conduite du gouvernement ne permet-elle pas d'en douter ? Vous rappelez-vous cet amendement de 5 millions proposé par l'opposition et voté malgré le ministère ? Cette allocation que le ministère repoussait était cependant destinée à augmenter les moyens de défense de la flotte. (*Du tout ! du tout ! — Si ! si ! — Agitation.*)

Je suis dans le vrai, et j'insiste. Oui, c'est bien l'opposition qui a voté cette augmentation ; l'amendement de l'honorable M. Lacrosse a passé malgré la volonté du cabinet. (*Nouvelle interruption.*)

Je puis donc dire qu'il y a contradiction entre les vœux apparents du ministère et sa conduite réelle, puisque les

5 millions de l'amendement de M. Lacrosse lui ont été, qu'on me permette l'expression, infligés malgré lui. (*Non! non! — Si! si!*)

Vous faut-il une autre preuve du mauvais vouloir du gouvernement touchant le sort de notre marine ? Eh bien, la voici :

Dans la session de 1840 à 1841, la Chambre, justement préoccupée de la gravité de la situation, vote des subsides pour maintenir un certain nombre de bâtiments en commission de rade. Qui pourrait le croire! Le ministre ne tient aucun compte de la décision de l'Assemblée, et ne daigne même pas employer les fonds votés; et c'est là ce qu'on ose appeler de bonnes intentions pour la prospérité de notre marine, des vœux pour l'indépendance et l'honneur de notre pays!

Faut-il continuer? (*oui! oui!*) eh bien, vous allez voir, de la part du ministre même qui siège sur ces bancs, vous allez voir la même persévérance à résister aux manifestations du pouvoir législatif.

Ainsi, dans le budget de 1844, il demande les fonds nécessaires pour exécuter trois vingt-quatrièmes pour les vaisseaux à trois ponts, il n'en exécute aucun; cinq vingt-quatrièmes pour les vaisseaux de troisième rang, il n'en exécute qu'un seul; six vingt-quatrièmes pour les frégates de premier rang, on n'en exécute aucun. (*Mouvement.*)

Osera-t-il encore hasarder cette excuse, que si la marine est encore aujourd'hui en souffrance, que si elle est dans un état visible d'abaissement, c'est parce qu'il a manqué de fonds, lorsque les fonds votés ne sont même pas utilisés. Puis, ne savez-vous pas que, quand il s'agit de l'honneur de la France, de son pavillon, de son indépendance, c'est avec profusion, c'est à pleines mains que les allocations vous seraient accordées. (*Très-bien! très-bien!*)

Messieurs, cette situation est des plus effrayantes, et, je

le répète, j'en suis profondément ému. Qu'y a-t-il donc, en effet, au fond de tout ceci? Quelque chose de mystérieux et de fatal, qui domine la volonté de la Chambre, enchaîne son autorité, résiste à ses vœux les plus solennellement exprimés. Savez-vous bien, Messieurs, que ce je ne sais quoi d'inerte et d'insaisissable peut, dès demain, en cas de conflit maritime, se traduire en une défaite irréparable? (*Mouvement.*)

Et ici, ce ne sont pas des déclamateurs, comme vous les appelez, qui, dans des prophéties sinistres, vous signalent l'imminence du danger. Non, non, ce sont des vôtres, c'est un des vôtres, M. Rihouet, que sa conscience alarmée force à parler; c'est une commission composée des vôtres, la commission du budget, qui imprime ces paroles : « Nous ne nous donnerons pas le plaisir d'exposer nos misères. »

Rapprocherai-je de ces tristes paroles les passages d'une brochure publiée, il y a quelques mois, par un auteur dont le nom doit avoir aussi sur vous une certaine autorité? Il ne peut pas vous être suspect quand il vous dit : « Malgré tous les chiffres alignés, nous n'avons qu'une force navale impuissante, une flotte dont l'existence, purement nominale, n'est que sur le papier. »

Et ailleurs, en parlant de notre marine à vapeur : « Si je traçais ici le tableau réel de notre marine à vapeur, si je disais que sur les quarante-trois navires à flots que comporte le budget, il n'y en a pas dix qui puissent soutenir la comparaison avec les navires anglais, on ne me croirait pas, et je n'aurais pourtant avancé que la stricte vérité. »

Ah ! je sais bien que les optimistes, que les endormeurs diront que le danger existe justement dans ces exposés publics ; que c'est nous qui le créons, et qu'il y a crime de notre part à venir ainsi mettre à nu, aux yeux du pays et du monde, les témoignages affligeants de notre faiblesse et de notre impuissance ! Je réponds, moi, que le crime con-

sisterait dans un lâche silence, qu'il faudrait plus tard
expier par de honteux revers. (*Mouvement.*)

Et j'ajoute que le mal est si grand qu'à peine d'assumer
une bien grave responsabilité, il n'est plus permis de se
borner à de vaines et stériles doléances. Est-ce donc la
première fois que cette situation désespérante vous est
signalée? Est-ce la première fois que votre commission du
budget adjure, en termes plus ou moins énergiques, le
ministre de souscrire aux vœux du pays? Y a-t-il été fait
droit? Non, au contraire, chaque année la position s'aggrave.

Si donc la Chambre veut véritablement soutenir l'honneur national, défendre l'indépendance du territoire, eh
bien, Messieurs, plus de mots superflus, des actes, plus de ces
comédies qui viennent se renouveler périodiquement! (*Réclamations au centre*), il faut quelque chose de grave et de
décisif dans les résolutions de la Chambre. (*Approbation à
gauche.*)

Une enquête vraie sur cette situation toujours inextri-
cable qu'on espère couvrir par de fallacieuses paroles, ou
de faux semblants, et, après l'enquête, la responsabilité à
qui de droit. (*Mouvement.*)

Que le gouvernement y prenne garde, le vœu de la
France n'admet pas d'équivoque; elle veut une marine
forte pour se défendre d'abord contre l'Angleterre, et pour
soutenir avec succès, soit à elle seule, soit à la tête des
marines secondaires, le grand principe de la liberté des
mers. (*Vif assentiment.*)

Eh bien, continuer plus longtemps de résister à ce besoin
énergique du pays, ce serait faire croire à un plan systématique et arrêté d'abaissement et de sacrifices vis-à-vis
de l'Angleterre. (*Mouvement*).

Oui, encore un coup, que le gouvernement y prenne
garde, car telle a été aussi la politique dynastique du
Régent, qui après avoir exposé la France à toutes sorte

d'humiliations pendant la paix, a causé les désastres maritimes du règne de Louis XV, a préparé la perte de l'Inde et du Canada. (*Mouvement.*)

Soyons donc résolus, Messieurs, redoublons d'efforts pour forcer la main au gouvernement, et rappelons-nous bien que la prépondérance de notre marine n'est pas seulement une indispensable garantie pour la France, qu'elle est aussi un palladium pour les nations qui résistent depuis un siècle et demi aux envahissements de l'Angleterre. (*Marques nombreuses d'approbation.*)

XXII

ALLOCUTION PRONONCÉE AU MANS

DEVANT LES ÉLECTEURS DE LA SARTHE COMME COMPTE RENDU DE LA SESSION
LÉGISLATIVE QUI VIENT D'ÊTRE CLOSE

(2 septembre 1845)

MESSIEURS,

Pour nous autres démocrates, ces laborieuses et stériles sessions, où se mêlent à la fois tant de tristesse et de dégoût, peuvent se résumer en quelques mots :

A l'intérieur, compression de toute liberté, négation de tout progrès, oubli complet des grandes traditions révolutionnaires ;

A l'extérieur, prédominance des intérêts de famille et de dynastie sur les intérêts nationaux, abaissement systématique de notre grandeur et de notre influence.

Ah ! c'est sans doute pour tout cœur véritablement patriote un drame bien désolant et bien long, que ce drame parlementaire dont pas un succès, même passager, ne vient interrompre la désespérante monotonie.

Aussi, Messieurs, pour ne pas y voir rapidement ses forces épuisées, faut-il être assuré de trouver au retour, parmi vous, de fraternels encouragements et l'aliment d'une énergie nouvelle. (*Vive adhésion.*)

En votant constamment et de toute l'ardeur de mes convictions contre un si déplorable système, je crois avoir rempli fidèlement mon mandat et répondu à vos vœux, comme je crois y répondre encore aujourd'hui en vous signalant ce qui, à mes yeux, est le mal réel de la situation.

Le pouvoir exercé par M. Guizot est sans doute un des plus funestes qui se soit jamais appesanti sur les destinées de notre pays, et cette année, chose à peine croyable, a pu ajouter encore à son impopularité.

Qui ne se rappelle les imprécations dont a été frappé son désaveu de l'amiral Dupetit-Thouars ? Qui ne s'est senti, sauf les complices de sa politique d'avilissement, qui ne s'est senti la rougeur au front, à la nouvelle du vote de l'indemnité Pritchard, ce prix du sang de nos soldats ?

Comment encore ne pas être honteux du spectacle que nous donnons au monde en ordonnant à nos braves marins de suivre à travers d'inaccessibles montagnes, les traces de cette malheureuse sauvage de Taïti, afin de solliciter de sa royale personne l'adhésion à notre protectorat ?

Comment ne pas être indigné, en présence des gigantesques armements de l'Angleterre, de voir les allocutions votées pour l'augmentation de nos forces navales rester inutilisées dans les coffres de l'État. Et, comme si, sous le gouvernement néfaste de M. Guizot, il devait y avoir quelque chose de fatal qui conspirât contre la grandeur et l'indépendance de la France, un formidable incendie, dont les causes demeurent mystérieuses, embrase, à quelques mois de distance, les réserves de notre port d'Alger, et consume, à Toulon, toutes les richesses de nos vieilles forêts : étrange coïncidence vraiment, Alger et Toulon frappés presque en même temps, Alger et Toulon qui s'étendent comme deux grands bras de la France sur ce bassin de la Méditerranée, objet de la convoitise de l'Angleterre !

Un tel système, Messieurs, si profondément antipathique aux instincts de gloire et au fier génie de la France ne

saurait se soutenir que par la violence ou par la fraude :
aussi en pleine paix, au moment où le pouvoir se fatigue
en génuflexions vis-à-vis de l'Europe, M. Guizot vient-il
demander l'armement des fortifications.

Quant à la corruption, il serait difficile d'en faire plus
cyniquement parade que ne l'a fait M. Guizot dans son
dernier discours aux électeurs. Ne l'avez-vous pas entendu
demander à des hommes comblés de ses faveurs, repus de
places, les poches pleines de brevets pour eux et pour les
leurs, ne l'avez-vous pas entendu demander à ces hommes
si, pour avoir été récompensés pour prix de leurs votes, ils
s'en trouvaient plus corrompus? Une telle apostrophe a dû
être évidemment, de la part de M. Guizot, un jeu d'esprit où
l'immoral le dispute au bouffon, et dont il se sera amusé
le premier dans ses intimités aristocratiques.

Il faisait beau voir encore, pendant cette ovation touchante, l'homme de l'intimidation et des ordres impitoyables chercher à se redresser un peu sous le faix de son
impopularité, adoucir sa voix, parler avec tendresse, je
dirais presque avec amour, de la liberté de la presse et du
noble mouvement de la pensée humaine.

La liberté de la presse entre les bastilles et les lois de
septembre, n'est-ce pas, Messieurs, par trop abuser des
mots? Ah ! croyez-moi : c'est vainement que M. Guizot essaie
de se draper, comme pendant la coalition, dans un libéralisme hypocrite; il a beau faire, il n'est ni de son temps,
ni de son pays.

Non, il n'est pas de son temps, le sectaire qui, au lieu
d'admettre le dogme de l'égalité et de la fraternité humaine,
parque impitoyablement, à la suite de Calvin, les hommes
en fatalement bons et en fatalement mauvais, en honnêtes
gens et en malhonnêtes gens, dont les premiers (ceux qui
pensent comme lui bien entendu) doivent gouverner inexo-
rablement les autres, punir les autres, intimider les autres.

Il n'est pas de son pays le doctrinaire qui, sans consulter le génie éminemment unitaire de la France, s'en va ramasser en 1814, dans les caissons anglais, je ne sais quelle constitution d'antagonisme organisé et de bascule, et essaie de l'implanter, de gré ou de force, dans le sol et dans les mœurs de la patrie.

Il est vrai que quand la nation asservie élève la voix pour réclamer une plus grande somme de libertés, il lui répond : « Comment vous plaindre? ne jouissez-vous pas d'une constitution qui suffit à l'Angleterre, au plus grand peuple de l'univers? »

Oui, nous avons la liberté individuelle comme les Anglais, mais avec la détention préventive et vingt accessoires qui rappellent énormément les lettres de cachet. Nous possédons la liberté de la presse, mais avec les lois draconniennes de 1835, sans la liberté de l'imprimerie et sans la garantie du jury. Nous avons aussi le jury, mais est-ce le jury si indépendant de l'Angleterre? La souveraineté nationale est inscrite au frontispice de nos lois, mais cette souveraineté est exercée par une oligarchie qui ne reconnaît de droits à l'homme que ceux qui lui sont octroyés. Nous avons encore le gouvernement représentatif, ce qui ne l'empêche pas de ressembler beaucoup à une monarchie absolue. Messieurs, ce que les Anglais ont, ils l'ont bien, nous ne l'avons, nous, que mélangé d'une dose du despotisme monarchique ou impérial.

Et c'est le promoteur le plus fervent de ce constitutionnalisme bâtard que divinisent les feuilles à sa solde, et dont la presse anglaise fait le plus grand de nos grands hommes d'Etat !

A leurs yeux, il est le Napoléon de la paix, c'est le génie bienfaisant qui, par sa prudence et sa sagesse, a doté la France de ce régime de prospérité et d'abondance sous lequel elle étouffe de jouissance et de bien-être.

Peut-être y a-t-il, par des causes que je développerai bientôt autre part, plus d'or dans certaines bourses qu'il n'y en eut jamais, mais il y a assurément moins de cuivre dans la main du prolétaire. Les statistiques à la main, il est facile de prouver que le paupérisme s'est démesurément accru.

La prospérité! demandez à des hommes qui ne sont point suspects, aux conservateurs financiers de la Chambre des pairs, si, avec nos découverts et nos déficits successifs, nous ne marchons pas à la banqueroute d'une manière presque certaine.

La paix! mais jamais elle n'a été plus précaire et assise sur des bases plus fragiles; elle ne dure qu'à l'aide des concessions les plus constantes : entrevoyez seulement le jour où, le calice d'amertume plein jusqu'au bord, il sera impossible d'en consentir une de plus, et alors comptez vos ennemis.

Au Nord, vous n'avez plus l'infortunée Pologne pour vous défendre, et tout ce vaste territoire est rempli de la haine de l'autocrate russe contre notre gouvernement.

Après bientôt trente ans, l'Allemagne est encore en proie à cette réaction contre la France qui la souleva tout entière; trompée par le parti ultrà-teutonique sur nos prétendues idées d'envahissement, elle est anti-française aujourd'hui comme en 1815.

A l'Est, M. Thiers n'avait-il pas commencé à nous brouiller avec nos vieux alliés de la Suisse, et la politique rétrograde suivie par le gouvernement dans les derniers événements, ne nous a-t-elle point complétement aliéné les sympathies de cette brave nation?

Sommes-nous plus heureux au Midi? L'Italie et l'Espagne réunies à la France, formaient l'Europe sud-occidentale de Louis XIV et de Napoléon. Aujourd'hui l'Italie, sous le joug autrichien et l'empire des moines, vient de nous donner une preuve nouvelle de sa haine contre la liberté dans la sanglante hécatombe de ces nobles martyrs, les frères Bandiera. (*Applaudissements.*)

Quant à l'Espagne, pour mieux cimenter nos liens avec elle, nous avons continué de faire de la politique de famille, et elle ne pourra point oublier que c'est de nos frontières et avec des instructions puisées en France, que Marie-Christine s'est élancée de nouveau pour l'asservir.

Ah! sans doute reste l'Angleterre, mais franchement pouvez-vous considérer l'Angleterre comme notre alliée, quand elle augmente incessamment ses forces et que, l'œil fixé sur la France, elle lui défend insolemment d'armer?

De quelque côté que nous embrassions l'horizon, nous sommes donc seuls, bien seuls, comme après Waterloo. Nous avons de moins, pour aiguiser notre haine, la fraîcheur de notre blessure, la vivacité de notre ressentiment, et la Sainte-Alliance a de plus les trente ans qu'elle a infatigablement employés à se préparer aux éventualités de la guerre.

Restent, je le sais, les secrètes sympathies des peuples, leurs instincts latents de fraternité; mais c'est un levier qui n'est point à votre usage, et que la démocratie seule peut manier. (*Nombreux applaudissements.*)

Ainsi, que les intérêts égoïstes ne s'y trompent point, ce n'est pas la paix, car la paix, c'est la confiance dans le lendemain, c'est la sûreté pour l'avenir, et chaque jour de la paix de M. Guizot doit fatalement amener la guerre; aussi, suis-je fondé à vous répéter que l'influence de cet homme est une des plus grandes calamités qui aient pu fondre sur notre pays.

Qu'on le renverse donc, soit; mais une fois qu'il sera renversé, faudra-t-il crier victoire, comme se plaisent à le dire tant d'ambitieux qui envient ses honneurs et sa place? Après sa chute, toucherons-nous enfin à la terre promise?

Est-ce que par hasard, Messieurs, nous aurions oublié

déjà les actes des deux autres chefs d'emploi qui se partagent les rôles de la trilogie ministérielle?

Si M. Guizot est allé à Gand, M. Molé a écrit en faveur du despotisme sous l'Empire, et il a été obligé de se retirer devant les manifestations les moins équivoques de l'opinion publique, après avoir abandonné Ancône et après avoir succombé dans la présentation des lois sinistres de disjonction et de déportation.

M. Molé, au surplus, volontairement ou non, semble pourvu d'un assez long congé.

Reste M. Thiers! M. Thiers, ce nom réveille le souvenir des lois de septembre, des fortifications et de leur armement, du rappel de la flotte au moment le plus décisif des événements de 1840, et des mille autres tours de prestesse et d'habileté qui n'ont pas peu contribué à donner au pays l'idée qu'il est le complaisant par excellence, et le compère le plus utile du système.

M. Guizot et M. Thiers! voilà bientôt quinze ans que nous assistons aux représentations qu'ils nous donnent; et, parce qu'ils montent, qu'ils descendent alternativement, vous vous figureriez que ce sont deux systèmes opposés que ces deux hommes? Erreur, ce n'est que le même système en deux parties. Ils sont rivaux, sans doute, et se détestent; ils s'attaquent amèrement et se nient l'un l'autre; mais, sauf cette liberté, ils n'en sont pas moins enchaînés à une pensée commune. Il y a cela de remarquable que, pendant que ces deux rudes jouteurs se livrent, sur le devant de la scène, à de formidables évolutions, et se portent de terribles coups avec des épées plus ou moins émoussées, on aperçoit dans le lointain, derrière je ne sais quel transparent, l'esprit personnel infatigable de la contre-révolution.

Tantôt, c'est à nos écus que s'attaque son insatiable avidité, et M. Thiers comme M. Guizot épient également le jour où ils pourront nous présenter la fameuse loi de dotation.

Tantôt, pour s'environner d'une vaine pompe, cet esprit de contre-révolution essaie dans un rêve impie de refaire le passé, et nous sommes inondés, — grotesque pastiche, — de ducs, de comtes et de barons ; pour grossir le cortège, il faut y mêler encore d'autres représentants d'une époque qui n'est plus, et le clergé y retrouve une immense place ; Messieurs, puisque ce mot de clergé vient sur mes lèvres, qu'il me soit permis de vous dire en passant ce que je pense d'une question qui agite si vivement les esprits.

Oui, la France a des instincts sincèrement religieux, oui, ce grand principe de liberté, de conscience pour lequel a été répandu tant de sang, n'est pas seulement dans ses lois, il est profondément gravé dans ses mœurs. Pour chacun l'indépendance absolue de son culte, de sa foi, en un mot l'impénétrabilité du sanctuaire, mais en même temps, et au même niveau, la surveillance et la police de l'État dont la première loi est de se conserver et de se maintenir, voilà le vœu bien formel de la France. Point d'invasion du spirituel dans le temporel, entre eux un abîme infranchissable, point de religion qui puisse se faire gouvernement. Croyez-moi, avec ces règles, Messieurs, la question du clergé dont on fait tant de bruit n'est pas une question redoutable ; on a beau faire, ce n'est qu'un antagonisme de pouvoir à sacristie ; le pouvoir a voulu se servir du prêtre comme instrument de réaction, comme moyen d'asservissement, et le prêtre, fidèle à son histoire, prétend, pour prix de ses services, mettre la main sur le pouvoir. La nation est au fond désintéressée dans un pareil combat. Dites-vous bien qu'au jour où le peuple poussera le premier cri de liberté, toutes ces longues robes noires s'évanouiront et rentreront dans l'ombre, comme disparaissent les oiseaux funèbres aux premiers rayons du jour. (*Vifs applaudissements*).

Ainsi M. Molé, M. Thiers, M. Guizot, tel est le cercle où

passent une à une et finissent par s'absorber toutes les libertés de la France : c'est un grand mal sans doute, mais ce n'est pas le seul mal, car on pouvait s'y attendre, qu'on ne permette de le dire : c'était écrit. Il y a longtemps qu'un profond observateur de la Révolution s'était écrié : « Lorsque le peuple s'éveille et déploie sa force et sa majesté, ce qui lui arrive une fois dans des siècles, tout plie devant lui ; le despotisme se prosterne contre terre et *contrefait le mort*. Mais bientôt il se relève, il se rapproche du peuple d'un air caressant; il substitue la ruse à la force: on le croit converti, on a entendu sortir de sa bouche le mot de liberté ; on s'abandonne à l'enthousiasme ; on verse dans ses mains des trésors immenses, on lui livre la fortune publique, on lui donne une puissance colossale; il peut offrir des appâts irrésistibles à l'ambition, à la cupidité de ses courtisans. Bientôt quiconque a des talent avec des vices lui appartient ; il suit constamment un plan d'intrigue et de corruption : on cherche à égarer, à séduire ou à maîtriser les délégués du peuple, on persécute, on calomnie ses plus zélés défenseurs, et le peuple ne reconnaît les traîtres que lorsqu'ils lui ont déjà fait assez de mal pour le braver impunément. »

Si ce n'est pas seulement dans le pouvoir, où est donc, Messieurs, le siège mystérieux et inconnu du mal qui nous ronge? Est-il dans le pays légal, comme certains hommes découragés ou perfides ne cessent de le proclamer?

Je ne suis pas suspect de flatterie envers le pays légal, moi, homme de suffrage universel. Je suis même loin de croire que le corps électoral soit à la hauteur de la mission que les événements lui ont départie; mais je ne puis m'empêcher de reconnaître qu'il vaut mieux, beaucoup mieux, que les chefs qu'il se donne, et qu'il est calomnié, méconnu ou trahi par eux.

Que disent-ils, en effet, pour excuser leurs faiblesses ou leurs coupables complaisances?

A les entendre, s'ils n'attaquent point d'une façon désespérée les abus et les empiétements du pouvoir, c'est qu'ils ne seraient point suivis sur ce terrain périlleux par le corps électoral abandonné à l'apathie, à l'indifférence, à une bien regrettable léthargie.

A première vue, Messieurs, cette espèce de désertion de ses droits, est-elle probable de la part de la nation officielle ?

Qu'a-t-elle voulu en 1830 ? Saisir le pouvoir et l'exploiter à son profit. Dans l'enivrement de son égoïsme, elle a repoussé, il est vrai, le peuple qui s'était battu pour elle. Ne comprenant point que le plus sûr des gouvernements est le gouvernement de tous, puisqu'il comporte la fusion de tous les intérêts, elle n'a pas vu non plus que le peuple pourrait au moins lui servir de contre-poids dans une lutte possible contre la royauté. La royauté ne l'effrayait pas, ce n'était à ses yeux qu'un pouvoir nominal. Elle venait de le créer, elle se croyait assurée d'en tenir toujours les fils dans sa main. Elle ne voulait pas plus se laisser absorber par la royauté qu'elle ne voulait se laisser déborder par le peuple ; c'est en ce sens qu'elle pouvait véritablement se dire le *juste-milieu*.

Comment donc comprendre alors qu'elle se soit imbécilement suicidée, que de propos délibéré elle ait, à maintes reprises, combiné ses élections de telle façon que ses délégués aient pu lui laisser ravir ses franchises municipales, l'indépendance de son jury, la presse, cette arme autrefois si puissante dans sa main, jusqu'à ses gardes nationales, son véritable palladium ?

Je sais qu'on me répondra par ce grand mot : la corruption, la corruption ! je sais qu'on me dira que la corruption a tout faussé, tout oblitéré ; mais, Messieurs, on ne se laisse corrompre que par intérêt, et la bourgeoisie a-t-elle un intérêt plus grand que celui de gouverner ? Pour croire qu'elle n'a pas voulu opposer aux envahissements du pouvoir une résistance aussi énergique qu'opiniâtre, pour ad-

mettre qu'elle n'a pas su donner à ses défenseurs parlementaires la puissance de la maintenir dans sa victoire, il
faudrait la supposer insensée, et si la bourgeoisie brille par
un côté, c'est surtout par le calcul, la prudence et l'habileté.

Aussi, Messieurs, a-t-elle agi très conséquemment à ses
intérêts, et vais-je vous démontrer qu'elle a donné plusieurs
fois à ses chefs une majorité dont ils n'ont pas su se servir
ou qu'ils ont livrée aux mains du pouvoir.

Je ne remonterai point plus loin que 1859 pour vous en
fournir la preuve, et c'est à dessein que je choisis cette date.
Tant que l'émeute a grondé dans les rues, les membres de
l'opposition dynastique ont cru que ces dissensions civiles,
en effrayant la nation, étaient le plus grand ou même le
seul obstacle à l'avénement des idées de progrès plus ou
moins imperceptibles dont ils décorent leurs programmes.
Beaucoup d'entre eux ont répété ce thème de bonne foi;
pour être justes envers la démocratie, ils ne se sont point
demandé si ce recours à la force n'était point inspiré par
l'abandon, dès lors évident, du principe de la Révolution.
Ils ont trouvé une explication à leur mollesse, et cela leur a
suffi. Eh bien! la démocratie réservant pour des jours plus
opportuns son admirable dévoûment et son indomptable
courage, a laissé le champ libre à la discussion et aux idées.
Vous vouliez le calme, rien n'est plus venu le troubler; il
vous fallait une majorité dans la Chambre, le pays légal
vous l'a donnée; trois fois, dans un si court intervalle, vous
avez pu prendre le pouvoir, et trois fois vous n'avez pas
voulu ou vous n'avez pas su le faire.

Oui, le pays légal vous a donné la majorité lors de ces
élections de 1859, où vous combattiez au nom du principe
parlementaire contre le principe du gouvernement personnel. Vous souvient-il de l'espèce de tempête qui renversa
M. Molé? Dans l'embarras où était le pouvoir, il lui fallut
recourir à un ministère de commis, et au lieu de profiter

de ce premier désordre, pour vous fortifier encore, en faisant annuler quinze ou vingt élections portant les traces les plus évidentes de la fraude, vous avez, comme toujours, hésité, éludé, ajourné, et le pouvoir personnel a repris des forces, et vous avez perdu cette majorité que, plus résolus et plus audacieux, vous auriez nécessairement maintenue. Cela est grave pour un parti. (*Mouvement.*)

Cette majorité vous appartenait encore à l'avénement du ministère du 1er mars ; à son début, il n'avait d'existence que par la gauche, et la confusion s'était tellement répandue dans les rangs du parti ministériel, que leur jugement s'en était presque obscurci. Pris de peur pour les places qui font leur force, et craignant de vous les voir envahir, ils courent à leur propre perte en proposant l'incompatibilité des fonctions de députés et des fonctions publiques. Pour conserver leurs emplois, il vont vous livrer la Chambre ; toutes les élections qui suivront vont vous appartenir. Et la commission qui décidera du sort de cette proposition appartient à l'opposition ; M. Barrot en fait partie avec plusieurs de ses amis. Mais M. Thiers se hâte d'intervenir ; allié de M. Barrot, c'est lui qui va sauver cependant le parti ministériel ; il prétend que la mesure bonne en elle-même est inopportune, et la commission, malheureusement trop docile, enterre la proposition dans les bureaux. — Cet avortement est-il moins grave? (*Nouveau mouvement.*)

Mais jamais l'opposition n'a eu une majorité moins incontestable qu'aux élections de 1842. Le mouvement est tellement en haine de M. Guizot, que pour faire passer ses propres candidats, il les autorise à le désavouer.

Il n'y a plus, pour ainsi dire, qu'à pousser le ministère, lorsqu'une catastrophe, bien inattendue, la mort de l'héritier présomptif de la couronne, semble devoir aggraver encore sa situation. On va avoir besoin de la gauche ; c'est plus que jamais le moment pour elle de faire payer son concours. Elle comprendra, il faut l'espérer, qu'on doit se garder de mêler une question de cabinet à une question de dynastie, le bon sens le commande. Que la justice du pays ait avant tout son cours, et qu'un ministère chargé d'opprobre soit d'abord renversé, sauf à pourvoir ensuite au nécessaire. Lui accorder la loi de régence, c'est malgré toutes les réserves, lui transfuser une vie nouvelle. Aussi, soixante membres sur soixante-six de la gauche se prononcent-ils, si je ne me trompe, pour une attaque immédiate et à fond. M. Barrot réclame l'honneur de porter les premiers coups. Et cependant, au milieu de l'attente générale, le temps passe, les interpellations ne viennent pas, la loi de régence est votée, le ministère a six mois devant lui, c'est dire, avec les moyens de persuasion que vous savez, qu'il est maître de la Chambre, et, depuis ce moment, voilà trois ans de plus qu'il nous opprime à l'intérieur et nous avilit au dehors.

Est-ce être injuste que de rendre la gauche solidaire et responsable de tous ces maux? (*Mouvement.*)

Et comme si, à cette occasion et en quelques jours, la gauche avait dû fournir l'exemple des inconséquences les plus inexplicables et des plus subites volte-face, après avoir tenu pour la régence des femmes, aussitôt elle se décide pour la régence des hommes. Ceci est de l'histoire. Vous vous rappelez sans doute encore, Messieurs, les magnifiques articles publiés dans les journaux de M. Barrot en faveur de la duchesse d'Orléans ; on devait donc voter pour elle, mais voilà que tout à coup M. Thiers, arrivé d'une conférence de Neuilly, déclare qu'il ne veut pas qu'on le brouille avec M. le duc de Nemours. Oh ! alors, c'est bien différent, ce que dans la gauche on appuiera désormais, c'est la régence des hommes.

Nous retrouvons donc ici comme en 1840, dans la fatale loi des fortifications, l'influence mortelle de M. Thiers.

La gauche a cependant son programme ; ainsi, à l'approche des élections, dans les grandes sécheresses de popularité, elle promène certains principes majestueusement et comme une espèce de châsse. C'est, entre autres promesses, la révision des lois de septembre, la sincérité dans le choix du jury, le vote au chef-lieu, quelquefois même elle va jusqu'à l'abolition du cens d'éligibilité.

Pour les lois de septembre, M. Barrot n'en a plus dit un mot depuis les élections de 1842.

L'honorable M. Joly avait présenté une proposition tendant à empêcher le triage du jury ; la gauche ne l'a même point appuyée.

Un des membres de la gauche, M. Crémieux, formula cette année un projet de loi sur le vote au chef-lieu, et après l'avoir longtemps découragé, ses amis l'ont arrêté au pied même de la tribune, en le suppliant d'ajourner.

Sur la proposition d'abolir le cens d'éligibilité faite par moi en cette session, quelques membres de la gauche ont à peine daigné voter pour elle.

Puis, quand, à la gauche, on a usé l'opinion par l'apathie ou le mauvais vouloir, arrive alors, pour couvrir les méfaits du pouvoir, la détestable doctrine des faits accomplis.

D'où cette triste, mais inévitable conséquence, que M. Thiers, l'homme appartenant plus ou moins à la cour, pèse pour le mal sur M. Barrot, et que M. Barrot n'a pas, pour le bien, la moindre influence sur M. Thiers.

C'est là, Messieurs, qu'est le danger le plus sérieux et le plus réel pour le pays ; car, que nos gouvernants, que des hommes de restauration et de quasi-restauration manquent à leurs promesses, comment nous en étonner ? Nous n'avions rien à espérer d'eux, et du moment où ils sont connus, ils ne sont plus à craindre. Mais que le pays légal, que le corps électoral se croie énergiquement défendu quand il est presque constamment abandonné, qu'il conserve encore des illusions à cet égard, c'est là, je le répète, qu'est le véritable et le plus imminent danger. J'avais promis de vous le signaler en commençant, je l'ai fait avec tristesse, comme on accomplit un pénible et douloureux devoir. J'aurais voulu pouvoir parler des choses sans parler des personnes ; j'ai dû faire violence à mon cœur, et y refouler bien profondément les sentiments de haute estime, j'oserais presque dire d'affection que m'a inspirés l'illustre chef de la gauche. Mais l'homme a dû disparaître devant le député ; ma raison m'a dit que ce ne sont point ceux qui ne se cachent pas qu'il s'agit de démasquer, mais bien ceux qui, à leur insu même, auraient le temps de perdre la liberté, si elle pouvait périr, ou nous forceraient à la payer au prix des plus horribles calamités et du plus pur sang français. (*Applaudissements prolongés.*)

Puisque nous ne voulons point nous occuper des hommes, dont beaucoup sont de nos amis, examinons si les fluctuations, les incertitudes et l'impuissance de la gauche, ne tiennent point à son passé et à la marche rapide du temps dont le cours entraîne tant de choses.

La lutte de l'opposition des quinze ans a été des plus glorieuses, nul ne peut le contester, mais elle absorba tellement tous les esprits que rien ne fut préparé pour le cas échéant d'une révolution qui emporterait, comme un orage, cette Restauration contre laquelle on s'était fortifié, et contre laquelle on songeait à se fortifier de jour en jour davantage. La science politique s'était tellement habituée, pendant ce long intervalle, à regarder ce combat journalier comme éternel, qu'elle avait délaissé toute autre prévision et abandonné, comme des rêves inutiles, les hardis travaux de la fin du dix-huitième siècle, les bases posées par l'école de Turgot et de Condorcet et les traces politiques de tous ces grands et chaleureux esprits de la Constituante et de la Convention qui, placés au point de la solution du passé,

avaient bien mieux senti la nécessité d'un nouvel ordre
social.

Aussi, qu'arriva-t-il après juillet? Ce que nous voyons :
tout le prestige qui entourait l'opposition, toute la virtualité
qu'on supposait à ses idées et à ses principes, s'éclipsèrent
en un clin d'œil, avec la Restauration elle-même.

Pour vivre, elle avait besoin d'entrer dans une voie nouvelle, d'élargir sa polémique, d'embrasser les questions
sociales, d'en présenter les solutions, autrement elle ris-
quait de ne paraître qu'un sentiment aveugle et destructif,
conduisant à l'impuissance et à la guerre civile.

Et, comme sa main est sans remède dans ces grands problèmes, elle sent qu'en renversant l'ordre actuel, elle n'a
rien à mettre à la place, et alors elle n'ose même plus hasarder un mouvement.

Voyez, en effet, si on ne la dirait pas sans entrailles
dans ce formidable et gigantesque problème du travail et
du salaire?

De toutes parts cette question paraît à l'horizon comme
un redoutable incendie. C'est le long roulement d'un bruit
souterrain qui émeut l'Allemagne, l'Italie, la Suisse, la
Belgique, la France, l'Irlande, l'aristocratique Angleterre
et jusqu'à l'immobile Turquie, et qui, un jour, peut les
ébranler dans leurs fondements.

Eh bien ! la gauche reste froidement impassible en présence de ces plaies sociales, elle se borne à sa discussion
creuse et vide. Elle n'a tenu compte ni des études récentes,
ni des solutions nouvelles proposées par la science; elle
répète encore son catéchisme de la Restauration : « Liberté,
concurrence, chacun pour soi, et en définitive tout pour
les riches, rien pour les pauvres, si ce n'est par charité;
politique libérale en apparence, meurtrière en réalité. »

Si nous lui rappelons, avec un éloquent écrivain, qu'il
est des millions d'hommes, procession maudite, qui passent

continuellement à travers le monde, sans le connaître, sans
avoir le loisir de regarder ni à droite, ni à gauche, tous se
suivant à la file par un étroit sentier, mornes, silencieux,
accablés, les pas dans les pas de ceux qui marchent devant
eux, sans conversation les uns avec les autres, comme sans
joie dans leur intérieur, sans autre liaison avec leurs compagnons de détresse que l'habitude de faire route dans le
même troupeau et de respirer dans la même poussière; si
nous leur disons que ces muets et infortunés parias marchent par la peine de la faim comme les esclaves vont par
la peine du fouet;

Si, les statistiques à la main, nous prouvons à la gauche
que ce beau et fertile pays de France compte sur 34 millions et demi d'habitants près de 30 millions de prolé-
taires;

Que 4 millions de mendiants déciment nos populations
urbaines, que 4 autres millions se traînent et rampent dans
nos campagnes, qu'enfin il y a un mendiant sur 9 hommes
et qu'il y a un indigent réel sur 4 ou 5 membres de la
grande famille française;

Que sur 3 habitants de Paris, il y en a un destiné à
mourir à l'hôpital, et que sur 9 membres de la population
urbaine en général, il y en a un au moins réduit au même
sort;

Si nous nous plaignons de l'abâtardissement de l'espèce,
et que nous montrions nos contingents militaires difficiles
à former;

Si notre cœur se gonfle à la pensée que, dans les cités
manufacturières, la moyenne de l'âge des enfants des riches
est de 29 ans, celle des pauvres de 2 ans;

Si, ouvrant enfin les annales de nos tribunaux criminels,
nous nous effrayons de la progression croissante des délits,
370,000 individus étant soumis par an à la vindicte des
lois, c'est-à-dire plus de 20,000 accusés par chaque jour de

justice. Que répond la gauche? que nous agitons des théories creuses et abstraites : des théories abstraites, oui, pour vous peut-être qui n'avez jamais senti les cruels aiguillons de la faim ! Comme si les premiers principes de la morale et les plus chers intérêts des peuples n'étaient que des chimères absurdes et de frivoles sujets de disputes !

Mais, quoi ! transformer ces esclaves en hommes libres, ce n'est donc point une œuvre digne de nos victoires antérieures? La Révolution n'avait-elle pas annoncé qu'elle ferait cette conquête, qu'elle donnerait à tous les Français une patrie, que tous seraient citoyens? N'avait-elle pas décrété l'instruction pour tous? n'avait-elle pas promis du travail à tous? n'avait-elle pas dans la déclaration même des droits, décrété que la patrie devait à tous la subsistance?

Ne seriez-vous donc pas les enfants de cette Révolution, vous qui ne craignez point, quand nous ne faisons que continuer la tâche si rude de nos pères, de recourir, pour nous en détourner, à l'insulte et à la calomnie? Nous secondons, dites-vous, le système, en cherchant à ruiner l'opposition, avant que le pouvoir ait passé par ses mains. Nous sommes des anarchistes, puisque nous voulons refondre d'un seul jet les institutions civiles et les institutions sociales; nous avons un secret penchant pour le communisme; nous sommes enfin des ultra-démocrates, secte imperceptible, impuissante et sans écho.

Ah ! en vous accusant, nous maintenons indirectement le pouvoir ! Mais où donc, s'il vous plaît, se joue ce pouvoir, si ce n'est sur la tribune, dans l'urne parlementaire, aux yeux de tous; et notre main s'est-elle jamais trompée en votant contre M. Guizot; répondez! le pouvoir; mais je viens de vous montrer que trois fois vous l'avez laissé échapper ou livré; puis, qu'en feriez-vous, grand Dieu! vous, hommes de demi-nuances, qui, comme autrefois, vivez au jour le jour, sans plan ni règle, vous, rejetons tardifs et dégénérés d'un libéralisme qui valait mieux que vous, car vous ne concluriez pas comme il a su conclure?

Des anarchistes, nous ! vous ne le croyez pas, j'en suis sûr, car votre raison doit vous dire qu'ils ne peuvent point être anarchistes ceux qui donnent pour base à leur constitution les droits de tous ; les anarchistes, ce sont ceux qui, comme vous, posent pour idéal un mécanisme où tout étant antagonisme, rien ne peut marcher longtemps en équilibre. Mais nous voulons, dites-vous, refondre d'un jet les institutions civiles et politiques, oui, sans doute, et c'est là notre gloire et notre force ; nous ne croyons pas que ce soit pour changer de joug qu'un grand peuple s'agite et brave tous les périls attachés à ces violentes secousses qui remuent les empires. Peu nous importe si les noms disparaissent et non les abus, si la forme du gouvernement est autre mais non meilleure ; si la servitude et l'oppression doivent être son éternel apanage ; encore une fois, peu nous importe dans ce cas : un dictateur, un roi, un parlement, un sénat, des consuls. (*Applaudissements.*)

Nous sommes communistes! On voit bien que vous ignorez l'histoire de notre parti. Apprenez donc que le communisme n'a jamais eu de plus réel adversaire que la Convention. Je ne sais ce que la Providence réserve à l'avenir des sociétés ; notre foi, le progrès, a cela de merveilleux qu'elle n'enchaîne rien, n'immobilise rien, et embrasse, en germe, toutes les manifestations de l'esprit humain ; mais ce que je sais, c'est que le reproche ne saurait pas plus nous atteindre aujourd'hui qu'il y a un demi-siècle, et qu'il devrait commencer à s'user un peu. Un grand révolutionnaire y répondait déjà en ces termes : « Plus l'expérience a démenti cette extravagante imposture, plus ils se sont obstinés à la reproduire, comme si les défenseurs de la liberté étaient des insensés capables de concevoir un projet égale-

ment dangereux, injuste et impraticable ; comme s'ils igno-
raient que l'égalité des biens est essentiellement impossible
dans la société civile, qu'elle suppose nécessairement la
communauté qui est encore plus visiblement chimérique
parmi nous ; comme s'il était un seul homme doué de quelque industrie dont l'intérêt personnel ne fût pas contrarié
par ce projet extravagant ! Nous voulons l'égalité des droits,
parce que sans elle il n'est ni liberté, ni bonheur social :
quant à la fortune, la société n'a d'obligations à remplir
que d'assurer à ses membres le nécessaire et la subsistance
par le travail.

Vous feignez de croire que notre parti est sans puissance,
notre voix sans écho. Eh bien ! voulez-vous mesurer d'un
coup d'œil les soldats de nos idées ? Dans l'ordre moral,
c'est l'âme de tout homme sympathique à la douleur ; dans
le domaine physique, c'est tout estomac qui souffre ; avez-
vous jamais vu plus nombreuse et plus formidable armée !
Je le sais bien, le temps n'a pas pu vous corriger ; vous
teniez le même langage à nos pères il y a plus de cinquante
ans, et le lendemain de ce jour où vous les disiez impuissants, ils se trouvaient être la Législative et la Convention.
(*Applaudissements.*)

Non, non, ne vous y trompez pas : nous ne sommes pas
des ultrà-révolutionnaires.

Les ultrà dans tous les partis sont ceux qui exagèrent un
principe pour le perdre ; ce n'est pas nous qui préférerions
un bonnet rouge à une bonne action ; mais nous voulons
croire qu'entre votre stérilité et l'exagération, il y a un vaste
champ à parcourir. Non, encore une fois, nous ne sommes
ni des socialistes ni des philosophes, nous sommes des
hommes pratiquement politiques : si nous savons que, dans
la grande marche de l'humanité, l'arbre de vie et de science
ne produit qu'une certaine quantité de fruits pour chaque
génération, nous croyons en même temps que quelques-uns

de ces fruits sont aujourd'hui à maturité, et qu'il faut les cueillir.

Si, comme j'en suis convaincu, messieurs, ces idées sont les vôtres, serrons plus que jamais nos rangs, car les temps deviendront de plus en plus difficiles ; méprisons les calomnies de quelque côté qu'elles viennent, et marchons d'un pas ferme et assuré vers ce noble but : faire entrer dans les faits les grands principes de notre immortelle Révolution : liberté, égalité, fraternité ; en d'autres termes : soyons grands et respectés au dehors, et sachons pourvoir, à l'intérieur, par les institutions politiques, à l'amélioration morale, intellectuelle et physique de la classe la plus nombreuse et la plus pauvre.

(*Applaudissements prolongés.*)

XXIII

DISCOURS PRONONCÉ A LA CHAMBRE DES DÉPUTÉS

DANS LA DISCUSSION DE L'ADRESSE AU ROI, EN BLAME DE L'ATTITUDE
DE LA CHAMBRE, EN PRÉSENCE DE LA POLITIQUE SUIVIE PAR LE GOUVERNEMENT

(19 janvier 1846)

MESSIEURS,

Il faut s'applaudir de la manière dont les partis se sont dessinés dès le premier vote de la session : cela rendra à chacun la liberté et l'indépendance de son allure.

Pour ne pas compromettre les destinées futures de tout ministère sur le point d'éclore au commencement de chaque session, on disait : Attendez, attendez, le pays vous saura gré de votre patience ; la vérité trop vive, trop éclatante sur le fond des choses, les partis et les hommes, pourrait tout compromettre.

La situation est aujourd'hui assez nette pour que nous puissions, sans crainte de faire échouer aucune combinaison, parler à cœur ouvert. Sur les choses, je serai bref. Le discours de la couronne et l'adresse se félicitent à l'envi de la situation glorieuse et prospère de la France, du bien-être de toutes les classes de la société ; ils s'applaudissent surtout de l'exécution complète et impartiale des lois.

La situation glorieuse peut se caractériser d'un mot. Que chacun, la main sur la conscience, consulte les diplomates étrangers sur l'idée qu'on se fait, dans le monde, de la grandeur et de la prépondérance de la France, et je crains bien que la réponse ne permette point de nous enorgueillir. (*Exclamations au centre.*)

La prospérité ! ce n'est plus nous qui sommes chargés de combattre ce mensonge. Les conservateurs eux-mêmes de la chambre des pairs démontrent, nonobstant les chiffres groupés habilement par le ministre, que nous marchons à un déficit ; et je ne sais plus quel membre de la cour des comptes, dont l'opinion est loin d'être suspecte, a écrit que l'abîme est sous nos pas, que nous marchons vers la banqueroute à pas précipités. (*Oh ! oh !*) La brochure est publique, vous pouvez la lire.

Quant à la situation des classes laborieuses, il suffit, pour la connaître dans sa hideuse nudité, de consulter la plupart de nos villes manufacturières. Les établissements de bienfaisance ouverts à Paris constatent l'inscription de 158,000 pauvres ; et la plupart de vos conseils municipaux de province en sont réduits, pour obvier à l'inaction du gouvernement, à se transformer eux-mêmes en bureaux de charité.

L'exécution des lois, je crois qu'on ne la prendra guère au sérieux, après l'incident qui vient de se passer dans cette enceinte, et ma tâche, sous ce rapport, est singulièrement abrégée. Les échappatoires ministériels, les fauxfuyants n'ont donné le change à personne. Je ne crains pas de dire que le discours de l'honorable M. Leyraud restera comme témoignage de fraudes scandaleuses et d'énormités électorales. Si je pouvais entrer dans le domaine des consciences les centres eux-mêmes, j'en suis sûr, conservent, cette impression, qu'il n'y a pas été répondu. (*Réclamations au centre.*)

Et la violation des lois sur la garde nationale? C'est une des questions les plus capitales, que malheureusement

chacun juge un peu au point de vue de son égoïsme ; on y
voit le plaisir de ne pas faire son service quand on devrait
l'élever à la hauteur d'un principe. Ce n'est plus un ministre, cette fois, ce sont tous les ministres qui ont osé déclarer
dans vos bureaux qu'ils violaient sciemment la loi, bien
entendu sous leur responsabilité. Les imprudents, qui ne
comprennent pas les prémisses qu'ils posent, comme s'il y
avait rien en dehors du droit que la force brutale et l'insurrection ! (*Réclamations au centre. — A gauche : C'est vrai !*)

Laissons donc dire volontiers au discours de la couronne
et à l'adresse que la France est glorieuse, qu'elle est prospère, que les lois sont religieusement appliquées. Qu'est-ce
que cela prouve ? Ne tenait-on pas le même langage dans le
monde officiel la veille de la révolution de Juillet, et la
révolution s'en est-elle moins faite le lendemain ? Ce que
cela prouve, c'est qu'il y a des aveuglements héréditaires et
des destinées fatales. (*Murmures et exclamations au centre.
— A l'extrême gauche : Oui, Oui !*)

Je quitte ce terrain où mon cœur est plein d'amertume ;
j'arrive à des questions qui passionnent plus vivement la
Chambre, aux questions de partis. Un fait grave vient de
s'accomplir : c'est l'alliance avouée, selon les uns, la
fusion, selon les autres, de la gauche et du centre gauche.

A quelles conditions s'est faite cette fusion ? quels en sont
les fruits pour le pays ?

Les conditions, il n'est pas très-facile de les savoir, on
les tient encore mystérieuses ; cependant, il est possible
d'en deviner quelque chose et d'en apprécier la mesure par
un fait dont le pays s'est récemment préoccupé. Un cri de
réforme avait été poussé par la presse dynastique opposante
de Paris. Ce cri de réforme fut répété par toute la presse
départementale. Dans une conférence tenue à Paris, les oppositions des diverses nuances, tout en faisant réserve de
leurs principes, s'entendirent sur un programme commun.

Ce manifeste était, à très peu de chose près, le programme inauguré par la gauche, en 1837.

On appela donc l'organe de la gauche à faire partie de cette réunion. Son rédacteur s'y refusa. On lui demanda plus tard de soutenir son propre programme : il garda le silence. (*On rit.*)

Maintenant, vous le comprenez, Messieurs; la gauche venait de s'allier avec le centre gauche. Le centre gauche n'a jamais voulu de réforme sérieuse : donc la gauche était enchaînée.

Au surplus, cette question a assez d'importance aux yeux du pays pour que je vous demande la permission de mettre sous vos yeux les termes mêmes dans lesquels l'organe officiel de la gauche annonçait la fusion.

(*Une voix : Il n'y a pas d'organe officiel de la gauche.*)

Permettez-moi de dire comment le journal qui passe pour l'organe officiel de la gauche, le *Siècle* enfin, s'exprime à cet égard :

« Nous prendrons la liberté de rappeler qu'il ne suffit pas de faire accepter un projet de réforme par une réunion de journalistes, qu'il ne suffit pas de le faire agréer par toute la gauche, qu'il faut lui concilier les suffrages du centre gauche, et même ceux d'un certain nombre d'hommes modérés des centres dont les votes déplaceront la majorité. » (*On rit au centre.*)

Voici maintenant le complément :

« Notre appui ne manquera pas au succès des propositions calmes, sensées, modérées, qui auront obtenu l'assentiment universel. »

Eh quoi! vous vous dites hommes de progrès, et vous attendez, pour provoquer une réforme, qu'elle ait réuni l'assentiment universel !

Je crois que c'est une condition que le Cabinet lui-même pourrait accepter; je ne le pense pas assez exclusif dans ses principes pour que, si l'universalité du pays demandait une réforme, il ne se soumît pas, si surtout cette réforme ne pouvait pas le renverser des affaires. (*On rit.*)

C'est sur l'étendue et la portée des réformes concertées dans cette alliance, dans cette fusion, que mon discours a pour objet de provoquer des explications à cette tribune... (*Une voix à gauche: On ne vous en donnera pas !*)

Je n'en aurai pas ; tant pis pour la gauche !

Je puis donc tenir pour certain que les seules réformes qu'on proposera seront celles qui seront acceptées à la fois par le centre gauche et par une portion même de la majorité de cette assemblée.

Nous voilà donc, de chute en chute, tombés dans le monde des infiniment petits, et la gauche n'a plus de couleurs qui lui soient propres.

C'est avec douleur que je signale la distance qui la sépare désormais de ces manifestes de 1832 et de 1837.

Que demandait-on dans ce fameux compte rendu de 1832? Que la pairie fût élective. On sait aujourd'hui quel usage les ministres font de leur prérogative, et l'on se tait.

On ne voulait pas que la liberté pût être menacée par l'armée, et on a mis aux mains du gouvernement le plus formidable instrument de despotisme militaire qui fut jamais.

On demandait l'incorporation de la garde nationale mobile dans la réserve, et on a permis à une insolence inouïe de supprimer les gardes nationales sédentaires.

On s'élevait contre l'assiette de l'impôt au nom de l'intérêt des classes laborieuses : on a laissé le budget s'accroître de moitié en présence d'un énorme déficit, et on ne trouve point un mot sur les misères de ces classes exclues.

On demandait la responsabilité des ministres et des agents du pouvoir : on n'en parle plus.

On voulait étendre au plus grand nombre possible de

citoyens l'usage des droits politiques : on en parle à peine.

On réclamait l'indépendance absolue de toute influence étrangère : on déclare aujourd'hui que la première base de toute politique en France, c'est l'alliance anglaise.

Enfin, qu'est donc devenue cette fierté nationale avec laquelle la gauche intimait au gouvernement de surveiller les monarques étrangers ?

Le manifeste de 1857 était moins énergique, sans doute, mais il contenait des vues utiles, des réformes heureuses, qu'il n'est pas sans intérêt non plus de rappeler.

Ainsi, c'est le principe de l'élection directe, le vote au chef-lieu.

L'adjonction de la seconde liste du jury, des officiers de la garde nationale, des membres des conseils municipaux des chefs-lieux de canton, c'est le minimum de chaque collège porté à six cents électeurs ; c'est une espèce d'assise spéciale qui jugerait tous les cas électoraux, sans écriture ni frais, et séance tenante ; c'est l'abolition du cens d'éligibilité, la diminution du cens électoral, l'extension des incompatibilités, l'inadmission dans la Chambre des agents de la liste civile ; c'est l'indemnité aux députés ; c'est enfin le droit de traduire tout fonctionnaire prévaricateur directement devant les tribunaux, sans l'autorisation du gouvernement.

Eh bien ! de ces programmes, je viens savoir de la gauche ce qu'elle a conservé, ce qu'elle a mis en commun avec le centre gauche, ce qu'elle veut réaliser. Je la mets en présence de son passé pour qu'elle choisisse. Quelle marque véritablement un pas dans la voie du progrès, la démocratie est prête à la seconder, à lui prêter son concours, pour sortir de l'avilissement et de la corruption dans laquelle la France est tombée. Mais si la gauche est bien décidée à ne hasarder que des semblants de réformes tellement indifférentes, tellement innocentes, tellement inco-

lores, qu'elles doivent se concilier la faveur d'une partie
des centres eux-mêmes, oh! alors, je demande au pays si
le rôle qu'elle joue est bien un rôle sérieux, digne d'un
grand parti et d'une grande nation ; je demande si, malgré
son patriotisme, elle ne se trompe point sur sa ligne de
conduite; si le pays, confondant les hommes et les principes, ne va pas, en la voyant ainsi s'allier sans condition,
sans contrat, sans plan concerté, désespérer des hommes et
des principes, tomber dans le doute, dans l'indifférence,
puis dans le dégoût.

Ah ! je sais que la gauche répondra que les événements
et les majorités ont été plus forts qu'elle ; que le mal qui
s'est opéré, et qui pèse sur le pays, s'est produit malgré
elle, et qu'il a bien fallu accepter les faits accomplis. Honteuse excuse, Messieurs, excuse de toutes les fautes et de
toutes les perfidies ! Il est des concessions qu'un parti ne
saurait jamais faire sans s'amoindrir, sans mettre en péril
l'honneur même de ses principes. Témoin ces paroles récentes de lord Russell :

« L'abolition fut *obtenue*, obtenue avec une légère modification qui se jugeait alors innocente, inoffensive, et que
j'eus tort d'accepter, » et ce souvenir m'a démontré que,
dans des questions *de plein droit et de justice rigoureuse*,
ce n'est pas seulement une imprudence, *c'est une faute,
c'est un péril de consentir à la moindre concession*.

C'est qu'en effet, Messieurs, l'homme de valeur politique
n'abandonne, ni dans le succès, ni dans le revers, le principe avec lequel il a fait alliance ; il ne le rejette pas comme
un bagage trop lourd pour s'élancer aux affaires, il ne
découronne pas son front des idées qui l'avaient grandi, parce
qu'elles l'arrêteraient un moment aux avenues trop étroites
du pouvoir.

Voilà donc la gauche et le centre gauche alliés sans contrat, sans programme ; alors, Messieurs, puisque la gauche

ne veut point répondre, tâchons de deviner l'avenir dans le passé, demandons ce qu'elle a pu gagner dans son union avec le centre gauche. En d'autres termes, examinons rapidement quelle a été la politique du centre gauche ; voyons en quoi elle se sépare et se distingue de celle du cabinet actuel.

Cette dénomination du centre gauche généralise trop ma pensée pour la rendre exactement ; il me faut bien déterminer ce que j'entends aujourd'hui par centre gauche. J'en excepte deux hommes qui, pour appartenir à cette fraction de la Chambre, n'en conservent pas moins vis-à-vis du chef suprême du centre gauche, toute leur indépendance et leur personnalité. Le premier, orateur à la dialectique incisive, acérée, inexorable, a défendu courageusement la dignité de la France et l'honneur de son pavillon dans la question du droit de visite. Vous connaissez la parole sobre, discrète, réservée du second, dont l'autorité dans cette chambre est d'autant plus incontestable qu'elle ne se manifeste que dans les occasions décisives. C'est donc exclusivement la politique de M. Thiers et du petit nombre d'élus, qui se groupent autour de lui, que je vais analyser.

A l'intérieur, la politique de M. Thiers ne diffère guère de celle de M. Guizot. En effet, M. Thiers ne prenait-il point soin de déclarer, en 1840, à la gauche elle-même, que, sur la politique intérieure, il était en communication parfaite d'idées avec les centres et le parti conservateur ; il ajoutait que les lois de septembre lui paraissaient parfaites dans leur intégralité ; que, quant à lui, soit par opinion, soit par goût, il n'y changerait rien ; que cependant, pour satisfaire à des scrupules exagérés, il consentirait peut-être à formuler une nouvelle définition de l'attentat.

La gauche reconnaît le principe de la souveraineté nationale, je crois ; comment donc va-t-elle le concilier avec cette doctrine préconisée par M. Thiers, qu'il n'y a de droits dans ce pays que ceux qui sont reconnus et proclamés par les Chambres.

N'est-ce pas, si j'ai bon souvenir, sous le ministère de M. Thiers que certains écrivains plus ou moins embarrassants ont été écartés, adoucis? N'est-ce pas à cette époque, par exemple, que se rapporte certaine anecdote du *Messager*, certaine délivrance de passe-ports pour éloigner des journalistes trop ardents, trop tracassiers?

N'est-ce pas encore sous le ministère de M. Thiers que, sans urgence, — je le démontrerai tout à l'heure, — à la veille même de la convocation des Chambres, au mépris le plus formel des lois, on a décrété les fortifications par ordonnance, pour les faire accepter plus tard par les adorateurs des faits accomplis? (*Mouvement.*)

Voilà la politique de M. Thiers à l'intérieur, comme ministre; elle est peu susceptible, je crois, d'inspirer une grande confiance à la gauche; mais peut-être s'est-il modifié depuis qu'il est dans l'opposition, cela s'est vu quelquefois (*On rit.*) Examinons. Trois lois principales ont marqué le passage du cabinet actuel : la loi de fortification, la loi de régence, la loi de l'armement.

Dans la question des fortifications, qu'a fait M. Thiers? Il a, vous le savez, entraîné, pour former la majorité, une partie de la gauche?

Dans la question de régence, quel a été son rôle? Il a littéralement sauvé le cabinet actuel; il a empêché contre lui une lutte décisive et mortelle; il a demandé à la gauche de suspendre la justice du pays, d'arrêter les hostilités, de voter avant tout la loi de dynastie; puis, sur le fond du principe lui-même, quand la gauche avait adopté le principe de la régence des femmes, il lui a fait faire volte-face; et la gauche a soutenu alors le principe de la régence des hommes. Ce n'est pas tout : se croyant à la veille de saisir le pouvoir, le mesurant de l'œil, prêt à y porter la main,

M. Thiers est venu, du haut de cette tribune, insulter à la gauche, lui dire qu'elle était tracassière et incapable de la pratique des affaires et du gouvernement.

(*Rires au centre. Une voix: Le ministère est enchanté !*)

Que me fait, à moi, le ministère? Je parle pour le pays. Que me fait la joie du ministère, si je suis dans le vrai?

Dans la question de l'armement, quelle conduite a tenue M. Thiers? La gauche, se repentant du vote des fortifications....

(*Réclamations — voix diverses: Non ! non ! nous ne nous en repentons pas du tout !*)

Eh bien, tant pis pour vous (*on rit*), et un jour viendra certainement où vous vous en repentirez!

Je disais donc que, dans la question de l'armement, une partie de la gauche se repentant du vote des fortifications, et que toute la gauche à peu près voulant protester contre l'armement, la gauche demanda à M. Thiers, alors son allié secret, quelle politique il adopterait. Des réunions eurent lieu, et M. Thiers répondit qu'on pouvait suivre l'une et l'autre opinion ; que le centre gauche voterait pour l'armement ; que la gauche voterait comme bon lui semblerait. Cette ombre de liberté laissée à la gauche tirait peu à conséquence : il suffisait, pour former une majorité au ministère, que le centre gauche votât avec lui.

Ainsi, pas une question importante où M. Thiers n'ait pris à la gauche sans rien lui donner, pas un sacrifice fait par la gauche qui ait été payé par lui de retour. Et c'est là ce qu'on appelle pompeusement une alliance ! de personnes, peut-être, mais assurément pas de principes.

Il est vrai qu'il faut reconnaître, pour être juste, que jusqu'ici j'ai apprécié M. Thiers par son plus mauvais côté, sa politique intérieure. Son grand côté à lui, en effet, c'est sa politique extérieure. Demandez-lui s'il n'est point, avant tout, l'homme national. La grandeur de la France ! c'est vers ce noble but que se dirigent tous ses rêves; c'est par ce sentiment qu'il correspond à la fibre du pays. Il est toutefois constant que, pour être de son avis à ce sujet, il ne faudra pas non plus se souvenir du droit de visite accepté en 1833 ; il faudra oublier cette défense si vigoureuse du traité des 25 millions, et jusqu'à ce blocus hermétique à l'occasion duquel les hommes compétents en diplomatie se plaisent à raconter qu'il a été cruellement mystifié par l'Autriche.

Et d'abord, comment prépare-t-il sa rentrée au ministère? Par un discours que je ne pourrais relire sans sentir la rougeur me monter au front. (*Réclamations.*) Oui, Messieurs, c'est le discours le plus anti-français qui ait été prononcé ici. (*Nouvelles réclamations.*)

Vous me forcez alors à rappeler le sens des paroles de M. Thiers ; il a dit, pour flatter les passions et les intérêts de l'Angleterre, que la France devait renoncer à la pensée *d'être à jamais une puissance maritime*, et à l'espoir de conserver des possessions coloniales lointaines.

(*Quelques voix à gauche : C'est vrai !*)

Ce discours avait été un habile calcul ; il porte M. Thiers aux affaires. Quel est un de ses premiers actes? Un différend existait entre l'Angleterre et les Deux-Siciles : il fait accepter sa médiation. Le différend est terminé au profit de l'Angleterre contre notre commerce. Il est vrai que cela avait sa compensation ; car la flotte anglaise, devenue ainsi libre, pouvait, deux mois plus tard, bombarder Beyrouth. (*Mouvement.*)

C'est au commencement de son administration qu'un grand coup est porté sur l'opinion publique par le traité du 15 juillet. Aussitôt M. Thiers de s'agiter, d'écrire, de parler. Il dépense, il arme, il se fortifie il déclare surtout qu'il va faire tenir à la France une attitude digne d'elle.

Écartons toutes ces hyperboles, allons au fond des choses et voyons immédiatement les résultats.

D'abord, c'est le rappel de l'amiral Lalande, le confinement de la flotte dans la baie de Navarin, sa mise en surveillance à Malte, sous le canon anglais : c'est enfin son rappel à Toulon, au bout du télégraphe, qui, on le sait, s'est bien gardé de parler.

Pourquoi tant de bruit? Est-ce que M. Thiers a jamais eu la pensée qu'il pourrait y avoir la guerre entre la France et l'Angleterre? Jamais.

Je pourrais vous en rapporter pour preuve les nombreux documents officiels publiés par les différentes puissances à cette occasion ; non jamais, avant, pendant et après le traité du 15 juillet 1840, M. Thiers n'a eu un instant la pensée de faire la guerre !

Avant, il disait à l'Angleterre : « Quelle que soit la tournure que prendront les affaires dans le Levant, il n'y aura jamais un coup de canon tiré par la France en faveur de Méhémet-Ali. »

Le 17 juillet, il fallait rassurer l'Angleterre par son ambassadeur.

« Que l'Angleterre ne s'inquiète pas, la flotte française sera éloignée du théâtre des événements. » Et vous savez s'il a tenu parole.

Après le traité du 15 juillet, on trouve dans la correspondance officielle qu'il se rendait chez l'ambassadeur anglais pour lui donner la preuve qu'il écrivait aux officiers français afin d'empêcher qu'une collision n'éclatât entre les marins français et anglais, et qu'il demandait que des dépêches analogues fussent adressées à l'escadre anglaise.

Puis, pour couronner l'œuvre, vint la note du 8 octobre, dont M. Guizot ne fait qu'appliquer la politique.

J'ai donc raison de répéter qu'avant, pendant et après le traité, M. Thiers n'a pas cru à la guerre. Tout est éclairci maintenant : la guerre était le prétexte, les fortifications le but. (*Mouvement.*)

S'il revenait au pouvoir, la politique extérieure de M. Thiers changerait-elle, par hasard ? Et, messieurs, ne vous rappelez-vous plus avec quel enthousiasme, il y a quelques jours à peine, les journaux de M. Thiers accueillaient la pensée de voir revenir aux affaires ces mêmes wighs de 1840, qui s'étaient joués de la crédulité de la France. Non, non, l'alliance étroite avec l'Angleterre est bien encore le pivot de la politique de M. Thiers !

Est-il permis de se demander maintenant, Messieurs, en quoi la politique de M. Thiers diffère essentiellement de celle du cabinet actuel ?

Il est vrai que M. Guizot a désavoué l'amiral Dupetit-Thouars, et nous a fait payer l'indemnité sanglante de Pritchard. M. Thiers nous disait l'année dernière, à cette tribune, que quand il croirait de l'intérêt de la France d'abandonner Taïti, il aurait le courage de le lui dire.

Mais M. Thiers a même, dans certains cas, dépassé M. Guizot, lorsqu'il lui reprochait, par exemple, de n'avoir fait avec l'Angleterre qu'une alliance platonique, une alliance qui n'agit pas ; il eût voulu, lui, que les deux flottes fussent combinées pour un grand objet commun, comme s'il pouvait y avoir quelque chose de commun entre les deux nations qui ne tournât au profit de l'Angleterre contre la France. (*Mouvement.*)

Que la gauche, qui déclare ne pas vouloir répondre, me permette cependant encore une question. Croit-elle qu'elle a intérêt à laisser peser sur elle la lourde responsabilité de semblables précédents, et peut-elle penser, quand je lui en signale les dangers, que je me montre pour elle sans sympathie et sans reconnaissance pour ses services passés ?

Résumons-nous. Oui, le ministère actuel a corrompu la France ! Oui, il l'a fait déchoir, au dehors, de sa grandeur et de son importance.

Mais le remède à tant de maux, est-ce une alliance compromettante, équivoque? Sont-ce de petites propositions imperceptibles, qui peuvent convenir même à une portion de la majorité? Permettez-moi de vous le dire : vous confondez deux choses, la chambre et le pays.

La chambre, par laquelle vous voulez vous rendre possibles en vous amoindrissant ; le pays à la hauteur duquel vous ne pourrez atteindre qu'en vous grandissant au contraire.

Vous craignez que, dans sa torpeur, il ne puisse point vous suivre sur le terrain de vos véritables principes, et cependant il vous a déjà suivis.

Il vous a suivis deux fois. En 1859, lorsque vous invoquiez le principe parlementaire contre le gouvernement personnel ; en 1842, en haine des sacrifices faits à l'Angleterre, lorsqu'il vous donnait une majorité que vous avez déposée aux pieds du pouvoir.

Ah ! croyez-moi, pour arracher l'opinion publique à son sommeil, pour la ramener à la vie politique, il faut présenter à la société une noble et grande idée qui la passionne ; aux classes qui souffrent une idée d'émancipation et de bien-être.

C'est ainsi qu'en agissent les sérieuses et populaires oppositions. A ces conditions, le pays vous suivra ; car des nations moins chaleureuses et moins électriques en ont suivi d'autres avant vous.

Quand Wilberforce, par exemple, a voulu réaliser cette œuvre admirable de l'émancipation des esclaves, a-t-il fait au parlement de mesquines et insignifiantes propositions? A-t-il cherché à contracter de compromettantes alliances? Non, il a fait un appel aux sentiments les plus élevés du cœur humain ; il a agi sur l'Angleterre entière, et bien que les intérêts de quelques marchands les rendissent sourds à la sainte voix de l'humanité, l'Angleterre s'est levée contre le parlement, et le parlement a cédé.

Quand lord Grey, voulant effacer de révoltantes inégalités, a proclamé la nécessité du réform-bill, s'est-il rapetissé pour passer sous les fourches caudines d'une majorité parlementaire? Encore non : il a été constant dans son principe, il l'a préservé de tout contact impur, il en a fait une passion pour l'Angleterre, et le pouvoir royal et la chambre des lords ont été vaincus.

Est-il enfin une mesure qui ait rencontré plus d'insurmontables obstacles que la loi des céréales? Eh bien, est-ce par le parlement que Cobden a cherché à l'introduire? Non, non : Cobden s'est adressé au nobles cœurs et aux estomacs affamés de son pays, et, sans s'effrayer de l'imperceptible minorité qui s'était jointe à lui, il a porté son principe si haut et si ferme, qu'il est devenu un drapeau formidable. Ou la fortune suivra cet étendard, ou ce n'est rien moins qu'une révolution pour l'Angleterre.

Voilà, messieurs, comment je comprendrais, en ce pays le rôle de la gauche.

Je n'ai point la prétention de diriger sa vieille expérience ; que sa fierté ne se révolte point à mes conseils. Je ne consulte ici que les sympathies de mon cœur. Oui, oui, croyez-moi ; ainsi agenouillés et amoindris, le pays ne saurait vous reconnaître, lui qui ne voit qu'à distance. Relevez-vous, et il sera derrière vous. (*Agitation.*)

XXIV

DISCOURS PRONONCÉ A LA CHAMBRE DES DÉPUTÉS

DANS LA DISCUSSION DE L'ADRESSE, SUR UN AMENDEMENT
PROPOSÉ, VISANT LA CORRUPTION ET L'INOBSERVATION DES LOIS

(22 janvier 1846)

MESSIEURS,

Je n'abuserai pas de la patience de la chambre, mais il est cependant deux expressions, prononcées hier et aujourd'hui, que je ne saurais laisser passer sans réponse. Le sentiment de ma dignité m'en fait un devoir.

M. Thiers, en parlant de mon discours, l'a appelé une diatribe. Je fais appel aux souvenirs de tous les membres de l'assemblée, sur quelques bancs qu'ils siègent, et je leur demande si ce discours a été autre chose qu'une citation d'actes, de faits, de documents, de dates, de passages même du *Moniteur*. C'était de l'histoire sans interprétation, sans commentaires même.

Or, si l'histoire de M. Thiers ressemble à une diatribe, à lui la faute et non pas à moi. (*Mouvement.*)

L'honorable M. Odilon Barrot vient de dire tout à l'heure que, dans la ligne qu'il s'était tracée, entre ce qu'il appelle le parti des immobiles et celui des intraitables, des clameurs ne sauraient l'ébranler.

Je dois repousser cette expression....

(*Odillon Barrot : Ce n'est pas à votre personne que cela s'adresse.*)

Je dois la repousser, car c'est là le langage violent des majorités contre les minorités ; on cherche à flétrir ainsi l'expression de toute opinion indépendante. Non, non, ce ne sont point des clameurs isolées.

Pour moi, je fais bon marché de ma personne ; et je comprends que des hauteurs où vous vous croyez placé, vous permettez à peine à mes paroles d'arriver jusqu'à vous ; mais l'an dernier, lorsqu'un homme considérable, dont le langage éclatant a autant d'autorité dans cette enceinte qu'il a de retentissement dans le pays, vous adressait les mêmes reproches, vous montrait l'opinion publique se retirant de vous à cause de vos faiblesses et de vos douteuses et compromettantes alliances, vous lui disiez aussi qu'il était isolé. Hier, vous le disiez à M. Lherbette, quand il s'est levé pour protester contre votre fusion imprudente ; eh bien, je vais vous prouver que nous sommes si peu isolés, que nous sommes appuyés dans cette accusation même par des hommes et des journaux de votre propre parti. (*Exclamations bruyantes à gauche.*) Messieurs de la gauche, je croyais que vous vouliez de toutes les libertés, y compris celle de la tribune ? Me serais-je trompé ? et ne permettrez-vous pas à un homme dont hier vous avez travesti les idées et les paroles de vous répondre ? (*Parlez ! Parlez !*)

Je vous disais que dans cette appréciation de votre ligne politique nous étions si peu isolés, qu'elle est réprouvée par les hommes mêmes de votre parti ; que cette alliance sans programme, sans plan déterminé, avait jeté la division au milieu de votre presse et de votre propre opinion. Vous me répondez qu'il ne faut pas tenir compte des précédents quand il s'agit, par une union, de former un grand parti national.

Un grand parti national ! Ah ! nous ne pouvons reconnaître pour tel qu'un parti où il y a des principes et non des ambitions seulement.

Ces principes, dites-nous quels ils sont, et pour peu qu'ils indiquent un mouvement, qu'ils décèlent un progrès, nous autres, que vous appelez le parti des intraitables, nous sommes prêts à vous seconder.

Mais, encore un coup, trève de phrases et de grands mots, votre réforme, où est-elle?

(*Une voix : Dans le Moniteur.*)

Dans le *Moniteur*, dites-vous? Ah! c'était hier également la réponse de M. Thiers.

Dans le *Moniteur*! Mais à quelle année? à quelle date? aurais-je le droit de vous demander ; car vous savez que, dans le *Moniteur* même, vous avez eu trois programmes différents ; puis parlez-vous des vôtres ou de ceux de M. Thiers? Il faudrait commencer par vous entendre, car les vôtres sont exclusifs des siens ; et si, par cette réponse vague, évasive, vous croyez, comme M. Thiers, donner le change au pays, reculer devant tout engagement, oh! non, ne croyez pas que le pays vous suive sur ce terrain. Il se rappelle encore 1830 : à cette époque aussi on refusait de s'expliquer; on s'enveloppait de nuages ; on cherchait à caresser l'esprit de nationalité, sans rien formuler, sans rien définir. La nation a cru à des principes, quand il n'y avait que des ambitions, et, une fois prise au piège, elle a vu peser sur elle le ministère qui a préparé celui-ci, c'est-à-dire que, depuis six ans, le pays s'est vu corrompu et humilié.

Quoi que vous fassiez, sans idées arrêtées, sans programme, sans réformes à réaliser, arrivassiez-vous vous-mêmes aux affaires, que vous vous y élèveriez sans force, sans puissance, dominés par une volonté supérieure, aussi courbés que le ministère actuel.

Puisque que vous parliez tout à l'heure de complicité et d'innocence, croyez-moi, vous joueriez encore une fois le rôle de dupes ou de complices.

Oui, tout au moins le rôle de dupes, comme vous l'avez

joué en votant les fonds secrets, en votant les fortifications
contre vos principes, en votant pour la régence des hommes
contre vos principes, et sans qu'aucun de vos principes ou
de vos prétendues réformes y aient rien gagné; car, soit au
ministère, soit dans l'opposition, M. Thiers ne vous a rien
concédé. Et j'ajouterai qu'il ne peut rien vous concéder, car
il est accablé sous le poids de vos précédents. J'en avais
donné vingt preuves il y a deux jours, et aujourd'hui,
comme pour vérifier mes paroles, une nouvelle preuve plus
décisive, plus irrésistible, a surgi au milieu de ce débat.
Que viennent de faire M. Barrot et ses amis dans cette
séance? Ils ont montré la corruption électorale administrative, judiciaire, s'infiltrant, se répandant partout. Qu'a répondu à ces accusations M. le ministre de l'intérieur? Ne
regardait-il pas M. Thiers quand il s'est écrié : Cette faute,
si c'en est une, est celle de toutes les administrations qui
nous ont précédés, et j'ai là dans mon portefeuille des documents qu'on m'évitera, j'espère, la peine de dérouler sous
sous les yeux de la chambre. Qu'a répondu votre allié,
M. Thiers? Il a courbé la tête.

Comme hier, au milieu de ses magnifiques attaques contre M. Guizot, il abaissait encore la France, il froissait ses
justes instincts d'orgueil et de nationalité, quand il disait
qu'il voulait pour elle une politique modeste, avec des circonstances non seulement paisibles, mais encore médiocres !
Ce qu'il souhaitait à l'Amérique, c'était la grandeur ; ce
qu'il se plaisait à constater pour l'Angleterre, c'était de la
grandeur ; et le rôle qu'il laissait à la France, c'était la
médiocrité. En quoi se distingue-t-il donc de M. Guizot,
M. Thiers votre allié? Et quelle confiance voulez-vous que
les patriotes aient en lui?

(*Plusieurs voix : Et l'amendement !*)

J'y rentre. L'amendement, je le voterai, parce qu'il s'é-
lève contre la corruption et l'inobservation des lois; mais,

tout en le votant, je déclare qu'il faut demander le remède à d'autres moyens plus énergiques et plus efficaces.

Si vous voulez sauver les principes, commencez par les inscrire hardiment sur votre drapeau ; confiez-en exclusivement la défense à des mains qui ne soient pas suspectes, et qui ne se dérobent point après la lutte ; en un mot, montrez au pays ce que vous voulez et ce que vous valez ; que la réforme, une réforme large et féconde, soit votre cri de ralliement : autrement votre fusion inexpliquée ne reste plus à ses yeux que comme une désertion, et vous jetez pour longtemps dans son sein l'hésitation, le doute et le découragement.

XXV

CONSEILS AUX TRAVAILLEURS

A PROPOS DES ÉLECTIONS PROCHAINES

(Écrit publié par le journal *la Réforme*, le 1er mars 1846)

Les élections s'approchent ; car du haut de la tribune le pouvoir vient de notifier à la chambre son arrêt suprême. Chez un grand peuple ce devrait être une solennité politique, agitant à la fois tous les intérêts, dans une activité commune, et faisant pénétrer la vie dans tous le corps social, depuis sa surface jusqu'à ses plus mystérieuses profondeurs.

Et cependant que va-t-il arriver ? Vous allez voir se dérouler devant vous de nombreux programmes, où des questions d'hommes et de pouvoir seront seules engagées ; mais de vos droits, de ces droits sacrés que vous avez conquis en 89, en 92 et 93, mais de vos intérêts, mais de vos misères, de votre longue et cruelle agonie, pas un mot.

Et pourquoi ? Osons le dire : parce que cette solennité politique, cette agitation qui devrait être universelle et féconde, est renfermée dans les limites étroites du privilège ; elle se borne aux rapports officiels de l'électeur à l'élu ; sa plus vaste portée, sa pensée la plus intime, c'est l'intérêt du monopole cherchant d'une part à se fortifier contre la royauté, de l'autre à s'associer à sa fortune ; d'un côté, l'égoïsme intelligent et jaloux ; de l'autre, l'égoïsme servile et pressé de jouir ; mais surtout et avant tout, l'exploitation des classes exclues, dont chaque jour — la loi des livrets est là pour l'attester — rive de plus en plus la chaîne. Voilà malheureusement à quoi se réduit, pour la France de 1850, la grande fête électorale !

Vous tous qui, en dehors des deux cent trente mille privilégiés, allez lire ces programmes effacés ou vides, vous y chercherez une fois encore quelque satisfaction à vos droits méconnus, quelque consolation à vos souffrances, et vous n'y trouverez rien, absolument rien. Devez-vous désespérer ? Non, non, croyez-le bien, vos droits sont imprescriptibles, et ils portent en eux-mêmes la destinée de vos intérêts. Non ! l'homme n'est pas venu en ce monde pour y être opprimé sans cesse ! Non ! sa vie ne peut pas être seulement tissue de souffrances et de sacrifices ! L'homme apporte ses droits avec lui. La Révolution l'a écrit en caractères ineffaçables. Croyons-en cette grande prophétie du siècle dernier. Et vos intérêts, peuvent-ils être à jamais sacrifiés ? Resterez-vous constamment privés de toute participation à l'héritage commun ? Êtes-vous condamnés à vivre et à mourir courbés sous le joug, sans ne pouvoir jamais jeter vers le ciel qu'un regard de reproche ? Non, cela n'est pas possible, l'homme n'a point été organisé pour le rôle de la brute ; il ne porterait point en lui le sentiment de la dignité et de la justice, s'il ne devait y trouver qu'un supplice plus cruel encore que toutes les douleurs matérielles.

Et voyez ! Cette enquête que vous avez réclamée avec nous l'an dernier, cette enquête dont nous n'avions assurément pas besoin pour nous éclairer, n'est-elle pas devenue superflue pour tous aujourd'hui ? Aux yeux de l'égoïsme le plus obstinément aveugle, n'est-il pas démontré par des statistiques récentes que, même en ne vivant que de pain et d'eau, en n'accordant pas aux besoins les plus impérieux le nécessaire, pour la masse des travailleurs, chaque année se solde par un déficit, obstacle éternel à la conquête de sa liberté et à l'exercice si légitime des droits de l'homme et du citoyen ?

Mais voyez encore! N'est-il pas évident que la loi de l'humanité supérieure à l'imprévoyance des gouvernants, se charge elle-même de mettre à l'ordre du jour les vastes problèmes qui vous intéressent? Voilà que tout à coup le gouvernement le plus monopoleur de l'univers est amené à proclamer la liberté des échanges. Oh! peut-être y a-t-il dans cette nouvelle politique de l'Angleterre, que l'avenir se chargera de nous expliquer, un intérêt tout spécial ; peut-être l'aristocratie britannique espère-t-elle encore nourrir le peuple anglais aux dépens des autres nations. Mais il n'en est pas moins vrai qu'elle avoue la nécessité de s'occuper des besoins et des souffrances du peuple, et qu'elle est obligée de reconnaître à la face du monde cette loi si simple et si grande à la fois, que les objets nécessaires à tous ne doivent pas être réglementés uniquement en vue du fisc et de la fortune de quelques privilégiés.

Voilà certainement les immenses questions que vous vous attendez à voir surgir dans les programmes qui vont fournir le premier texte du dialogue officiel entre les électeurs et ceux qui brigueront leurs suffrages. Si vous les y trouvez en effet, tant mieux ; si notre persistance à les rappeler peut contribuer à les y introduire, tant mieux encore. Mais si vous ne les trouvez pas plus cette fois que vous ne les avez rencontrées jusqu'ici, oh! non, ne désespérez pas! Pour vous expliquer cet incroyable silence, songez qu'en ce moment vous avez les yeux fixés sur une sphère où le monopole seul se débat. N'est-ce point étrangement abuser des mots que d'appeler représentation nationale la représentation de deux cent trente mille individus, lorsque la Nation compte trente-cinq millions d'hommes! Vous tous donc qui êtes en dehors du privilège, ne cherchez pas votre représentation dans le parlement. Ce serait une erreur. Erreur excusable sans doute, et que nous comprenons sans peine. Vos pères ne vous ont-ils pas dit que nos grandes assemblées révolutionnaires avaient appris aux gouvernants qu'il y a un Peuple et que tout est à faire pour lui? Vous-mêmes, n'avez-vous pas vu sous la Restauration une opposition qui, elle aussi, n'avait la parole qu'en vertu du privilège, représenter cependant et défendre avec autant de chaleur que d'éloquence les droits de tous. C'est qu'en effet, alors, le privilège bourgeois luttait contre les anciens privilèges de la royauté et de la noblesse, et qu'impuissant sans vous, il avait besoin de confondre sa cause dans la vôtre. Il parlait pour vous, vous avez combattu et triomphé pour lui.

Mais aujourd'hui, espérez-vous retrouver vos véritables représentants au travers de ce réseau de monopoles qu'à tressé la loi de 1831, au profit de quelques privilégiés, dans le sein de ces chambres qui ont abaissé devant le pouvoir toutes les barrières, qui ont sacrifié le droit d'association et toutes les garanties populaires, qui ont relevé autour du foyer révolutionnaire l'édifice féodal de l'embastillement, qui ont accepté pour programme financier cette inhumaine et sauvage devise : faire rendre à l'impôt tout ce qu'il peut rendre, et qui en sont arrivés à grever le travail national d'un millard et demi, une moitié en sus du budget de la Restauration, le double du budget de l'Empire, le triple du budget de la République !

Non ! votre avenir n'est pas là. Sans doute, vous avez encore à la chambre des hommes qui vous sont dévoués, et, pour ne pas les nommer tous, je ne citerai que deux de nos amis : Joly, qui paie son tribut à la sainte cause de la liberté par un de ces dévoûments qui ne se fatiguent jamais ; Arago, ce chef de la science, qui n'en sonde les secrets que pour les vulgariser et y découvrir chaque jour des sources fécondes et utiles à tous ; quelques autres encore ; mais tous tant que nous sommes, nous-mêmes, pouvons-nous avoir la prétention de vous représenter ? Souffrons-nous comme vous de cette inique inégalité qui froisse ce qu'il y a de plus intime et de plus sacré dans le cœur de l'homme ? Souffrons-nous comme vous, à tous les instants, de ces misères que nous ne pouvons comprendre que par la sympathie d'un cœur généreux, et sommes-nous bien sûrs que, dans le milieu corrompu où nous vivons, même en y restant purs, nous n'y laissons pas quelque chose de notre ardeur première ? car les volontés les plus résolues et les plus énergiques se lassent et s'engourdissent à se replier sans cesse sur elles-mêmes.

Encore une fois, ce n'est pas dans cette représentation du monopole que vous devez chercher votre représentation ; cherchez-la en vous-mêmes. Vous la trouverez dans ces grands centres industriels où l'ouvrier laborieusement courbé sur son métier, place à côté de lui le livre qui l'instruit et l'éclaire, et le console en offrant à sa pensée un avenir meilleur ; vous la trouverez au foyer de l'agriculteur, où la vieille tradition révolutionnaire raconte l'histoire de la France libre et forte, et crée des âmes vigoureuses dans des corps robustes ; vous la trouverez partout où le sentiment d'une souffrance fait naître le sentiment d'un droit ; vous la trouverez au sein des masses, où la conscience des droits de tous s'éveille de plus en plus, où des intelligences d'élite, vivement émues au spectacle de cette agonie prématurée de l'enfance, de ces angoisses quotidiennes de l'âge mur, de l'horrible faim qui attend la vieillesse, puisent dans ces leçons vivantes des forces inconnues, et transforment à chaque instant des martyrs en révélateurs : c'est là que le bon sens remplace l'éducation, que la sainte loi du dévoûment se substitue aux calculs de l'égoïsme, et que la lutte incessante contre une réalité terrible fait jaillir des idées dont la puissance et la justesse déconcertent l'orgueil de la science et de l'étude. Là est votre avenir.

Lorsque, pour maintenir le peuple dans cet état de servage et d'ilotisme qui lui refuse tous les droits politiques, on dit qu'il ne s'éclaire pas, on vous calomnie ou l'on s'abuse. La marche de l'esprit humain ne se plie point au caprice des statistiques. S'il n'y a pas en France, chaque année, beaucoup plus d'hommes qui aient appris à lire, il y en a beaucoup plus qui ont appris à penser. Lorsque quelques-uns de ces hommes qui ont souffert par eux-mêmes, dans leur dignité morale et dans leur corps, de cet état d'oppression et d'exploitation, seront entrés dans l'assemblée représentative, alors la vérité éclatera aux yeux de tous, car elle aura pour interprètes ceux-là dont on n'oserait contester le témoignage.

Nous vous disons : ne désespérez pas, et n'attendez rien de la représentation actuelle. Mais faut-il conclure de nos paroles que vous devez rester indifférents à la lutte qui va s'engager?

Non sans doute, car le privilège le plus obstiné ne saurait résister toujours à cette pression morale qu'exerce sur lui l'opinion publique : il y cède, ou il est brisé. Nous ne vous rappellerons pas en ce moment combien de fois vous l'avez réduit par la force ; mais je vous rappellerai que deux fois il a cédé de lui-même : pour éviter une lutte désavantageuse, pour essayer de sauver quelques débris de sa fortune, c'est possible ; mais enfin il a cédé. Il a cédé dans cette nuit mémorable où la vieille aristocratie fit le sacrifice de ses titres sur l'autel de la Révolution. Il cède aujourd'hui même en Angleterre, et c'est du sein du parti conservateur qu'est sortie une proposition de réforme dont les conséquences sont encore incalculables et pour elle-même et pour le monde entier. Mais nous vous dirons que pour réduire le privilège à cette extrémité, il faut que l'opinion élève la voix de manière à se faire entendre des oreilles les plus rebelles.

Eh bien! dans la lutte prochaine, vous reconnaîtrez les drapeaux qui ne représentent que des intérêts personnels, et ceux qui représentent des principes. Sur les premiers, vous verrez inscrits des noms d'hommes, des noms de candidats au pouvoir : détournez les yeux et passez. Sur les seconds, vous lirez quelques promesses de réforme, quelques professions de principes ; arrêtez-vous et appuyez. Si les principes ne sont pas entiers, si les réformes ne sont pas complètes, ne les croyez pas cependant indignes de votre attention. Ne demandez à chacun que ce qu'il peut porter, mais demandez-le, et ne laissez pas à des bonnes volontés douteuses ou chancelantes le soin de régler la part du fardeau. Ne croyez pas non plus que la vie politique de ce noble pays soit tout entière enfermée dans l'urne électorale; Grâces à Dieu! nous ne sommes point encore tombés si bas. Quel est l'homme qui n'a pas une action sur son voisin, ce voisin eût-il la prétention de s'appeler son maître, fût-il son propriétaire ou son banquier? Suppléez donc, par votre dévoûment et votre zèle, à ce que l'institution actuelle a d'imparfait. Songez que si, dans leurs luttes antérieures contre le pouvoir, les privilégiés ont eu besoin de vos bras, ils savent, et le pouvoir sait comme eux, que quand l'idée est mûre chez vous, pour la faire entrer dans le domaine des faits, vous n'avez pas besoin d'auxiliaires.

XXVI

DISCOURS PRONONCÉ A LA CHAMBRE DES DÉPUTÉS

DANS LA DISCUSSION D'UNE PROPOSITION TENDANT A APPORTER DES MODIFICATIONS
DANS LA LÉGISLATION RELATIVE

AUX CONCESSIONS DES MINES

(3 avril 1846)

Messieurs,

Tout en rendant justice aux intentions qui ont dicté cette proposition, il est un côté cependant par lequel je serais presque tenté de la critiquer; elle semble reconnaître implicitement qu'aujourd'hui le gouvernement est désarmé. En conséquence, elle l'exonère, elle le décharge, pour le passé et pour les faits si douloureux qui viennent de s'accomplir, d'une responsabilité qui, selon moi, doit peser sur lui de la façon la plus grave et la plus irrémissible.

En effet, messieurs, si l'honorable auteur de la proposition reconnaissait tout à l'heure, dans son discours, que le gouvernement n'était pas désarmé contre la gigantesque union charbonnière, sa proposition n'en consacre pas moins indirectement qu'il n'a pas une force répressive suffisante, puisqu'elle a pour objet de la lui communiquer.

Fortifiez-le encore pour l'avenir contre cette invasion brutale et tyrannique des capitaux, j'y consens, et, à ce point, j'appuie la proposition; mais n'allez pas jusqu'à faire supposer qu'aujourd'hui même il n'a pas le pouvoir de l'arrêter:

c'est ici que je distingue et que je me sépare de vous.
Voyez, en effet, le langage du ministre. Lui demandez-vous
de ne pas souscrire à la transformation de la coalition
houillière en société anonyme, il vous répond : je ne puis
pas prendre d'engagements, j'aviserai. Exigez-vous de lui
qu'il mette en mouvement l'action de la justice, et fasse
faire application de la loi pénale, alors il vous dit : nous ne
sommes pas placés dans les circonstances qu'elle a prévues,
laissez-les éclore, et nous ne faillirons point à nos devoirs.

Eh bien ! je ne veux pas, moi, que la proposition soit un
bill d'indemnité pour le présent et pour le passé du ministère, car je prétends que, dès à présent, l'art. 419 est applicable et je le prouve en quelques mots.

Que la Chambre me permette de remettre le texte même
sous ses yeux.

« Tous ceux qui, par *Réunion* ou *Coalition* entre les
principaux détenteurs d'une même marchandise ou denrée,
tendant à ne pas vendre ou à ne la vendre qu'à un
certain prix, ou qui, par des voies ou moyens frauduleux
quelconques, auront opéré la hausse ou la baisse du prix
des denrées ou marchandises au-dessus ou au-dessous des
prix qu'aurait déterminés la *concurrence naturelle et
libre du commerce*, sont punis d'un emprisonnement. »

Le prix de la marchandise a-t-il augmenté, depuis la
coalition, au-dessus du cours qu'aurait déterminé la concurrence naturelle et libre? tel est donc le fait à constater
pour qu'il y ait lieu à application non équivoque de la loi
pénale. Or, M. Terme, maire de la ville de Lyon, a établi
que, depuis la loi de 1845, époque de l'union, le prix des
houilles s'était accru à Saint-Étienne de 40 à 50 centimes.
L'honorable M. de Lamartine vous a démontré que, dans le
même intervalle, il s'était élevé de 30 à 40 centimes. C'est,
au surplus, un fait avéré par une série de documents
publiés, que personne ne saurait raisonnablement nier. Il

me suffira, pour ne laisser aucun doute à cet égard, de citer à la chambre l'opinion de M. Fénéon, ingénieur des mines, à Saint-Étienne:

« Le prix de la houille a subi depuis un an un accroissement considérable, de 40 à 50 centimes. Voici un fait *alarmant* pour Saint-Étienne, *et qui porte l'inquiétude dans les populations.* »

Qu'on cesse donc de répéter, avec une feinte assurance, que dans les bassins de la Loire le prix des houilles est resté le même, quand il est mille et mille fois constaté que depuis 1845, depuis la coalition, l'augmentation du prix des houilles a été de 40 ou 50 centimes, c'est-à-dire, dans l'état actuel de l'extraction, de 8 millions par an au profit de la coalition, et par conséquent au préjudice des consommateurs. (*Sensation.*)

Le fait, le fait incontestable, c'est qu'il y a eu élévation au-dessus du niveau qu'aurait donné la concurrence libre et naturelle : donc coalition répréhensible aux termes de l'art. 419 ; le fait, c'est qu'il y a eu abaissement des salaires dans le bassin houillier de la Loire depuis l'agglomération des compagnies : donc application positive, immédiate de l'art. 414 aux maîtres coalisés.

A cette argumentation pressante et logique, que répond M. le Ministre des travaux publics ? permettez-moi de le dire, il n'aborde pas la question, il la tourne ; il vous dit : Mais remarquez que tous les jours le prix d'une marchandise augmente en raison de la plus grande quantité de besoins, et de l'accroissement de la demande sur le marché. Personne ne peut contester, ajonte-t-il, que l'usage des houilles ne soit devenu plus étendu ; donc l'augmentation dans les prix peut être attribuée à une autre cause que la coalition.

Je réponds, à mon tour, ceci : si votre raisonnement doit être poussé jusqu'à ses dernières conséquences, qu'en résulte-t-il? que jamais, non jamais la loi pénale ne pourra être appliquée. Car toutes les fois que nous dirons : le prix de la marchandise ou de la denrée a augmenté, vous ne manquerez pas de répliquer : peut-être est-ce la demande qui l'a fait augmenter; rien ne constate, en tous cas, que ce soit la coalition.

Qu'ai-je donc à prouver, Messieurs, pour ne plus laisser au ministre de prétexte ni d'issue possible? Le débit de la houille s'étant partout généralisé, accru en France, il me faut prouver que, depuis la fin de 1845 le prix ne s'est cependant élevé nulle part aussi haut que dans le bassin de la Loire; car, alors, il faudra bien reconnaître que cette surélévation spéciale, locale, n'est pas le résultat de l'accroissement de la demande sur les marchés, mais bien le fait isolé, particulier, de la coalition colossale que nous dénonçons au pays. Comparons, examinons, non pas des départements éloignés, mais ceux-là même qui avoisinent Saint-Étienne et Rive de Giers, comme l'Allier, le Gard, l'Aveyron.

Les prix qui, au dire des monopoleurs, devraient être abaissés depuis l'agglomération de 1845, sont échelonnés aujourd'hui dans les proportions suivantes : A Saint-Étienne, *pays de Monopole*, 1 fr. 32 cent. ; dans le Gard, *lieu de libre concurrence*, 77 centimes; dans l'Aveyron, 57 centimes; dans l'Allier 53 centimes. Comme le disait si bien l'honorable M. de Lamartine, voilà la vertu du Monopole. (*Mouvement.*

Qu'on me permette de l'affirmer, ce rapprochement est sans réplique; non, vous ne pouvez plus dire que c'est le nombre de la demande, et non le monopole, qui a surélevé les prix, quand vous voyez que dans les départements limitrophes, il y a cette différence de 1 fr. 32 cent. à 77 centimes, 57 centimes, 53 centimes.

Si donc, pour dissoudre à l'instant cette coalition inique,

aussi onéreuse au consommateur qu'au malheureux ouvrier, vous ne faites point usage de la loi, de cette loi que vous appliquez d'une façon si prompte, si cruelle, au prolétaire, ne prétextez plus votre impuissance.

Vous avez contre les maîtres le châtiment dans la main ; tarder plus longtemps à sévir, ce serait, tranchons le mot, une véritable forfaiture.

Et, cette coupable inaction de votre part, cet abandon systématique des intérêts des faibles dont vous ne savez sortir à intervalle que par la violence, éveille dans mon cœur de bien tristes émotions. Au récit des lamentables événements dont Saint-Étienne vient d'être encore le théâtre, il n'est, j'en suis sûr, aucune opinion dans cette chambre qui n'ait été douloureusement affectée. (*Très bien ! très bien !*) Je comprends l'effort que je dois faire sur moi-même pour donner à ma parole toute la mesure, toute la prudence que comporte cette anxieuse situation.

Du sang a été répandu : quelques jours encore, et nous saurons sur qui il doit retomber ; des interpellations en demanderont compte à cette tribune. Mais, s'il nous faut jeter aujourd'hui un voile sur ces scènes sinistres, qu'on me permette, au moins, d'élever ce débat à la hauteur d'une question de droit et de la placer dans la région calme de la justice et des principes.

Je demande au ministère comment la loi est appliquée, si elle l'est d'une manière impartiale, si la balance est tenue d'une main équitable, si l'on fait justice égale au maître et à l'ouvrier, au pauvre et au riche ?

Pour la coalition du riche, en présence de la féodalité dure et farouche de l'argent, vous répondez que vous êtes impuissants, désarmés ; et si l'ouvrier réclame au nom de la faim, lui parlez-vous le langage de la persuasion, de la douceur, de la fraternité ? au moins, êtes-vous seulement justes à son égard ? Non, vous le réduisez par la force ; et

votre action si tardive, si lenteordinaire ment, tombe sur
lui comme les éclairs de la foudre.

Eh bien, c'est au nom de la justice et de l'humanité que
je viens vous demander quand tout ceci aura un terme. Et
voyez en effet tout ce qu'il y a d'agressif et de révoltant dans
votre conduite et dans votre langage.

Nous adressons-nous à vous dans un temps calme; vous
présentons-nous, par exemple, comme l'an dernier, une
pétition couverte de 130 000 signatures ; vous demandons-
nous à mains jointes, en frères, que vous daigniez vous
initier, par une enquête, aux mystérieuses douleurs du
prolétaire, et mettre enfin d'accord ses droits et ses devoirs ;
que répondez-vous? vous répondez par le silence et le dédain, et vous ne faites même pas à cette pétition, qui couvre
tant d'angoisses et tant de larmes, l'honneur de la rapporter.

Et puis, quand des jours de deuil surviennent, quand des
collisions fatales éclatent, quand ces ouvriers, qui ne peuvent se faire comprendre que par la force, sont comprimés
par la violence, vous nous dites : « Il n'est pas temps de
parler ; les conséquences de vos paroles seraient funestes
et sanglantes; nous vous en conjurons, taisez-vous. »

Je le répète, je viens vous demander, moi, quel jour
sera propice, et à quelle heure il entrera dans vos convenances de débattre cette grande question du salaire et du
prolétariat.

En 1831, après les événements funèbres de Lyon, que
faisait Casimir Perier? Il comprenait enfin, disait-il, l'importance de la question sociale, et il promettait solennellement que les problèmes de science politique et économique,
qui se posaient avec tant de sinistre éclat, allaient devenir
l'objet les sérieuses et constantes préoccupations du pouvoir.

Vous savez que la vie de Casimir Perier, ses derniers
jours, ont été consumés dans le tumulte des passions poli-

tiques ; mais depuis sa mort, mais aujourd'hui, dans le calme ou dort la société officielle, qu'avez-vous fait ? quelles mesures de législation ou d'administration ont été prises qui prouvent qu'on ait donné une pensée à ces vastes questions ?

Vous proposez une loi sur les livrets, loi tracassière, illibérale, attentatoire à la liberté de l'homme, à la dignité et à la pudeur de la femme, qui ne passera point dans cette session, heureusement, car l'ouvrier la regarde comme une chaîne de plus qu'on veut lui imposer. Vous décrétez encore sur les prud'hommes une loi par laquelle vous donnez à l'ouvrier son maître pour juge, et non un ouvrier comme lui, souffrant comme lui, et, par conséquent, son défenseur.

Beaux remèdes, vraiment, et bien efficaces ; voilà cependant ce que vous faites !

Je dis donc qu'il n'est pas possible que la proposition vienne amnistier le passé, en supposant que le Gouvernement n'a pas eu la puissance d'agir pour défendre le faible contre la féodalité du capital. Cet oubli permanent des droits et des intérêts du plus grand nombre fait peser sur le gouvernement une trop grande responsabilité pour que je ne fasse pas toutes réserves à cet égard ; car le pays et l'histoire jugeront un jour.

XXVII

DISCOURS PRONONCÉ A LA CHAMBRE DES DÉPUTÉS

DANS LA DISCUSSION

SUR LE DROIT D'INTERPELLATION
(7 avril 1846)

MESSIEURS,

Hier j'ai eu l'honneur de demander à la chambre la fixation d'un jour pour des interpellations que j'aurais à adresser au cabinet au sujet des déplorables événements dont Saint-Étienne vient d'être le théâtre.

On a renvoyé à statuer, parce que la chambre n'était pas en nombre; je renouvelle ma demande, et je prie la chambre de désigner un jour.

Pendant que j'ai la parole, messieurs, permettez-moi d'en profiter pour dire mon opinion sur une observation faite hier par M. le Président, au milieu du tumulte, et qui tendait à établir que la chambre a le pouvoir d'indiquer ou de refuser un jour; en d'autres termes, d'admettre ou de repousser l'exercice du droit d'interpellation.

Messieurs, cette théorie est inexacte et ne saurait se soutenir; et si la chambre l'a consacrée par des précédents, ces précédents ne reposent ni sur la raison, ni sur la logique, ni sur le règlement.

Qu'est-ce, en effet que le droit d'interpellation? mais, avant tout, d'où vient-il? quelle est sa source? et d'abord

qu'est-ce que la majorité? La majorité, c'est l'autorité,
la puissance, la force; disons-le, une force presque
toujours tyrannique. La minorité, c'est la protestation,
c'est la liberté, c'est l'indépendance. Or, le droit d'interpellation, de motion directe, c'est la seule garantie donnée
à la minorité contre la majorité, à la liberté contre l'autorité, pour faire entendre ses griefs, ses doléances, dans les
circonstances graves et urgentes. La majorité ne peut donc
refuser à la minorité, d'une manière absolue, de l'entendre;
elle peut seulement, pour obéir aux lois des convenances et
de l'opportunité, lui indiquer un jour où elle s'expliquera;
mais, ce jour, elle le lui doit d'une façon impérieuse, incontestable.

C'est ainsi que l'ont compris tous les gouvernements
représentatifs : l'Angleterre, l'Amérique, l'Espagne, le Por-
tugal; c'est ainsi que la restauration avait été forcée de l'accepter : la restauration! entendez-vous bien? car la forme
était autre, mais le fond était bien le droit tel que je le dé-
fends devant vous.

Et, s'il en était autrement, dans des circonstances solennelles, où la responsabilité du ministère serait gravement
engagée, où il aurait intérêt à bâillonner l'opposition, quel
moyen aurait-elle de se faire entendre? Sur des lois étrangères à l'accusation qu'elle veut porter, si elle prenait la
parole pour motiver cette accusation, on la rappellerait à la
question, à l'ordre; et, partout, pour les explications qu'elle
voudrait demander, qu'elle croirait utiles à l'honneur ou à
l'intérêt du pays, elle viendrait se heurter contre les rangs
serrés et sans écho de la majorité; elle tournerait dans un
cercle vicieux : la majorité! toujours la majorité! La
majorité l'opprimerait dans les bureaux si elle voulait exercer un droit d'initiative et de proposition directe. Pour
exercer ce droit d'initiative, il faudrait au moins trois bureaux; et vous savez que plusieurs mois se sont écoulés de

cette session,sans que jamais l'opposition ait eu la majorité dans trois bureaux.

Le droit d'interpellation est donc la seule garantie de l'opposition, la seule garantie de la liberté aux prises avec l'autorité et la force.

A cette déduction logique que répond-on ?

Que le droit d'interpellation présente des inconvénients, qu'on pourrait en abuser pour entraver les travaux sérieux de la chambre, et jeter du trouble, du désordre dans la succession régulière de ses travaux.

· Vraiment, l'objection n'est pas sérieuse, car si l'interpellation vient entraver les travaux de la chambre, est-ce que vous n'avez pas à l'instant même mille moyens d'interrompre l'orateur intempestif ? n'avez-vous pas des règles sur la police de l'assemblée? que sais-je ? l'observation, le rappel à la question, le rappel à l'ordre, l'interdiction de la parole dans les cas prévus par les règlements, la loi des convenances et les traits du ridicule surtout, si puissants sur une assemblée française? Non, non, l'objection n'est pas sérieuse : elle n'est qu'un détestable prétexte couvrant un abus de la force, une tyrannie de la majorité. (*Réclamations*).

Oui, une tyrannie; car en refusant à l'orateur le droit d'interpeller, sans savoir comment il se servira de ce droit, ce qu'il peut y avoir d'utile dans l'usage qu'il va en faire, vous agissez par voie préventive: c'est la censure et non la répression; c'est la négation même du droit. (*Mouvement.*)

L'interpellation, dites-vous, peut avoir des inconvénients, entraîner des abus : eh ! grand Dieu, parmi les choses humaines et les meilleures, quelle est donc celle qui n'offre ni inconvénients, ni abus? La tribune a aussi ses inconvénients, faut-il la renverser? Combien de longs et inutiles discours qu'il faut cependant subir au nom de la liberté ! car la liberté ne peut être qu'à ce prix : elle n'est la liberté qu'à condition qu'on entendra l'opinion de quiconque veut laisser parler sa conscience. La presse aussi, aux yeux de bien des gens, a ses inconvénients, ses dangers; serait-ce une raison, par hasard, pour lui appliquer la censure? Vous savez ce qu'en a pensé la nation en juillet et ce qu'elle en penserait encore aujourd'hui.

Je ne saurais donc m'élever avec trop d'énergie contre la doctrine émise hier par M. le Président. Oui, messieurs, si la chambre s'est arrogé le droit de se refuser à entendre l'interpellation; si, en un mot, elle s'est faite juge du droit lui-même et non pas seulement de la fixation du jour, il y a abus de la force; et comme il n'est pas de droit contre la raison, la logique, la liberté, le droit enfin, je ne cesserai de protester contre cet empiétement abusif et violent condamné par la constitution de tous les gouvernements libres. (*Adhésion à gauche.*)

L'orateur quitte la tribune et regagne sa place.

Le Président, prenant la parole, explique que, quel que soit le droit individuel de l'interpellation, ce droit, comme tous les droits, est sujet à un règlement dans son exercice, et que cet exercice se trouve déterminé par l'article 18 du règlement qui donne à la chambre le droit de fixer son ordre du jour.

L'orateur, de sa place:

Il est évident que la question s'engage sur une équivoque. En effet, M. le Président vient de vous dire que la chambre a le droit de fixer son ordre du jour; cela est incontestable; mais sous prétexte de réglementer le droit, il ne faut pas l'étouffer. (*A gauche: C'est cela! c'est cela! Voilà la question*).

Si donc le droit d'interpellation appartient à la minorité d'une façon souveraine, imprescriptible, si vous ne pouvez le nier, il en résultera bien que vous pourrez fixer pour son exercice tel ou tel jour: car c'est là réglementer, régulariser; mais il ne s'ensuivra jamais que vous pourrez refuser cette indication; car cela ne serait plus réglementer le droit, mais le tuer indirectement, l'anéantir.

J'ajoute que si, comme l'a dit M. le Président, la chambre a toujours le droit de fixer son ordre du jour, il faut remarquer que cette disposition ne peut s'étendre au droit d'interpellation, qui n'est pas prévu par le règlement. Ce n'est donc pas le texte du règlement qu'on pourrait invoquer pour détruire ce droit; il ne signifie qu'une chose : c'est que la chambre, en fixant son ordre du jour, désignera, pour entendre l'interpellation, la séance qui entrera le mieux dans les convenances de ses travaux ; voilà tout.

Il faut le dire bien haut : c'est une liberté de plus qu'on veut nous ravir, nous enlever d'une façon détournée car les abus, les dangers qu'on signale, ne sont que des effets oratoires et des craintes chimériques. (*Murmures au centre. — Quelques voix : Assez ! assez !*)

L'orateur à la tribune :

Il faut bien que cette question s'éclaircisse enfin, et si la chambre ne veut pas m'entendre de ma place, je me ferai entendre à la tribune.

Oui, je répète que ces craintes ne sont que de vaines chimères, et que les assemblées représentatives que j'ai citées dans les différentes parties du monde n'ont pas failli à leurs autres travaux, parce qu'elles ont admis et respecté le droit illimité d'interpellation pour les minorités; et vous tous, messieurs, assis aujourd'hui sur les bancs ministériels, et qui faisiez partie de la minorité sous la restauration, vous n'auriez point eu contre elle assez d'indignation si elle avait voulu attenter au droit correspondant à celui que vous repoussez aujourd'hui. (*Bruit.*)

Ah ! si, sans dénier le fond même, la virtualité du droit, vous vous contentiez de dire comme tout à l'heure : Nous croyons qu'il n'y a pas opportunité, qu'il y a danger même ; nous pensons que tant que les ouvriers ne seront point rentrés dans leurs travaux, ce débat ne saurait être prudemment engagé, je pourrais vous répondre, au contraire que ce débat serait utile, salutaire, en rappelant chacun au respect de la loi et de ses devoirs ; je pourrais ajouter que quand, sous la restauration, le sang avait été versé, c'était instantanément, pendant qu'il fumait encore, qu'on en demandait compte aux agents du pouvoir. Toutefois, j'irais jusqu'à comprendre les embarras de votre position, et vos désirs de temporiser. Oui, je comprendrais que vous demandassiez la fixation à huit jours, à quinze jours, si, dès à présent, vous n'en acceptiez pas moins le débat. (*Oui ! oui ! — Non ! non !*) Mais si vous persistez à prétendre que la chambre est juge et du jour et du droit lui-même, pour mon compte il ne me reste qu'à protester de toute la force de ma raison, il ne me reste qu'à faire appel à l'opposition tout entière pour l'associer à cette protestation : car votre prétention exorbitante est l'abus révoltant de la force, et c'en est fait dans cette chambre de la dernière garantie des minorités.

Après une nouvelle discussion à laquelle prennent part divers membres de la chambre :

Sous la réserve des protestations que j'ai faites et qui ont établi, selon moi, la souveraineté, l'imprescriptibilité du droit d'interpellation dans chacun des membres de l'assemblée, indépendamment de toute décision de la majorité, je déclare pour ne pas exposer ce droit aux chances d'une décision défavorable qui ne serait, en tous cas, que le résultat abusif de sa force; je déclare, dis-je, que j'ajourne mes interpellations, sauf à les reproduire bientôt devant la chambre. Quant au pays, qu'il lui suffise de savoir maintenant que, si du sang a été versé, l'opposition s'en est vivement émue, et qu'en demandant à ouvrir le débat elle a fait tout ce qui était en son pouvoir. Puis, ensuite, à chacun sa responsabilité. (*Bruit au centre. — A gauche : Très bien ! très bien !*)

XXVIII

DISCOURS PRONONCÉ A LA CHAMBRE DES DÉPUTÉS

DANS LA DISCUSSION DU BUDGET DE L'INTÉRIEUR

SUR LA CORRUPTION ENTRETENUE PAR LE POUVOIR DANS L'ADMINISTRATION
ET LA MAGISTRATURE JUDICIAIRE

(1ᵉʳ juin 1846)

Voici deux séances où nous assistons à de tristes débats.
L'opposition articule des faits graves ; le ministre ne les
nie guère ; seulement il prétend, le plus souvent, qu'il y
est étranger, et que les fonctionnaires inculpés n'ont point
agi ici en conformité d'ordres qui leur auraient été donnés
par l'administration. La corruption, l'intimidation, sont
donc avouées. Quel déplorable spectacle, et quelle idée don-
nerions-nous de nous dans le monde, si la moralité de la
nation résidait dans le pays légal et dans l'administration
seulement !

Je le répète, c'est une situation grave, pénible, qui, à
quelque point de vue qu'on se place dans cette chambre,
pour peu qu'on soit moral et honnête, affecte profondément.
(*Rumeurs diverses.*)

J'espérais donc, dans les nombreux discours que nous
avons entendus il y a peu de jours, qu'on nous indiquerait

comment nous pourrions sortir de cette situation d'impuissance et de regrets dans laquelle nous nous agitons.

Des orateurs éminents se sont fortement attaqués au cabinet ; ils n'ont, hélas ! que trop prouvé le degré d'abaissement où nous étions tombés, la confiscation de la plupart de nos libertés, la défaillance de la fortune publique.

Mais cette longue suite de griefs date-t-elle d'aujourd'hui seulement ? Est-elle uniquement une question d'hommes, ou bien plutôt une question de système ? Ne faut-il point, en incriminant le cabinet actuel, embrasser d'un coup d'œil ces ministères successifs animés d'un esprit permanent d'audacieuse réaction ?

Dès 1830, n'avons-nous pas eu la curée des places ? En 1831, n'avez-vous pas vu appendue aux colonnes mêmes de ce palais la cote de la Bourse, qui donnait d'heure en heure aux députés les fluctuations de l'agiotage ? Le fameux compte rendu de 1832 ne signalait-il pas, comme une plaie déjà profonde, l'intimidation des fonctionnaires publics ?

Le mal avait empiré à ce point, en 1836, que tous les partis éprouvaient la nécessité de formuler un projet de réforme : les uns, se basant sur les droits imprescriptibles de l'homme et les précédents de nos plus glorieuses assemblées, demandaient le suffrage universel direct ; d'autres le demandaient aussi, mais à deux degrés ; d'autres voulaient que tous les gardes nationaux pussent voter.

Entraînée par ce grand courant d'opinion, la gauche a rédigé son programme de 1837 contre la corruption ; car on venait d'éprouver dans des élections récentes tout ce que peut l'habileté de main d'un ministre.

La corruption électorale a été un des principaux griefs sous lesquels a succombé le cabinet Molé.

Le cabinet du 1er mars a eu ses passe-ports et ses missions distribués aux écrivains tracassiers.

En 1842, les scandales sont arrivés à un tel degré que la sollicitude de la chambre s'est émue, et que sa justice a consacré les faits de corruption que vous connaissez, et depuis cette époque, le ministère, rappelé à la loyauté et à l'honneur, n'en a pas moins continué ses détestables manœuvres.

Ce triste tableau vous le prouve : ce n'est donc point le fait isolé de quelques dévouements aveugles, ou de quelques ambitions sans mesure : c'est une théorie, un complot contre les institutions ; une affaire, non de personnes, mais de système, de ce système que M. de Lamartine caractérisait d'une façon si significative et si juste : La pensée du règne !

Si c'est un plan de contre-révolution suivi successivement par tous les ministères, alors, changer le ministère ne suffit plus ; ce qu'il faut, c'est en renversant les hommes, rendre encore le retour de ces scandales impossible.

Ce n'est qu'à cette condition que vous atteindrez la racine même du mal.

Et, cependant, comme remède, le chef du centre gauche s'est contenté d'opposer la politique qu'il avait soutenue de 1830 à 1836 à celle du ministère assis aujourd'hui sur ces bancs. La politique de 1830 à 1836 ! c'est donc là, si nous avions le bonheur d'y revenir, que nous trouverions le remède aux maux qui nous dévorent! avec la politique de 1830 à 1836 nous serions glorieux au dehors, n'est-ce pas? libres au dedans ; et nous aurions une administration pleine de droiture et de moralité !

Messieurs, que M. Thiers, embarrassé de la lourde responsabilité de ses précédents, ait intérêt à nous donner le change, je le conçois ; mais cet expédient habile ne saurait nous tromper, non, non, pas de séparation, pas de distinction possible ; de 1830 à 1846, c'est bien une même pensée, une même conduite, une altération tour à tour détournée ou violente de la révolution de Juillet.

Voyons plutôt :

Que reproche-t-on aujourd'hui au gouvernement? la corruption des députés et des électeurs, l'intimidation des fonctionnaires ; mais, en 1834, M. Thiers n'était-il pas le collègue de M. Guizot, quand ce dernier frappa de destitution deux membres de cette chambre pour leurs votes parlementaires ? (*Mouvement.*)

Il y a quelques jours, M. Thiers relevait avec aigreur à cette tribune les odieuses imputations par lesquelles le cabinet avait cherché à établir une espèce de solidarité entre son opposition et un assassinat, abominable manœuvre, indigne de notre pays et de notre temps, mais qui a dû rappeler à M. Thiers un douloureux souvenir. Il était bien ministre de l'intérieur quand Carrel, ce noble cœur, cette grande intelligence, Carrel que, mieux que personne, il devait connaître, a été enveloppé dans l'attentat Fieschi. Carrel complice de Fieschi! (*Sensation!*)

Oh! sans doute, il a donné un bien aussi affligeant spectacle ce vote, à jamais inexplicable, de l'indemnité Pritchard; il pèsera éternellement sur le ministère comme sur la carrière parlementaire de ceux qui ont eu la faiblesse de le donner.(*Réclamations au centre.*) Vos cris n'y peuvent rien; cela est vrai, et si vrai, que, ce mot fatal à peine prononcé, votre conscience se soulève. (*A gauche: Très bien!* — *Dénégations au centre.*)

Mais, dans le système politique des seize ans, ce vote a lui-même sa filiation et sa raison d'être. Qui vous a fait jeter ce tribut Pritchard dans une main encore rougie du sang de nos soldats? la peur! oui, la peur! car on vous a montré comme menaçante la guerre avec l'Angleterre. Eh bien, onze ans auparavant c'était encore la politique de la peur qui vous faisait verser cette fois à l'Amérique, non 25,000 francs, mais 25 millions. On a été jusqu'à vous dire : Ces 25 millions ne fussent-ils pas dus, il y aurait encore bénéfice, la guerre vous coûterait plus cher ; votez donc! Et la couardise a fait voter.

L'honneur de notre pavillon était sans doute à jamais compromis par M. Guizot, dans ce traité du droit de visite de 1841 ; la vigilance de cette chambre l'a gardé intact. Mais ce fait lui-même avait sa source dans cette politique de 1830 à 1836, tant vantée par M. Thiers. Ils datent, en effet, de 1831 et de 1833, ces traités préliminaires, dont MM. de Broglie et Sébastiani disaient : « Il a fallu les signer, l'Angleterre a fait de la concession du droit de visite une question de rupture et de guerre. » Vous le voyez, encore la peur !

Et, sur la question de prérogative royale, M. Thiers était-il un ministre bien ferme, bien constitutionnel, bien indépendant, lorsqu'il faisait remonter jusqu'à la couronne l'honneur de l'expédition d'Anvers?

J'abuserais, messieurs, des moments de la chambre, si je voulais vous montrer partout l'identité absolue de ces deux époques qu'on a vainement cherché à distinguer. Non, non, elles ne sont pas diverses, elles s'enchaînent, se complètent et ne sont que les anneaux successifs d'une seule et même idée.

Si donc, dans la grande lutte électorale qui va s'engager, c'est à l'aide d'une distinction chimérique et dérisoire qu'on espère recommander au pays le drapeau de l'opposition, je dis que les limites qui sépareraient le ministère de l'opposition sont si mal définies que nous avons le droit de demander qu'on les trace plus nettement et qu'on nous donne d'autres garanties. Je sais bien qu'on répond : Des garanties! mais peut-il en être de plus assurées que les derniers discours de M. Thiers? N'est-il pas venu poser récemment à la tribune de redoutables questions sur la prérogative royale? Après cela comment douter encore de son patriotisme?

Permettez-moi de dire, messieurs, que nous avons le droit de douter des discours, et je le prouve.

En 1839, M. Guizot aussi s'était engagé contre la prérogative royale, par des discours ; il y a plus, par des actes ; car c'est lui, si je ne me trompe, qui avait rédigé le paragraphe relatif aux empiétements de la couronne, et cette phrase était tellement précise, tellement nette, qu'un des membres de cette chambre s'écria, en s'adressant à M. Guizot : « Votre politique respectueusement violente, et académiquement révolutionnaire. » Et ce membre avait quelque droit de se connaître en opinions révolutionnaires, puisque pendant un certain temps elles avaient été les siennes....

Ce membre, donc, disait à M. Guizot : « Votre attaque ne s'adresse pas aux ministres, elle frappe et plus loin et plus haut. » C'était bien là un acte, n'est-ce pas, et M. Guizot y tenait beaucoup, car l'adresse avait passé en partie ; un seul paragraphe restait à voter, celui contre les excès de la prérogative ; on se croyait près du pouvoir. M. Thiers, pour ne pas risquer ses chances, désirait qu'on adoucît l'amertume de ce paragraphe ; M. Barrot opinait en ce sens ; M. Guizot resta seul inflexible. C'était donc plus qu'un discours, mais un acte, s'il en fut jamais.

Eh bien, maintenant, messieurs, que pensez-vous de la valeur de certains discours, et même de certains actes ? quand vous voyez M. Guizot, à cette place même de M. Molé, porter presque jusqu'à l'adoration les doctrines de M. Molé que lui, M. Guizot, combattait en 1839 avec tant d'acharnement. Il paraît que pour certains esprits le pouvoir a des séductions telles qu'elles donnent la vertu d'oublier ; c'est contre ces séductions qu'il faut des engagements formels.

Mais M. Thiers a cédé autant que tout autre à leur entraînement. Ne s'était-il pas ligué contre la toute-puissance de la couronne en 1839 ? Il arrive aux affaires en 1840, face à face avec la couronne; lutte-t-il avec cette vigueur, avec cette énergie qu'il avait mises de loin à l'attaquer?

Il est resté au ministère trop peu de mois, disent ses amis, pour faire prévaloir ses principes. Je ne croyais pas, messieurs, qu'il fallût plus de temps pour faire le bien qu'il n'en faut pour faire le mal. Or M. Thiers a eu le temps de sacrifier l'Égypte à l'Angleterre, d'humilier la France en rappelant la flotte, de signer la note du 8 octobre, et de décréter, en courant, les fortifications.

Je suis donc obligé de répéter que les discours ne sont rien pour des hommes sérieux : c'est avec des discours qu'on a trop souvent trompé, endormi les minorités qui attendent et qui espèrent au nom du pays.

Il faut autre chose, il faut des garanties, un programme. Et comment M. Thiers, lui-même, ne le comprend-il pas? lui qui nous parlait dernièrement du contrat intervenu en 1830 entre le chef de l'État et ceux qui lui ont donné la couronne. Les candidats au ministère seraient-ils plus fiers que les candidats à la royauté? M. Thiers nous disait, il y a peu, qu'il ne rentrerait au pouvoir que pour y gouverner au profit de ses idées et par ses idées. Ses idées, il les exposerait donc préliminairement à la couronne, qui dispose des portefeuilles.

Pourquoi ne les exposerait-il pas au pays, qui donne les majorités. Douterait-il de l'intelligence du pays, s'il avait quelque réforme sérieuse à lui soumettre. Ah! qu'il se tranquillise, le pays accepterait de grand cœur tout ce qui pourrait le faire sortir de la halte fangeuse où il est depuis trop longtemps arrêté.

Si ce n'est pas le pays qui peut arrêter M. Thiers, serait-il, par hasard, plus retenu qu'il ne le dit par la crainte de se rendre impossible autre part? Voudrait-il, dans cette situation inexpliquée et nuageuse, voudrait-il refaire cette position de 1842 où il a pu impunément tendre la main au pouvoir ou à l'opposition?

L'opposition sait bien, entre elle et le système, pour qui les convenances personnelles de M. Thiers l'ont fait pencher.

Que la gauche qui s'allie à lui y prenne donc garde; pour elle, en présence des élections, la question a bien sa gravité. Tant que nous sommes dans cette enceinte, occupant un petit nombre de bancs, elle peut compter sur nous, sans compter avec nous, et il faut reconnaître qu'elle en use largement; mais dans l'arène électorale la scène peut s'agrandir et changer de face.

Dans beaucoup de collèges l'opposition et le ministère balancent presque leurs forces; notre opinion forme, comme appoint, un grand nombre de majorités; or il nous faut des garanties et des principes, entendez-vous bien.

A Dieu ne plaise que ceci ressemble à une menace; ce serait, de ma part, témérité et folie. Mais je sais que le pays est humilié, qu'il souffre, qu'il se démoralise, et il me semble qu'il ne saurait jouer plus longtemps le rôle de mystifié et de dupe. Autant que qui que ce soit, l'union est dans mon cœur; mais ma conscience a ses devoirs, et, dût-il m'en coûter, je veux les remplir.

Que la gauche et le centre gauche ne se récrient point : ce que je leur demande en mon nom et au nom des électeurs démocrates, ce n'est point la réalisation de notre programme; lui seul, j'en suis convaincu cependant, en donnant de l'unité aux droits et aux autorités du pays, pourra le sauver; mais on ne peut demander à un parti que ce qu'il a accepté comme symbole, et c'est ce symbole et ce drapeau que je demande à l'opposition de faire connaître au pays.

Ainsi ont fait, messieurs, les grands partis qui, en Angleterre, ont eu d'insurmontables obstacles à franchir. Quand les Communes, menacées de corruption par les favoris de Guillaume qui, au début d'un règne, voulait essayer de l'arbitraire et faire rétrograder la révolution, ont voulu rendre au Parlement la liberté de ses votes et la plénitude de son indépendance, elles ont fait au pays un énergique appel.

Guillaume a résisté jusqu'au moment où la lutte, encouragée par l'opposition, est devenue si formidable qu'il a dû céder devant un mouvement unanime de l'opinion, à peine de perdre son trône.

Il lui a fallu sanctionner le bill qui excluait de la chambre tous les fonctionnaires du gouvernement, tous les officiers attachés à sa personne.

Et, pour obtenir cette réforme qui était en Angleterre plus qu'une amélioration politique, mais qui touchait aux fondements mêmes de la société, lord Grey n'a-t-il point adopté un principe avec lequel il a surexcité les sentiments de la nation et puisé dans les forces qu'elle lui a communiquées la puissance de briser les résistances les plus aveugles.

Essayez donc de ces larges moyens, et le pays, comme en 1839, comme en 1842, nous donnera tout ce qu'il a de patriotisme et d'énergie.

Mais, si vous vous présentez sans principes, sans idées, sans remèdes, sans programme enfin, croyez-bien qu'il est disposé à ne plus se laisser tromper et à ne rien donner pour rien.

XXIX

DISCOURS PRONONCÉ A LA CHAMBRE DES DÉPUTÉS

DANS LA DISCUSSION DU BUDGET

POUR CONSTATER LE MAUVAIS ÉTAT DES FINANCES

(8 février 1847)

MESSIEURS,

Cette séance présente un spectacle qui n'est pas sans intérêt[1]. Une portion du parti conservateur, le jeune, comme il s'appelle (*On rit*), vient appuyer ici une portion des réformes que nous demandons depuis longtemps. Acceptons-le comme un signe de progrès, sous cette réserve, toutefois, que ces jeunes réformateurs sont quelque peu illogiques ; car c'est chose bien contradictoire à mes yeux que de soutenir à la fois des réformes et le gouvernement actuel, qui est impuissant, non-seulement à en réaliser aucune, à apporter la moindre amélioration, mais qui ne peut pas même maintenir ce pays dans l'état de prospérité moyenne où le hasard et la force des circonstances l'avaient placé.

Si, en effet, nos industries, notre commerce, notre crédit financier sont dans un état alarmant de souffrance, je pourrais dire de ruine imminente, à qui la faute ? à qui imputer la responsabilité ? au système qui pèse si lourdement sur nous depuis seize ans.

---

[1] On réclamait, de diverses parts, l'équilibre du budget.

C'est vainement que, pour se défendre, il invoque comme cause de cette détresse, un accident calamiteux, mais passager, le peu d'abondance des céréales. A la veille de 89, pour masquer d'autres plaies, couvrir d'autres désordres, on l'invoquait aussi. Ce n'est là que la dernière goutte qui fait déborder le vase déjà trop plein. La détresse des classes ouvrières, le malaise des commerçants, le manque de numéraire, tiennent à des causes plus générales, fondamentales et permanentes. Ainsi, à ne jeter les yeux que sur le tableau des douanes de 1840 à 1845, nous voyons que la France a fait pour 551 millions d'exportations de moins qu'elle n'a fait d'importations, d'où la conséquence qu'en cinq ans seulement, pour solder la balance, il a fallu faire sortir de France 551 millions de numéraire pour enrichir l'étranger; chiffre effrayant qu'il faudrait peut-être augmenter encore de 200 millions pour être dans les limites du vrai, car on sait quelles tolérances sont accordées aux déclarations de l'exportation et de l'importation. (*Mouvement.*)

Les jeunes membres du parti conservateur qui nous entretiennent de réformes croient-ils que cette décadence de notre commerce ne tienne point à la politique extérieure de notre gouvernement? politique servile et peureuse, qu'ils appuient pourtant de leurs votes !

N'est-ce point également le gouvernement qui a amené ces conditions de ruines de nos manufactures, ces désastres du commerce intermédiaire en laissant monopoliser par les grands possesseurs de capitaux la plupart de nos branches d'industrie, en constituant de ses propres mains une aristocratie des écus, une féodalité financière?

N'est-ce pas lui qui a jeté en pâture aux traitants, aux joueurs de toute sorte, un milliard de primes dans la question des chemins de fer? Un milliard ! dont 600 millions pour quelques maisons de France et 400 millions qui sont allés enrichir des capitalistes de l'Angleterre et de l'Allemagne qui n'ont eu que la peine de souscrire et qui n'ont même rien versé !

Encore un coup, au lieu d'attendre des réformes d'un pareil régime, ce qu'il faudrait faire avant tout, ce serait de cesser de le défendre, et de le réformer lui-même. Agir autrement, c'est manquer de principe, de méthode, de raison !

Donc, par les faiblesses extérieures, par les fautes intérieures du gouvernement, les abois du commerce et de l'industrie s'expliquent de longue main.

Mais une mesure devait les frapper plus gravement encore, les toucher plus à fond, précipiter la gêne financière en une espèce de sauve-qui-peut.commercial. C'est la mesure adoptée récemment par la Banque de France. (*Écoutez!*)

Quelle est, messieurs, la mission de la Banque de France? le prix attaché à son privilége? Sa mission est de favoriser les transactions du commerce, de l'aider, de le soutenir dans les moments difficiles, en empêchant l'élévation du taux de l'intérêt, en le préservant des exigences tyranniques de l'usure.

Eh bien, dans cette crise amenée par l'impéritie du gouvernement, la Banque, loin de rassurer les autres, s'est effrayée elle-même.

Habituée depuis trop longtemps aux encaisses exagérées que lui versait le Trésor et qu'il lui avait retirées pour ses besoins, et comme c'était son droit, la Banque a eu peur que, réduite à son propre capital, il arrivât un moment où son numéraire ne pût plus suffire au remboursement éventuel, et en quelque sorte simultané, de ses billets en circulation. Quelles mesures a-t-elle donc prises?

Pour appeler l'argent dans ses coffres, sans doute, elle a augmenté de 1 pour 100 l'intérêt de l'escompte, elle a porté de 4 à 5 l'intérêt du prêt sur matières; enfin, elle a emprunté, dit-on, 20 millions à l'Angleterre.

J'examinerai tout à l'heure, avec toute la gravité qu'elles comportent, ces trois mesures, et je crains bien que vous ne pensiez avec moi que la Banque a nui énormément au commerce, bien loin de le servir.

Et d'abord, la Banque a-t-elle eu raison de s'effrayer?

Elle avait, son dernier compte nous l'apprend, 258 millions de billets en circulation, une encaisse à Paris de 72 millions de numéraire, qui, en y ajoutant les 28 millions de ses comptoirs de province, formaient un total de 100 millions en écus. Or, d'après ses propres usages, c'était une encaisse suffisante, puisque, pour 258 millions de billets émis, elle n'aurait dû être que de 86 millions d'argent, et que la Banque en possédait 100 en totalité, Paris et départements compris.

Il est vrai que l'encaisse de Paris n'était que de 72 millions au lieu de 86; mais d'abord, la Banque qui possède, en rentes, un capital de 50 millions, 60 millions même avec les bénéfices, ne pouvait-elle pas vendre une partie de ses rentes? payée en écus, elle n'aurait plus craint le défaut de numéraire; payée en billets, elle aurait pu éteindre de 60 millions sa circulation de billets, et il ne lui serait resté qu'une émission de 200 millions de billets, environ, dont le tiers à garder en numéraire, ne se serait plus élevé qu'à 66 millions. Et, qu'on ne dise pas que cette réalisation subite d'une grande quantité de rentes sur la place aurait pu faire baisser le cours; la Banque aurait opéré successivement, à petit bruit; et la dépréciation du cours aurait été alors moins considérable qu'elle ne l'est avec la crise qui se fait sentir aujourd'hui.

Une autre mesure non moins efficace était venue à la pensée des hommes compétents, et celle-là encore, loin de jeter le trouble, la perturbation, dans le commerce, l'aurait aidé singulièrement ; je veux parler d'une nouvelle émission de 22 100 actions de la Banque qui ont été indûment rachetées et amorties par elle.

Je m'explique : le capital de la Banque, lors de sa création, était de 45 millions ; il fut porté par un décret de 1806 à 90 millions. Pourquoi ? Ce n'était pas dans l'intérêt de la Banque, mais dans l'intérêt du commerce, pour qu'il pût, en toute circonstance, y trouver d'abondantes ressources. Eh bien ! la Banque a racheté son propre capital ; en d'autres termes, pour augmenter les bénéfices en les répartissant sur un plus petit nombre d'actions, elle a racheté 22 100 de ses actions.

Je le répète, ce rachat illicite, contre lequel on invoquerait vainement le silence de la loi de 1840, a été fait dans son intérêt privé, mais contrairement à l'intérêt public et au but de son institution.

Non, la Banque n'aurait jamais dû les éteindre ; mais il eût été moral et prudent à elle de demander à la Chambre l'autorisation de les émettre de nouveau aujourd'hui. Elle est bien sûre que des écus qui lui manquaient se seraient trouvés parmi les capitalistes avides d'en faire un aussi profitable emploi.

Il était encore une mesure d'un ordre secondaire, que la Banque aurait pu prendre pour appeler l'argent ; c'était de demander à créer des billets de 250 francs et de 100 francs.

Mais, ce que la Banque aurait dû faire avant tout pour empêcher le numéraire de sortir de ses coffres, c'était de ne pas se prêter complaisamment à ce trafic qui s'est fait sur la conversion de notre numéraire en lingots d'argent, qui sont passés en pays étrangers et ont ainsi diminué une de nos forces nationales.

J'appelle l'attention de la Chambre sur ce point capital. Tout le monde sait qu'il existait dans la réserve de la Banque des quantités considérables de pièces d'argent, antérieures au règne de Charles X. Ces pièces étaient d'un titre assez élevé et contenaient assez de parcelles d'or pour que, tous frais d'affinage, de prime et de transports déduits, les souscripteurs français d'emprunts étrangers eussent intérêt à convertir ces pièces en lingots pour les expédier en Prusse, en Allemagne, en guise de valeurs ou de papiers. C'est ainsi que la plus grande partie du numéraire de la Banque est sortie de ses caisses, et qu'elle a laissé à l'intérêt privé un bénéfice qui aurait suffi et au delà à refondre gratuitement toutes nos monnaies usées. (*Sensation.*)

Voilà, Messieurs, voilà les mesures véritablement efficaces qu'aurait dû prendre la Banque.

Examinons celles, au contraire, qu'elle a fait exécuter.

La première, je l'ai déjà dit, c'est l'augmentation de l'intérêt de 4 à 5 pour 100 sur l'escompte. Je demande si, parmi les capitalistes expérimentés, si, dans tout le commerce de Paris,.... et d'ailleurs, il se trouve un seul homme qui n'ait pas blâmé cette résolution.

Quoi! la Banque n'a pas senti que, loin d'appeler les capitaux, elle effrayait les capitalistes, que ceux qui avaient de l'argent en réserve ne le sortiraient pas, les uns dans la crainte d'une plus grande gêne, d'une catastrophe, les autres parce qu'ils espéraient tirer encore de leur capital un plus grand produit. Elle n'a pas compris que l'intérêt n'était augmenté de 1 seulement que pour les banquiers ; mais que les banquiers devenant, à leur tour, plus difficiles, il n'y aurait plus de limites, plus de mesure à l'égard du petit commerce, qui serait ainsi livré à la cupidité, à l'usure! elle n'a pas vu qu'elle nous ramenait, d'un bond, aux plus mauvais jours de notre histoire financière.

Savez-vous en effet, messieurs, quand la Banque a été autorisée à escompter à 5? Un rapport au tribunal nous l'apprend : c'est en l'an XI, quand le taux commercial était à 36, à 32 pour 100 par an. (*Sensation.*) Or, je demande si, quand chez nous le crédit a fait de tels progrès, il peut être permis à la Banque de France, pour remédier à un manque de numéraire, qu'elle a laissé arriver elle-même, de revenir aux errements de l'an XI?

Mais, messieurs, ce haussement inexplicable de l'intérêt, qui apporte tant de trouble, d'anxiété, de malaise dans le commerce intérieur, tue à peu près notre commerce d'exportation.

Que faut-il à celui-ci? de longs termes; les expéditeurs ne l'entreprennent qu'à la condition d'obtenir des banquiers de longs délais. Or, comment le banquier, avec la crise que la Banque a augmentée par son imprudence, en présence de la menace incessante d'une abréviation d'échéance dans les effets, comment le banquier peut-il prêter au négociant pour un temps éloigné? Donc, votre commerce d'exportation, qui a diminué de plus d'un demi-milliard en cinq ans, va recevoir ici le dernier coup.

La seconde mesure, celle qui augmente l'intérêt du prêt sur matière, a pour résultat inévitable de monopoliser, dans une ou deux mains, le négoce des métaux. Pour les faire venir de l'étranger, en effet, et attendre l'occasion favorable de les vendre, il faut avoir des capitaux considérables, ou trouver à emprunter à bon marché. Le spéculateur qui ne trouvera plus cette ressource à la Banque, devra donc s'abstenir.

Le prétendu emprunt de 20 millions de numéraire, fait par la Banque de France à la Banque de Londres, je n'en dis qu'un mot : il me paraît honteux. Non, on ne me fera jamais comprendre comment, dans un pays qui, malgré toutes les dilapidations, possède encore plus de 3 milliards de numéraire, on est obligé d'avoir recours à l'étranger pour demander l'aumône de 20 millions de francs, quand, en quelques jours, la Banque, moyennant 150 000 francs de frais de port, pouvait appeler à elle plus de 100 millions de nos départements. Les moyens de détails ne manquent pas, ils abondent; l'homme le moins expérimenté peut les indiquer.

Telles sont, Messieurs, les déplorables conditions auxquelles la Banque a réduit le commerce; les uns disent par impéritie, les autres disent par intérêt.

Pour moi, cette situation m'a paru assez grave pour qu'elle dût vous être signalée; j'aurais voulu qu'elle fût traitée à la Chambre par un homme plus spécial, plus compétent que moi; j'ai indiqué le mal, d'autres plus habiles indiqueront le remède, sans doute. Mais je n'ai pas cru, véritablement, qu'il fût possible, au milieu de Paris inquiet, au centre d'industries languissantes, épuisées, de garder plus longtemps le silence.

Maintenant, Messieurs, que j'ai examiné rapidement la marche mauvaise, selon moi, suivie par la Banque, permettez-moi de m'adresser au gouvernement et de constater si, à son tour, il a fait son devoir. La Banque est une institution privée, mais qui, par le monopole même qui lui a été accordé, a été élevée à la hauteur d'une institution publique; son nom nous l'apprend. Eh bien! N'y a-t-il donc personne, dans cette grande institution, qui représente l'État et puisse parler au nom de l'intérêt général? N'y a-t-il pas un gouverneur, deux sous-gouverneurs qui pouvaient s'opposer, moralement au moins, et par un *veto* indirect, à une marche qui devait être funeste? Je sais bien qu'on me répondra que la Banque est dirigée par ses propres actionnaires, régents et censeurs. Qu'est-ce à dire? qu'elle serait rebelle à toute sage observation du pouvoir? Non, Messieurs, ne le croyez pas; la Banque a trop d'intérêt à travailler avec les capitaux du trésor, à ménager de toutes manières le ministère, pour ne pas se montrer de composition facile.

Alors, Messieurs, pourquoi le gouvernement n'est-il pas

intervenu? Pourquoi est-il resté muet et désarmé? Pourquoi, parce que le gouvernement a incliné la tête depuis seize ans devant toute puissance financière; parce qu'il a laissé se constituer une féodalité d'argent qui le déborde et lui impose tyraniquement sa volonté. (*Réclamations.*)

Vous en douteriez, Messieurs! Ah! vous savez mieux que moi que mille preuves fortifient cette assertion. Vous savez même que, bien rarement, mais que parfois le gouvernement a eu quelques velléités favorables au pays, qu'il n'a pu réaliser, par suite de cette influence des écus qui pesaient sur lui. Ainsi, dans la question des chemins de fer, le projet présenté par le cabinet proclamait le principe de l'exécution par l'État.

Qu'est-il arrivé? La haute finance, qui a pensé qu'il y avait là un intérêt considérable engagé pour elle... (*Interruption.*)

(*Un membre : C'est M. Arago qui a fait le rapport.*)

Mon honorable ami, M. Arago, avait été surtout frappé d'une chose, si je ne me trompe : des moyens de corruption qu'on allait remettre aux mains du pouvoir par le nombre de places laissées à sa disposition. Sa haute probité ne pouvait penser aux fusions illicites, à la frénésie des primes, à la dilapidation de la fortune publique; depuis, il a noblement proclamé que l'exécution par l'État aurait encore été préférable à tant de scandale.

Je reprends et je dis que la haute finance a fini par arracher au pouvoir les plus exorbitantes concessions.

Ce n'est pas d'une fois qu'elle marche à son but, c'est pas à pas, avec le temps; et d'abord, pour le chemin de fer d'Orléans, elle se fait garantir un minimum d'intérêt de 4 pour 100 par an. Pour le chemin de fer de Rouen, elle devient plus exigeante; nous avons vu la garantie d'un minimum d'intérêt, puis des capitaux prêtés, je puis même dire donnés.

(*Un membre fait observer que les capitaux donnés ont été pour le chemin de fer du Hâvre.*)

C'est juste, mais il y a eu capitaux prêtés, puis concession de quatre-vingt-dix-neuf ans : c'est quelque chose.

Le chemin de fer du Midi, de Marseille à Avignon, n'est pas moins favorisé ; qu'est-il arrivé ? Un fait qui devrait frapper la Chambre. M. de Kermaingant, ingénieur distingué, avait demandé pour la concession 20 millions ; l'État, pour faciliter l'opération aux concessionnaires, leur a prêté 36 millions.

Et n'était-ce pas le comble de l'avidité de la haute finance, que cette loi de 1842 qui avait décidé qu'en tout état de cause ce serait l'état qui se chargerait de la partie exclusivement onéreuse des entreprises d'utilité publique, sauf à abandonner aux intérêts privés toute la partie des bénéfices ?

Enfin, que penser de la rudesse du gouvernement à l'encontre des puissants seigneurs de la finance, quand, d'après les hommes les plus compétents, la compagnie du nord se trouvera en quarante ans avoir gagné 900 millions pour avoir déboursé dans le même espace de temps 236 millions !

Jamais, messieurs, la condescendance du pouvoir envers le capital n'a été si flagrante que dans la question de la conversion des rentes. Il n'est point un ministre qui ne soit arrivé aux affaires avec l'intention de réaliser cette juste et facile mesure, pourquoi ne l'a-t-il point fait ? Parce que convertir la rente, c'est toucher à l'arche sainte de la féodalité de l'argent. Ces messieurs trouvent bon qu'on impose le pain, la viande, le vin, la terre, le travail, cette propriété des bras, la plus sacrée de toutes, comme l'appelait Turgot ; mais imposer les écus, allons donc ! ce serait une impiété constitutionnelle.

Parlerai-je des canaux ? Sur cette question, vous avez entendu en 1858 M. Lacave Laplagne déclarer que la résis-

tance des compagnies financières aux vœux du gouvernement et du commerce était une véritable calamité publique.

Mais les compagnies financières ont usé d'une manière
si formidable du droit qu'elles ont de modifier les tarifs
qu'elles ont arraché au gouvernement une ordonnance qui
décuplait le tarif des bois de construction, et triplait celui
des houilles sur le canal du Rhône et du Rhin.

Et le même ministre, loin de se jeter à la traverse d'une
combinaison aussi perfidement tissue, a eu le courage de
proposer aux chambres le rachat des actions de jouissance
représentant le droit que les compagnies auront un jour,
moyennant 40 millions.

La question des sucres, enfin, ne nous a-t-elle pas offert
le même spectacle. A huit jours de distance, un ministre
est venu soutenir au palais du Luxembourg le système diamétralement opposé à celui qu'il avait soutenu devant la
chambre élective ! Pourquoi ces tergiversations gouverne-
mentales ? Parce que, dans la question des sucres, les intérêts nationaux sont en opposition directe avec les intérêts
de la coterie des raffineurs qui tiennent à la haute banque,
et que le pouvoir ne sait qu'une chose : bien mériter des
puissances financières.

J'avais donc raison de dire que le gouvernement n'est
pas le gouvernement, il n'en a que les apparences, la force
d'initiative est ailleurs ; une influence permanente pèse
sur lui, plus forte que lui, à laquelle il demande parfois
des services politiques, services que l'aristocratie financière
nous fait payer bien cher, puisqu'elle s'alimente et se gorge
des débris de la fortune publique. (*Approbation à gauche.*)

Je vous le demande, messieurs les Ministres, croyez-
vous que cet état de choses puisse durer ? Moi, je ne le pense
pas ; tout a sa mesure, ses limites, même la résignation la
plus absolue, la plus complète.

Ainsi, au dehors, voulez-vous agir ? voulez-vous défendre

notre drapeau insulté à Taïti? Vous ne le pouvez pas, la
haute finance a peur; au Maroc, voulez-vous profiter de
votre victoire? Le capital a peur et vous vous arrêtez. Dans
l'attentat de Cracovie, si le cœur vous avait battu par hasard,
en face de cette nationalité héroïque qui vous faisait un
suprême appel avant que de s'éteindre, eh bien! les écus
avaient peur et vous n'auriez pu rien entreprendre.

Et quand il s'est agi d'obtenir une vaine protestation,
qu'est venu faire ici M. le Ministre des affaires étrangères?
Il est venu plaider la peur, il est venu vous dire que, avant
tout il ne fallait pas parler de guerre; qu'il ne fallait pas
être le premier pays qui dit que la guerre peut-être possible. (*Adhésion à gauche, réclamations au centre.*)

Vous n'êtes donc pas libres, vous n'êtes donc pas le gouvernement, vous n'êtes donc qu'un simulacre; eh bien, si,
dans un pays qui est, avant tout, valeureux, qui veut le
respect de sa vieille gloire et de son renom dans le monde,
une telle situation ne vous préoccupe pas, vous êtes
aveugles!

A l'intérieur, résumerai-je d'un mot votre position?
permettez-le moi. (*A gauche : parlez! parlez!*)

A l'intérieur donc le cercle se rétrécit chaque jour autour
de vous; le capital vous poursuit, il vous assiège. De ce que
tous les bénéfices du travail national vont à lui, de ce que
toutes les charges pèsent sur le travailleur, que s'ensuit-il?

Que, par une loi naturelle, les petites sommes vont aux
grosses et sont absorbées par elles. Voyez plutôt : toutes
les grandes industries sont déjà monopolisées, les soufres,
les houilles, les fers, les cristaux, les savons, les canaux, les
messageries, les chemins de fer; celles qui ne le sont
pas le seront demain, et les monopoles inexorables ne vous
ont pas permis d'appliquer contre eux cette même loi dont
vous avez frappé de misérables ouvriers dans l'affaire sanglante de Rive-de-Gier.

Je répète que vous êtes dans une situation terrible, fatale ; car sous votre immobilité, sous votre impuissance, il y a d'affreuses, de poignantes misères.

Vous ne comprenez donc pas qu'avec ces monopoles inflexibles, prochainement le petit commerce de Paris sera réduit à fermer boutique ; l'atelier aura été absorbé par la manufacture, le magasin par le bazar.

Tous ces marchands en détail qui étaient vos soutiens se lèveront contre vous ; et le peuple, pensez-vous qu'il se range de votre côté ?

Si je vous ai dit ces choses, c'est qu'en présence de l'inhumanité du capital, qui fait chaque jour des milliers de victimes, je n'ai pas cru que tant de douleurs pussent rester, même ici, sans écho. Car, pour moi, je me serais tu, pour moi qui n'ai jamais été avec vous dès le principe, parce que je vous croyais sans sympathies, sans fraternité pour les misères du dedans, sans dignité, sans passion nationale vis-à-vis de l'étranger. Je n'ai point à vous tirer de votre sommeil trompeur, non, non, persévérez, car je suis bien convaincu, au train dont vont les choses, qu'il est dans vos destinées de faire nos affaires plus vite que nous ne pourrions les faire nous-mêmes.

XXX

DISCOURS PRONONCÉ A LA CHAMBRE DES DÉPUTÉS

DANS LA DISCUSSION D'UNE PÉTITION DEMANDANT

L'ABOLITION DE L'ESCLAVAGE DANS LES COLONIES

(26 avril 1847)

MESSIEURS,

Quel a été l'esprit des deux lois de juillet 1845? Adoucir immédiatement la condition intolérable des pauvres esclaves; arriver le plus promptement possible, par des moyens transitoires, par des mesures prudentes et ménagées, à une émancipation complète. Voilà bien, n'est-ce pas, Messieurs, le sens incontestable de ces lois pour tous ceux qui les ont votées?

Un fait vient de se produire. Une pétition nous est aujourd'hui présentée, revêtue d'un grand nombre de signatures recueillies dans tous les rangs de la société.

Qu'articule-t-elle? Que les lois de 1845 n'ont pas été exécutées; que le fussent-elles, elles seraient impuissantes à amener l'abolition de l'esclavage. Elle conclut, en conséquence, à l'émancipation immédiate. En quels termes? « En prenant ce dernier mot dans un sens raisonnable. S'il faut un certain intervalle pour les mesures préparatoires, il importe aux intérêts bien entendus de tous que cet intervalle soit le plus court possible. »

Voilà donc une pétition qui demande ce que les lois de 1845 avaient elles-mêmes pour but d'obtenir : l'abolition de l'esclavage le plus tôt possible.

Qu'a décidé votre Commission ? La Commission, dans son rapport, a reconnu, autant qu'en langage officiel on peut le dire, la vérité de tous les faits qui sont exposés, et elle a conclu au renvoi à M. le Ministre de la marine ainsi :

« La transition doit avoir un terme ; un des devoirs les plus essentiels du gouvernement est de prévoir ce terme prochain, et de venir nous apporter, en temps utile, la loi qui doit le fixer ; de régler les conditions de l'émancipation. »

Ainsi, la pensée qui domine votre Commission et la décide à ce renvoi, c'est que les lois de 1845 étaient des lois préparatoires, des lois de transition, et que le gouvernement est obligé de présenter dans un terme très bref et le plus rapproché possible une loi sur l'émancipation absolue des esclaves.

A cela, que répond M. le Ministre de la marine ? Deux choses : « Je m'oppose, dit-il, au renvoi ; d'une part, parce que les lois de 1845 ont été exécutées loyalement, sincèrement ; de l'autre, parce que l'exécution de ces lois peut suffire, longtemps encore, aux besoins de la situation ; enfin, parce que le renvoi de la pétition au ministère jetterait de la perturbation aux colonies, et pourrait empêcher, peut-être, la libre exécution des lois de 1845. »

Je vais examiner très rapidement les objections faites par M. le Ministre ; j'essayerai de démontrer qu'elles ne sont pas fondées, et que la Chambre, par esprit de justice et d'humanité, doit adopter les conclusions de sa Commission.

M. le Ministre prétend que toutes les dispositions des lois de 1845 ont été exécutées avec franchise et loyauté !

Pour apprécier cette assertion, demandons-nous, tout

de suite, Messieurs, quels étaient les moyens d'action que
M. le Ministre avait pour faire entrer dans les mœurs les
lois de 1845, pour combattre l'aveuglement des préjugés
coloniaux. Les influences du gouvernement métropolitain,
les voici : d'abord, les administrateurs, les conseils coloniaux, puis le clergé, l'instruction civile et religieuse, enfin
la magistrature.

Quant aux administrateurs, je n'en dirai qu'un mot : les
membres de la Commission, d'après les faits constatés,
ont pu reconnaître que la plupart d'entre eux, bien loin
d'agir énergiquement dans le sens des lois de 1845, fortement imbus des préjugés au milieu desquels ils vivaient,
ont presque toujours contribué à en combattre les améliorations, à en neutraliser les tutélaires effets.

Ainsi vous voyez, par exemple, un gouverneur de la
Guadeloupe se montrer peu favorable au rachat forcé, et
faire pressentir aux malheureux esclaves que cette loi, sous
laquelle ils souffrent tant encore, loin d'être un acheminement à la liberté, est un état à peu près définitif.

Et le gouverneur de la Martinique, M. Mathieu, que
fait-il? Il arrête les discours prononcés. Où cela? Dans la
Chambre des pairs. Sur quoi? Sur la loi même qu'il a mission de faire respecter.

Il s'est tellement identifié avec les intérêts coloniaux
qu'en parlant des colons il dit : « Nous », et il assiste en
grand costume, lui, gouverneur, à un repas qui se donne à
l'occasion de l'acquittement d'un créole traduit devant la
justice pour des faits les plus graves et les plus répréhen-
sibles.

Dans une autre colonie, un directeur de l'intérieur fait
vendre une femme libre; puis, dans une autre encore, c'est
un fonctionnaire qui achète un jeune nègre du Sénégal,
sachant qu'il est libre, et le revend ensuite, pour ne pas
perdre l'argent qu'il lui a coûté. C'est un commissaire de

police, emporté par la colère, qui frappe de ses propres mains une femme enceinte, et cela, dit l'arrêt de renvoi, avec une telle violence, que l'émotion éprouvée par cette femme jeta dans son économie une perturbation dont les effets furent immédiats.

Voilà comment vos agents comprennent et exécutent les lois de 1845.

Parlerai-je des conseils coloniaux? L'honorable M. de Lasteyrie vous a dit comment les conseils coloniaux avaient combattu cette législation quelque peu bienfaisante; il vous a rapporté les paroles amères avec lesquelles ils la qualifiaient; et la Commission elle-même a été obligée de constater que le concours que les conseils coloniaux avaient prêté à ces lois était, au moins, un concours fort équivoque.

Évidemment, c'est là une expression parlementaire, et si, sous cette forme adoucie, on voulait trouver la vérité vraie, la vérité nue, on verrait que les conseils coloniaux se sont montrés aussi rebelles que possible à la réalisation pratique des vœux que vous aviez décrétés.

En passant, toucherai-je un mot, Messieurs, de l'instruction civile? C'est ici que nous tournons véritablement dans un cercle vicieux! On nous dit : « Pas d'affranchissement pour les esclaves tant que l'éducation ne les aura pas élevés à la dignité d'hommes. » Et l'on vous a prouvé, à la dernière séance, que la France avait dépensé, non pas 3 900 000 francs, mais bien avec le vote de cette année, 4 500 000 francs ; Pourquoi faire? Pour apprendre à lire à douze enfants noirs. (*Mouvement.*) Quelle dilapidation ! Quel gaspillage! L'argent est voté, dévoré, je ne sais comment, mais la tyrannie des maîtres s'oppose à ce que ces pauvres petits enfants noirs profitent, pour la culture de leur intelligence, des sacrifices de la mère-patrie.

L'instruction religieuse vous vient-elle mieux en aide?

Examinons comment le clergé des colonies répond à l'attente du gouvernement !

Là, vous n'avez pas d'évêques inamovibles, mais des préfets apostoliques, messagers nomades, livrés à l'influence des créoles, à l'arbitraire du gouverneur ; et ce clergé, où se recrute-t-il ? Ordinairement au séminaire du Saint-Esprit.

Qu'enseigne-t-on à ce séminaire ? Que la servitude n'offense ni la loi divine, ni la loi naturelle, ni la loi religieuse ; que le commerce des nègres est licite ; qu'un esclave ne peut s'enfuir sans injustice.

Et pour être conséquents à ces principes, vos prêtres des colonies possèdent des esclaves, les font battre, châtier publiquement ; vous les voyez, eux, les prétendus ministres de l'égalité et de la fraternité, faire trois catégories dans leurs temples, et les séparer les unes des autres : les blancs, les mulâtres et les noirs. Ils publient des brochures contre l'émancipation, et si, d'aventure, il se rencontre parmi eux quelque ecclésiastique ami des pauvres noirs, il lui faut quitter la colonie. Ce n'est donc pas le clergé des colonies qui peut vous servir d'auxiliaire pour la moralisation des esclaves et l'exécution des lois de 1845.

Cette sévère, mais juste appréciation de la conduite du clergé des colonies m'amène, par un contraste tout naturel, à rendre hommage aux membres du clergé de France qui ont signé la pétition qui vous est aujourd'hui soumise. C'est bien, sans doute ; mais ce n'est pas assez quand on pense au bien que pourraient faire à la cause de l'émancipation immédiate un tronc placé dans chaque église, une bourse ouverte pour recevoir la moindre obole.

L'appui que le gouvernement n'a su trouver ni dans ses agents, ni dans les conseils coloniaux, ni dans le clergé, l'a-t-il trouvé dans sa magistrature ?

Ici, Messieurs, j'aborde un ordre de faits et d'accusa-

tions tellement graves que je ne hasarderai rien que sur
des procédures, des procès-verbaux ou des arrêts.

Vous vous rappelez, sans doute, que quand vous avez
voté 400 000 francs par an pour fonds de rachat, le ministère a déclaré, sur les interpellations de MM. Odilon Barrot
Pascalis et Dupin — écoutez bien ceci, c'est important —
qu'aucun denier de cette somme de 400 000 francs ne
pourrait être employé à racheter des personnes libérées,
émancipées par l'art. 47 de l'édit de 1685, article qui
constitue ce qu'on appelle l'indivisibilité de la famille noire,
et empêche qu'un mari et une femme et des enfants impu-
bères appartenant au même maître puissent être *vendus*
séparément.

On comprend la loi d'humanité qui a dicté cette disposition : c'est la sainteté de la famille jusque dans l'esclavage. Mais ce que la loi a prévu pour le cas de vente
s'applique-t-il au cas d'affranchissement ? le mari ou la
femme affranchi attire-t-il son conjoint, encore exclu, dans
la liberté ? La mère libre privera-t-elle de ses soins précieux
son enfant impubère resté dans les liens de l'esclavage ?
Quelques instants, sous l'abominable empire des préjugés
créoles, cette question a fait doute, mais la Cour de cassation l'a tranchée au profit de la liberté dans plusieurs de
ses arrêts, et notamment dans un arrêt des chambres réunies, monument durable de haute raison et de touchante
philanthropie. Je le répète, pour aucun jurisconsulte, pour
aucune cour, cette thèse de droit n'est aujourd'hui incer-
taine. Eh bien, Messieurs, comme un grand nombre d'esclaves des deux sexes seraient affranchis gratuitement et
par la force seule du droit, les colons résistent, et vos agents
les encouragent dans cette barbare rébellion.

Pour ne pas faire perdre au maître le prix d'un esclave
qu'il devrait libérer pour rien, l'administration, la magistrature coloniales ont employé un misérable subterfuge.

Ils appellent litigieux ce qu'il y a de moins litigieux au monde; et pour racheter cette liberté censée douteuse, on a recours au fond de rachat de 400 000 francs que vous avez déclaré cependant ne pouvoir s'appliquer à ce cas.

Voulez-vous que je vous dise jusqu'où est allée cette audacieuse forfaiture; vous allez en juger :

744 individus ont été rachetés à la Guadeloupe et à la Martinique sur les 400 000 francs par vous votés; et sur 744 affranchis, 168 ont été payés à leurs maîtres, bien qu'ils fussent libres de par la loi, de par l'article 47 de l'édit de 1685. (*Mouvement prolongé.*)

Messieurs, croyez-moi, j'exciterais votre pitié si je vous disais par combien d'amertumes doivent passer ces pauvres femmes qui veulent être réunies à leurs enfants.

La réclamation ne peut être faite que par le ministère d'un avocat, et comme, ordinairement, l'avocat est créole, il refuse son ministère.

Alors, il faut un certificat d'indigence; mais le maire qui le délivre est créole, et il ne veut pas le délivrer. Quelquefois, et nous en avons de tristes exemples, le magistrat, qui n'aurait qu'à faire appliquer la loi, intervient au profit du colon que léserait un affranchissement légal, ne dédaigne pas de descendre jusqu'à négocier qu'une portion de pécule sera payée au maître; et la pauvre femme, usée par les formalités, épuisée par les fins de non-recevoir, meurt à la peine, loin de ses enfants. Il n'est pas rare de voir des affranchissements, qu'en vertu de l'article 47 on pourrait décider en un instant, ne se proclamer qu'après dix ans d'anxiétés et de chicanes interminables. (*Mouvement.*)

Oui, c'est là une abominable forfaiture que de forcer cent soixante-huit individus à demeurer esclaves, en employant les sommes qui auraient servi à les libérer à racheter des hommes déjà libres de par la loi.

Vous connaissez les magistrats qui s'en sont rendus coupables, monsieur le Ministre, et vous ne les avez pas fait descendre de leurs sièges ! (*Agitation.*)

C'est grave, Messieurs. Eh bien, j'arrive à des faits plus odieux ; et ce ne sont pas des assertions, comme le disait tout à l'heure l'honorable M. Levasseur, qui, sous prétexte de défendre la liberté, m'a paru, contre son intention sans doute, soutenir singulièrement l'esclavage.

(« *Vous vous méprenez sur mes intentions.* »)

Je ne me méprends pas sur vos intentions ; je ne parle que des faits ; vous prétendiez que les détails qui ont été donnés n'étaient pas exacts, qu'ils résultaient de je ne sais quelles informations judiciaires plus ou moins dignes de foi ; c'est quelque chose de plus significatif, ce sont des faits puisés dans des procès-verbaux non contestés et dans les arrêts eux-mêmes, dont M. de Lasteyrie vous a garanti l'authenticité, et que je confirme à mon tour, car j'ai là, sous la main, extrait de ces procès-verbaux ou de ces instructions judiciaires. Je ne vous parlerai pas, Messieurs, de ce qui arrive tous les jours aux colonies ; d'un fait, par exemple, comme celui-ci : Une vieille mère est attachée par les quatre membres, nue ; elle reçoit dix-neuf coups de fouet ; son sang rejaillit, sur qui : sur son fils, sur son propre fils, qu'on a contraint à tenir les mains de sa mère pendant ce supplice. (*Mouvement général d'indignation.*)

Cela n'est rien encore, Messieurs, je ne m'arrêterai pas non plus au spectacle de cette nourrice frappée à coups de bâtons et blessée gravement, de cette autre femme châtiée de 29 coups de fouet, seize jours après ses couches, et rentrant mourante à l'habitation. (*Nouveau mouvement.*)

Qu'est-ce encore qu'un géreur qui tue un esclave ? Aux yeux de tous, presque rien. Le maître à qui l'esclave importe peu, pourvu qu'il en ait l'argent, retient le prix de la victime sur les gages du géreur, et tout est dit. Le géreur, il est vrai, est traduit en cour d'assises ; mais il est acquitté ! (*Sensation.*)

Ce sont là des faits qui vous émeuvent, Messieurs ; je le comprends, moi qui souffre à vous les raconter ; et cependant tous les jours, aux colonies, ils passent inaperçus. Hélas ! nous sommes loin de tout savoir ; et que de martyrs inconnus recouverts par le sable brûlant de la grève !

Mais, écoutez-moi, qu'une fois enfin la voix de l'humanité venge tant de victimes, car voici des crimes d'une bien autre nature.

Vingt-neuf coups de fouet sont appliqués à une femme enceinte de cinq mois. Dans quelle position ? On la place en croix sur une échelle, on lui pose un billot de bois gros et court sous le ventre, pour que son corps ainsi repoussé en arrière et rendu saillant reçoive plus sûrement les coups terribles qui lui sont assénés. L'avortement s'ensuit et cette malheureuse est retirée presque mourante.

Ce n'est pas tout ; les meurtrissures qui lui sont faites à la tête lui cassent trois dents, son œil droit est perdu, son oreille n'entend plus, et l'homme qui s'est montré envers elle plus cruel que le bourreau, plus inexorable que la guillotine (car, sur le continent du moins, le bourreau et la guillotine s'arrêtent devant l'innocente créature que la femme condamnée porte dans son sein), eh bien, aux colonies, cet homme est traduit en police correctionnelle et est condamnée à quinze jours de prison. (*Vive sensation.*) Quinze jours de prison, aux colonies, mais c'est, pour un meurtre commis par un blanc, presque le maximum de la peine ; heureux encore pour la morale quand il n'est pas complètement acquitté !

Quelques-uns d'entre vous ont entendu parler du trop scandaleux arrêt rendu en faveur des frères Jaham.

Pour un motif léger, un d'eux fait appliquer vingt-neuf

coups de fouet à une femme grosse, et dans ses blessures profondes et saignantes il verse une composition de piment et de jus de citron. (*Plusieurs voix : C'est abominable!*) Le même homme tue un jeune nègre.

Remarquez, Messieurs, que tout ce que je vous dis ici est constaté dans une procédure et établi par des dépositions de blancs, même d'amis, de voisins, qui interpellés sur la foi du serment, parlent presque malgré eux et sont obligés de venir dérouler ce hideux tableau à la justice.

Donc, l'un de ces frères Jaham fait manger à deux pauvres enfants des excréments d'hommes et d'animaux mêlés ! (*Exclamations diverses.*)

(*Une voix : c'est constaté judiciairement.*)

Il y a plus : un jeune nègre, appelé Jean-Baptiste, va prendre dans un verger voisin quelques fruits. Le propriétaire le saisit et l'amène chez le sieur Jaham qui, à l'instant tire son canif de sa poche, lui coupe le bout de l'oreille, qu'il le force à avaler avec un morceau d'igname imbibée du sang qui coulait de l'oreille mutilée. (*Mouvement général d'indignation.*)

Je ne crains pas de dire que ces faits ne seront récusés par personne. L'an dernier, les débats de cet horrible procès devaient être déroulés à cette tribune ; l'un de nos honorables collègues a reculé devant l'odieux qu'ils lui inspiraient et, en menaçant le ministère de la publicité, a essayé d'obtenir une réparation qui lui a été vainement promise. Moi aussi j'ai hésité, pour l'honneur du nom français ; mais enfin, toutes ces douleurs sont venues frapper si fortement à mon cœur, que j'ai regardé mes scrupules comme de lâches scrupules. Je me suis dit que ces actes de barbarie devaient servir la sainte cause de la liberté, et que notre renom d'humanité et de philanthropie était trop bien assuré pour qu'il pût être terni par quelques abominables exceptions. (*Sur tous les bancs : Très bien !*

très bien !) M. le Ministre de la marine avait promis au moins, comme compensation à ce monstrueux acquittement, l'expulsion des frères Jaham de l'île où ces forfaits avaient été commis ; eh bien ! je suis autorisé à dire, par un de nos honorables collègues, M. Ternaux Compans, que l'auteur de ces atrocités y habite encore !

M. le Ministre avait encore promis que ce qui resterait des malheureux esclaves de cette meurtrière habitation serait racheté et affranchi. Malgré cette parole solennelle, deux de ces esclaves seulement ont été rachetés par le gouvernement, les autres ont été vendus à l'encan. (*Mouvement.*)

Après de telles tortures, il semble cependant que c'est là que votre fonds de 400 000 francs aurait pu être utilement employé.

Je vous demande pardon, Messieurs, de prolonger encore les douloureuses émotions, sous l'empire desquelles j'ai été obligé de vous placer, mais l'intérêt de la grande cause de l'émancipation exige de vos âmes ce nouveau sacrifice. Il est un dernier fait que vous devez connaître.

Sur le soupçon qu'un bœuf a été empoisonné par un jeune esclave, M. Humbert Dupré fait couper la tête de l'animal, la fait attacher au cou du jeune nègre, en déclarant qu'elle y restera jusqu'à ce que la putréfaction l'en ait fait tomber. (*Sensation.*)

Horrible supplice, Messieurs, que ces miasmes de la mort s'infiltrant lentement dans l'organisme de la vie. Quelques jours s'étaient à peine écoulés, que l'odeur fétide avait tué le pauvre esclave. (*Mouvement d'indignation sur tous les bancs de la Chambre.*)

Direz-vous que ce fait est inexact ? il a été constaté par un commandant de gendarmerie, M. France ; c'était un brave militaire qui avait pris au sérieux la responsabilité de sa position ; et quand des actes comme ceux-là lui étaient dénoncés, il faisait son devoir.

Il gênait aux colonies : aussi lui a-t-on donné un congé malgré lui, et dont il ne voulait pas profiter ; on l'a fait embarquer de force puis, une fois en France, on l'a fatigué, on lui a offert des compensations dont il n'a pas voulu, et on a fini par le mettre à la retraite.

J'ai dit que cet horrible drame avait été constaté par procès-verbal ; mais comment la justice a-t-elle suivi ?

M. le juge d'instruction et M. le procureur du Roi se sont rendus sur les lieux accompagnés de gendarmes ; ils ont dit aux gendarmes : « Attendez à la porte, nous entrerons seuls. » Puis, en sortant : « C'est une affaire de rien, cela s'arrangera. »

On a, il est vrai, traduit l'auteur de ce raffinement de barbarie devant la chambre des mises en accusation ; mais cette chambre, composée de magistrats tous créoles et d'un magistrat marié à une créole, a déclaré que ce n'était rien, en effet, qu'il n'y avait pas lieu à suivre. (*Mouvement.*)

A de très rares exceptions près, voilà la justice des colonies ! Comment donc vous, gouvernement, pouvez-vous prétendre que les lois de 1845 ont été exécutées ? fonctionnaires ! contraires à la loi ; conseils coloniaux ! contraires à la loi ; éducation civile ! nulle, paralysée par les maîtres ; éducation religieuse ! dirigée par un clergé qui croit à l'esclavage et qui le défend ; magistrature ! se faisant complice solidaire de faits tellement odieux qu'ils ont soulevé votre indignation.

Et, il y a deux jours, je ne sais qui est venu dire ici : personne dans cette enceinte n'oserait s'élever pour demander l'abolition immédiate de l'esclavage ! J'ai répondu : Moi ! oui, moi ; et aujourd'hui je pourrais dire : nous tous ! Car, à part la question d'argent que nous examinerons tout à l'heure, il n'y a pas un de vous, Messieurs, qui, sous l'empire des sentiments d'indignation qui vous agitent encore, ne voulût à l'instant déposer son vote dans

l'urne en faveur de l'abolition de l'esclavage. (*Très bien!
très bien!*)

Qu'opposent donc les colons à l'abolition immédiate?
deux choses :

On vous dit : « Les esclaves ne sont pas mûrs pour la
liberté; ils ne sauraient se suffire à eux-mêmes. » Pitié
que ce raisonnement, Messieurs. Quoi ! quand il s'agit de
leur conférer l'éducation, vous vous y refusez; quand il
s'agit d'organiser le travail libre, vous vous y refusez et
vous dites qu'il ne faut les affranchir que quand ils seron
instruits et dignes d'être travailleurs libres ; c'est-à-dire
qu'il ne faut les affranchir jamais.

On reprochait, à cette tribune, à un de mes amis,
M. Schœlcher, d'avoir écrit, il y a quinze ans, que les esclaves n'étaient pas en état d'être libérés immédiatement;
d'abord, il y a dix-sept ans de cela, Messieurs ; et puis,
qu'est-ce que cela prouve? Que ce n'est pas un homme à
théories anguleuses et déraisonnables, ou à principes absolus; que, comme tant d'autres, il n'est arrivé au radicalisme, en fait d'abolition, qu'après avoir reconnu l'impuissance des transitions et des demi-mesures.

Au surplus, vous avez tronqué sa citation. Il ajoutait
qu'il fallait que les enfants fussent tous émancipés. Il disait
qu'à l'âge de quinze ou vingt ans, il fallait que l'esclave de-
vint libre. Vous avez beau faire, vous ne pourrez jamais
transformer en ennemi de l'abolition immédiate, l'homme
qui y a consacré ses forces et ses veilles, et qui en est un
des apôtres les plus fervents.

Étaient-ils plus mûrs que les nôtres les quatre-vingt mille
esclaves qu'a affranchis l'Angleterre? Comme nous, elle
était entrée dans la voie des transitions, et au bout de
quatre ans elle a été obligée d'y renoncer ; elle a reconnu
que maîtres et esclaves y perdaient : les uns devenaient
plus cruels, les autres plus malheureux. Sont-ils plus

instruits, plus éclairés, ces esclaves que le Danemark va élever à la dignité de citoyens? Le Danemark renonce enfin, pour l'abolition complète, à ces mesures provisoires tant vantées. Et, sont-ils plus formés pour la civilisation, les esclaves que la Suède a libérés, ceux que viennent de libérer Tunis et l'Égypte?

Ces esclaves ne sauront se suffire! Soyez convaincus qu'ils vivront mieux que maintenant; et, si vous en doutez, visitez la Jamaïque, la Barbade, la Trinité, Antigue, Démérary; vous y trouverez partout l'activité, l'ordre, la moralité. Vos colonies des Antilles n'ont point un chemin de fer; des chemins de fer merveilleusement établis sillonnent tous les pays habités par les hommes libres d'hier.

Encore quelques mots, Messieurs, et j'ai fini : je ne veux cependant pas descendre de la tribune sans m'expliquer sur les incroyables prétentions que j'ai entendu l'autre jour afficher à cette tribune, et cela avec une assurance telle que j'en suis resté étonné.

On a dit : « Vous, métropole, vous ne pouvez affranchir sans payer; nous venons vous faire nos conditions, vous les recevrez ou vous n'affranchirez pas. » Langage superbe et présomptueux! Mais, pour le tenir, est-on bien sûr de son droit? Nous ne parlons pas du droit naturel, nous sommes tous d'accord sur ce point; en droit naturel, il n'y a rien à payer; un crime ne peut enfanter un droit.

Voyons le droit écrit : Avez-vous des textes? Vous invoquez, je le sais, les vieux édits, l'échange de services qui a eu lieu entre vous et la métropole dont vous avez défriché, premiers planteurs, les possessions lointaines. Mais une révolution a passé sur tout cela et brisé votre féodalité et vos privilèges, comme tous les privilèges et toutes les féodalités. Ce droit écrit a été biffé. Un décret de la convention, cette immortelle assemblée, qui défendait d'une main le territoire, et de l'autre reconquérait les titres du genre humain, un décret de l'an II a déclaré libres tous les esclaves, les a faits citoyens, et les a placés sous l'égide même de la constitution.

Maintenant, je sais bien qu'en 1802, Bonaparte...

(*Une voix : Napoléon !*)

Il s'appelait alors Bonaparte, c'est un anachronisme de la part de mon interrupteur.

Bonaparte, voulant se faire premier consul et aspirant déjà au pouvoir absolu, cherche à rallier tous les intérêts autour de lui ; c'étaient les émigrés, d'une part, les colons ruinés de l'autre ; ceux-ci le touchaient de près par des affinités de famille.

Une influence surtout pesait sur lui ; celle d'une femme excellente, mais qui, élevée aux colonies, ne considérait pas l'esclavage comme une calamité, tant cette horrible institution corrompt les meilleures natures. Bonaparte, par une loi de l'an X, après avoir promis aux Antilles de leur conserver la liberté et leurs droits, cédant à l'obsession de son entourage, rétablit l'esclavage et la traite.

C'était au moment où tant de résistances fatiguées, tant d'ambitions pressées portaient au nouveau César leurs hommages et leurs adulations ; et pas une voix ne s'éleva, pas une seule pour réclamer au nom de l'humanité méconnue. C'est là une loi passée sans discussion, qui ne se trouve même pas, je crois, dans les colonnes du moniteur : c'est un droit honteux et clandestin.

Le droit de la convention proclamant les titres imprescriptibles de l'homme, et les élevant à la hauteur de la constitution même, a-t-il pu recevoir une atteinte sérieuse d'une loi secondaire ainsi faite ! C'est, au moins, l'objet de grands doutes, susceptibles toutefois de rendre les colons conciliants et modestes.

Est-ce à dire que nous ne voulons pas qu'on accorde de compensations ? Je n'ai pas dit cela, la France est une grand

nation ; comme toutes les nations, elle a son intérêt, sa
politique, elle s'est toujours montrée équitable envers ses
enfants, beaucoup trop même pour ceux qui ont vécu d'im-
munités et de privilèges. La France, sans s'engager quant à
présent, examinera donc dans quelle mesure elle doit aider
ses colonies, en quoi elles servent son commerce et sa marine, et alors on peut compter sur sa munificence, sur ses
largesses; mais, pour un droit absolu, arrogant, intraitable,
n'en parlez pas.

Non, non, l'esclavage n'a pas pu enfanter de droit; et,
si ce droit avait jamais existé, le décret de la convention
l'aurait brisé, et le traité de paix de 1814 qui a aboli la
traite aurait surabondamment prévenu les colonies. (*Très
bien, très bien.*)

Cette digression rapide, Messieurs, m'a éloigné de mon
but ; j'ai promis à M. le ministre de la marine de lui prouver
que les lois de 1845 n'avaient point été exécutées ; mais
j'ai à lui démontrer, maintenant, que ces lois ne peuvent
suffire pour longtemps encore, comme il le prétend, aux
besoins de la situation.

Quoi! selon nous, cette loi, que vous nous aviez présentée comme transitoire, pourrait durer longtemps encore !

Mais ces tableaux déchirants que j'ai retracés à vos yeux,
mais ces tortures inouïes dont nous avons compté les stig-
mates, mais ces cris que j'ai fait retentir jusqu'ici, comment! tout cela peut se reproduire, peut durer! Non, vous
ne pouvez pas le vouloir. Comment, ce fouet qui déchire la
chair des enfants, des femmes enceintes, ce fouet vous le
laisseriez à l'orgueil insensé des créoles! Non, vous ne le
pouvez pas, si vous avez du cœur, et vous ne pouvez pas ne
pas en avoir; et nous tous, qui avons entendu ces choses
avec émotion, nous ne pouvons pas ne pas avoir de cœur ;
la loi sera donc modifiée.

La loi durera telle, qu'elle est faite? Comment cela se pourrait-il en présence des faits sauvages dont nous étions épouvantés tout à l'heure! Vous voudriez donc vous rendre, vous gouvernement du roi, solidaire de ces faits, puisque vous venez d'avouer que vos cours sont composées de telle sorte que vous n'avez que quatre magistrats, et qu'il vous faut trouver dans un assesseur colonial une cinquième voix pour condamner? Mais cette voix vous ne la trouverez pas, vous n'aurez pas de condamnation. Et vous soutenez qu'une pareille loi peut subsister? Ah! permettez-moi de vous le dire, vous n'y avez pas suffisamment réfléchi; vous êtes meilleur que vous ne voulez le paraître, et quand vous y aurez refléchi, vous direz comme moi que, pour l'honneur du nom français, cela ne peut durer. (*Très bien! très bien!*)

Je me résume. Les pétitionnaires ont demandé l'abolition immédiate, dans le sens raisonnable du mot, en vous permettant de prendre les mesures préparatoires : c'est ce qu'a voulu la Chambre en 1845, c'est ce que la commission vous demande; que répondez-vous? « J'ai peur pour les colonies, j'ai peur que cela ne jette le désordre; » détrompez-vous : si vous entrez sincèrement dans l'exécution de la loi, vous n'avez pas à appréhender les noirs, ils espéreront; mais vous avez tout à redouter de l'aveuglement opiniâtre des blancs. L'institution de l'esclavage les a dénaturés; il faut leur faire bien comprendre qu'il n'y a pas à marchander, que la métropole veut en finir avec l'esclavage. Ce qu'il faut montrer à nos compatriotes des colonies, ce n'est ni de la mollesse ni de l'hésitation, mais une volonté ferme et résolue. Nous les connaissons presque tous, nous avons été leurs condisciples ou leurs amis; nous savons leur générosité, leur courage, leur intelligence, pour la plupart ce sont de nobles natures que la vue de l'esclavage pervertit. Périsse donc l'infâme institution qui les change ainsi! (*Très bien.*)

M. le Ministre, ne résistez pas plus longtemps aux vœux de la commission et aux nôtres ; c'est de la force que nous voulons vous donner pour que vous puissiez dire aux colons rebelles : « L'opinion publique me presse, elle m'assiège, elle s'irrite, elle s'indigne ; exécutez la loi, il n'y a plus à reculer, ou l'abolition immédiate est au bout. » (*Très bien ! très bien !*)

Ce n'est pas par opposition que j'appuie les pétitionnaires, c'est dans l'intérêt de l'humanité que je recherche, par mes faibles efforts, à vous communiquer une énergie qui vous est nécessaire.

Pour Dieu ! ne dites plus surtout, je vous en conjure, que la loi, telle qu'elle est, peut encore durer longtemps. Pensez à ceux qui souffrent. Les plaintes qui ne nous arrivent qu'au travers des mers viennent à nous effacées, affaiblies, et je le regrette. La pensée se représente bien incomplètement des douleurs qu'on ne ressent pas.

Ah ! pourquoi ne peut-il pas nous être donné de voir là, dans cette enceinte, au pied de cette tribune, un de ces affreux spectacles ! et alors, de tous les partis confondus, il ne s'élèverait qu'une voix pour la liberté. Messieurs les Ministres, croyez-moi, hâtez-vous d'apporter un remède à cet état contre nature. Je ne veux point me livrer à de sinistres pressentiments, prévoir de lamentables collisions, mais ma mémoire me rappelle malgré moi cette sentence d'un vieux poète ; « N'opprimez pas le faible, car les vapeurs d'où sort la foudre sont formées des larmes de l'innocence. » (*Très bien ! Très bien !*)

XXXI

DISCOURS PRONONCÉ A LA CHAMBRE DES DÉPUTÉS

DANS LA DISCUSSION

D'UN PROJET DE LOI SUR LES CÉRÉALES

(18 juin 1847)

MESSIEURS,

Profondément ému des misères qui assiègent le pays depuis quelques mois, dix fois j'ai eu, dès le commencement de la session, l'intention d'interpeller le ministère sur sa conduite dans les circonstances désastreuses que nous venons de traverser. Dix fois on m'a fait observer qu'un tel débat, au milieu des incertitudes encore pleines d'anxiétés de l'avenir, pourrait être périlleux, que les ministres s'en feraient une arme pour ne pas répondre, et je me suis efforcé d'attendre. Mais aujourd'hui que la question se présente naturellement, je demanderai à la chambre la permission de l'examiner avec toute la mesure qu'elle comporte, mais aussi avec toute la liberté de langage qu'impose un devoir de conscience longtemps ajourné.

Quel a été, messieurs, le véritable caractère de la situation qui pèse en ce moment et qui pèsera encore longtemps sur nous?

Il y a eu d'abord, il faut le reconnaître, insuffisance

réelle, pénurie sérieuse, mais facile à combler. A côté de cet accident naturel, il y a eu disette factice, hausse exorbitante, amenée par une spéculation effrénée.

En présence de ces deux faits, quelle a été la conduite du ministère ?

Relativement à l'insuffisance réelle, son attitude a été funeste ; loin d'y remédier, il l'a aggravée en la niant.

Dans une circulaire du 25 août dernier, adressée aux préfets, M. le ministre de l'agriculture et du commerce, vous aurez peine à le croire, parlait ainsi :

« Je suis convaincu que notre situation, dans son ensemble, est meilleure que l'année dernière. »

Et notez que, depuis près de quinze jours déjà, un journal radical lui donnait l'éveil, et enregistrait, des départements, de fâcheuses appréhensions, et des pressentiments appuyés déjà sur des faits. Plusieurs contrées jetaient le cri d'alarme à la suite des premiers battages et du mauvais rendement des grains, et M. le ministre, avant d'être renseigné exactement sur l'importance générale et l'ensemble des récoltes, ne craignait pas d'affirmer que notre situation était meilleure que celle de l'année précédente.

Chose inouïe, le résultat de cette enquête, d'où dépend le sort de toute une nation, se fait attendre près de trois mois, et c'est alors que M. le ministre, dans une nouvelle circulaire, atteste que la France peut attendre en toute sécurité.

J'ai besoin, Messieurs, pour édifier la chambre, et ne pas voir contester les faits, de vous mettre sous les yeux quelques passages de ce document.

(*Une voix : la date?*)

La date est du 18 novembre.

« L'enquête, dit M. le ministre, offre trop d'éléments de sécurité pour qu'il ne se hâte point de rassurer les esprits contre les craintes exagérées qui ont été répandues. L'infériorité de la récolte des céréales a été fortement atténuée par la bonne qualité des produits et presque compensée, dans un grand nombre de départements, par l'abondance des récoltes secondaires. Le faible approvisionnement des marchés est *un fait habituel de cette saison.* »

Il ajoute :

« Il faut chercher ailleurs les causes du mouvement de hausse ; parmi celles qui lui sont indiquées, dit-il, tous les rapports signalent le faible approvisionnement des marchés et les prétentions exagérées des détenteurs, par suite d'une fausse appréciation des ressources comparativement aux besoins. »

M. le ministre mentionne que l'Angleterre se trouve avoir fait une récolte meilleure qu'à l'ordinaire ; qu'en conséquence, sous ce rapport encore, il doit y avoir, pour nous, assurance que nous ne la rencontrerons point comme concurrente dans les autres marchés du monde ; enfin il termine à peu près ainsi :

« La France, en particulier, peut attendre avec calme et sécurité *l'effet de sa législation sur les céréales,* car rien ne saurait retarder plus longtemps un mouvement de baisse si désirable, et qui se serait déjà produit si l'insuffisance des moyens de transport intérieurs et l'élévation exorbitante du fret sur le Rhône n'avait entravé depuis un mois la remonte des grains qui encombrent les ports de Marseille et d'Arles. »

Oui, oui, que la France ajoute foi aux paroles du ministre, qu'elle croie sans réserve à ce robuste optimisme, qu'elle compte aussi sur l'action efficace de sa loi des céréales, et bientôt elle pourra mourir de faim. (*Dénégations du ministre du commerce.*)

Vous niez, monsieur le Ministre, que vous ayez dit qu'il ne serait pas apporté de changements à la loi des céréales. Voici cependant le passage même de votre lettre :

« La France, en particulier, peut attendre avec calme et sécurité l'effet de la législation sur les céréales. »

M. le ministre dit donc manifestement, le 18 novembre, qu'il faut s'en fier aux bons et salutaires effets de la loi sur les grains, et deux mois après, le 18 janvier, il est obligé de venir vous proposer la suspension de cette même loi. Quelle connaissance des faits, quelle fixité dans les principes !

Ce n'est rien encore. Ce ministre, qui doit être si bien renseigné sur les besoins de la France qu'il administre depuis plusieurs années déjà, allègue, dans l'exposé des motifs, que 3 millions d'hectolitres de froment importés suffiront pour attendre la récolte prochaine, et votre commission a constaté dans son rapport que 8 millions sont déjà entrés en France depuis cette époque, et que 11 millions atteindront à peine le moment du battage de la récolte future.

D'où la conséquence : qu'il y a entre les calculs de M. le ministre et les calculs de la commission une différence de 8 millions d'hectolitres ; c'est-à-dire que si le commerce n'était point allé, dans sa fièvre de spéculation, au delà des prévisions du ministre, la France, de par l'incapacité d'un de ses premiers fonctionnaires, aurait été livrée pendant un mois aux angoisses de la plus abominable famine. (*Mouvement aux extrémités.*)

Telle a été, Messieurs, quant à l'insuffisance réelle des grains, l'inqualifiable imprévoyance, disons plus, la compromettante conduite de M. le ministre.

J'ai dit qu'en sus du fléau de la disette réelle, il y avait eu une disette factice entretenue, celle-là, par quelques monopoleurs en grand qui n'ont pas craint de jouer sur la faim du peuple, et de préférer quelques écus à la vie de leurs semblables.

Honte éternelle à eux, Messieurs ! mais que dans cet anathème ne soit pas compris le commerce honnête qui a mis de grands capitaux au service du pays, et, en échange de risques considérables, s'est contenté d'un gain modéré et légitime.

Donc, pour empêcher la disette factice, les achats simulés, les cours mensongers, le ministre était-il désarmé? Examinons :

Quatre-vingts marchands de farine de la halle de Paris se plaignent officiellement de trafics frauduleux; on néglige leur plainte et les scandales continuent.

Il a été constaté, par exemple, qu'il y avait telle quantité, tels sacs de blé qui, sans avoir jamais bougé de place, avaient été revendus fictivement jusqu'à vingt-deux fois.

Eh bien, ces jeux de dés, ces coups de hasard sur la subsistance du pauvre, ont-ils été poursuivis? Poursuivis!... on vous répond par la liberté des transactions commerciales. Mais toute liberté sociale a ses limites; la liberté du commerce, comme toute autre liberté, doit s'arrêter devant l'homicide, et quand il s'agit du pain du malheureux prolétaire, ce que vous appelez liberté, je l'appelle brigandage ! (*Mouvement aux extrémités.*)

Non, le ministre n'était pas désarmé, car il existe un décret du 4 mai 1812 pour empêcher la spéculation frénétique dont je parle.

Il ordonne que tout détenteur de blés fera, soit à sa sous-préfecture, soit à sa municipalité, la déclaration de la quantité qu'il possède ; qu'il pourra être requis, au besoin, de les conduire au prochain marché pour y être vendus au prix courant. Il dispose en outre qu'aucune espèce d'acquisitions ou de ventes ne pourront avoir lieu que sur le marché, avec la publicité pour sanction.

Ce décret n'est pas abrogé ; le fût-il, que, dans l'intérêt général, il était facile de le faire revivre ; et alors que de maux, dus à la seule cupidité, auraient été évités! M. le ministre ne s'est-il pas montré aussi faible encore en faveur de ces puissantes compagnies de transport des départements du

Midi? Il se plaint, dans sa seconde circulaire, que les provenances du Midi sont arrêtées surtout par la coalition des directeurs de roulage ou de bateaux, lesquels, en vue d'un gain plus élevé, entravent la circulation. (*Le ministre de l'agriculture fait un signe de dénégation.*)

M. le ministre nie encore ; voici le passage :

« Il y a eu un mouvement de baisse, lequel *se serait déjà produit, si l'insuffisance des moyens de transports intérieurs et l'élévation exorbitante du fret sur le Rhône n'avaient entravé, depuis un mois, la remonte des grains qui encombrent les ports d'Arles et de Marseille.* »

Est-ce clair ?

Eh bien, vainement diriez-vous aujourd'hui qu'il n'y a pas eu coalition, quand dans votre circulaire vous disiez le contraire. Il y a bien eu coalition, et vous le savez; tous les journaux l'ont dénoncée, et vous, ministres si ardents à poursuivre les coalitions des pauvres ouvriers, de ceux qui travaillent pour vivre, vous n'avez pas eu la justice, le courage de poursuivre les coalitions de ceux qui spéculaient sur la vie même de l'ouvrier.

Voilà, Messieurs, la conduite du ministre bien nettement tracée. Vous l'avez vu à l'œuvre; en présence de la disette réelle : incurie absolue, ignorance des faits, absence de système pour les remèdes, erreurs sur erreurs, fautes sur fautes ; en présence de la disette factice : impassibilité, inaction coupable, pas un ordre, pas une mesure pour mettre obstacle à cette rapine meurtrière de la spéculation, de l'agiotage. (*Bruit.*)

Il me semblait que cette question était digne d'intéresser la chambre. Je lui demande quelque attention, non pour moi, mais pour la question en elle-même, pour le peuple qui nous écoute. (*Parlez! Parlez!*)

Cette impuissance, cette incapacité du cabinet, quelles en ont été les funestes et les trop durables conséquences?

Hélas! nous ne pouvons les sonder toutes, car elles sont innombrables; deux chiffres cependant peuvent en donner quelque idée.

Le rapport de votre commission établit que le renchérissement du blé a coûté à la France 1200 millions, et qu'une grande portion de cet argent est perdue pour le capital national.

D'un autre côté, un professeur d'économie politique, ancien député conservateur, vient de publier dans une brochure toute récente que l'industrie a produit 1 milliard de moins cette année; que, sur ce milliard, 500 millions au moins auraient été répartis en salaires d'ouvriers : d'où il conclut ceci, que, par suite de la cherté du pain, 1 milliard ayant été nécessaire en plus qu'à l'ordinaire aux classes ouvrières pour vivre bien parcimonieusement, et que 500 millions de salaires leur ayant été enlevés d'autre part, elles ont à elles seules, et sur leurs plus impérieux besoins, supporté le poids énorme d'un déficit de près de 1500 millions. (*Mouvement.*)

1500 millions! chiffre effrayant, formidable, messieurs; et sous ce chiffre quel abîme de douleurs! Et ces douleurs de toutes sortes, qui, sans les avoir personnellement souffertes, pourrait essayer de les décrire? les yeux mêmes et le cœur ne suffisent pas. Ce qu'on en sait, c'est qu'elles sont profondes, universelles, puisque tout citoyen, dans sa mesure, à son échelon, en est proportionnellement atteint. Aussi, Messieurs, de là cette teinte sombre et menaçante qui s'étend sur le pays. (*Dénégations aux centres.*)

Eh quoi! n'est-il donc pas vrai que le capital effrayé se resserre, que les villes manufacturières ont fermé la plupart de leurs ateliers, que le commerce est aux abois, recourt aux expédients usuraires? Mais vous le savez tous (*dénégations au banc de la commission*), mais c'est constaté par le nombre sans cesse croissant des faillites.

Vous le niez! Lisez donc un peu les publications des tribunaux de commerce !

Ah! sans doute, l'état désastreux de la situation peut être
méconnu par quelques riches commerçants qui siègent ici;
mais que si le petit commerce, celui qui n'a pas de capitaux à lui, pouvait tout à coup faire irruption dans cette enceinte et vous porter ses doléances, alors vous connaîtriez,
avec la vérité, toute l'étendue du mal; mais, je le répète, la
gravité de la situation frappe tous les yeux, elle aveugle
tous ceux qui veulent regarder.

Oui, une crise effrayante existe, et qui n'est pas près de
cesser. (*Bruit*).

Je ne voulais pas porter de faits émouvants à cette tribune, de ces faits que, pour l'honneur du nom français, nous
ne connaissions plus, Dieu merci! que par le récit de nos
vieilles chroniques, de cette époque demi-barbare déjà si
loin de nous. (*Parlez ! Parlez!*)

Eh bien, puisque vous m'y contraignez, je vous rappellerai que naguère un tribunal constatait qu'un ouvrier valide,
ayant cherché en vain pendant huit jours à gagner son pain
par le travail, avait été obligé de vivre, lui, homme fait à
notre image, en broutant l'herbe des champs ! Vous n'avez
donc pas lu non plus que, dans plusieurs localités, des hommes, — des hommes, entendez-vous bien? — s'étaient vus
réduits à disputer à des chiens le sang des animaux immo-
lés qui s'échappe des abattoirs, pour le faire cuire et le manger? Vous n'avez donc pas lu encore — ce souvenir a laissé
dans mon âme une profonde et ineffaçable impression, —
qu'une pauvre femme portant un enfant dans ses bras s'était
présentée un soir à une ferme pour y demander assistance;
il y avait eu tant de pauvres ce jour-là, que le fermier épuisé
n'avait pu rien lui donner. Touchée de son dénûment, une
servante la mit dans une étable, et lui promit de lui porter quelques aliments aux premiers rayons du jour. Le ma-

tin, la servante ne trouve plus qu'un cadavre, et, sur ce cadavre, une pauvre petite créature humaine cherchait encore à presser de ses lèvres défaillantes un sein déjà tari et glacé par la mort ! (*Mouvement.*).

Comment ! ces choses ne vous ont pas frappés ? Pour moi, je le déclare, elles ne me sont sorties ni de la tête ni du cœur, et je ne puis me contenter de ce que j'ai entendu dire quelque part : « Mais, après tout, le peuple n'est pas mort de faim. » Non, sans doute, il n'est pas mort littéralement de faim comme en Irlande ; comme en Irlande, les cadavres n'ont pas obstrué nos grandes routes ; mais, depuis la première privation jusqu'au trépas, il y a toute une échelle d'agonie, et, si l'on pouvait compter tous ceux dont l'insuffisance de nourriture abrégera la vie, éteindra les forces, arrêtera la croissance et le développement, il en faudrait conclure que le peuple a horriblement souffert de la faim, et que, pour beaucoup d'entre eux, la mort, qui les a touchés en passant, ne fait qu'attendre. (*Sensation.*)

J'ai dit que le ministère pouvait en partie conjurer tous ces maux. L'a-t-il tenté, Messieurs ? quelles mesures a-t-il prises ? Nous l'avons déjà vu, il a apporté une modification aux lois des céréales, mais une modification tellement tardive, que les autres nations de l'Europe étaient allées sur tous les marchés du monde nous faire concurrence, et que nous y avons trouvé le blé à un prix exorbitant.

Ensuite, qu'a-t-il fait ? Il a autorisé les bons de pain, pourquoi ? Pour apaiser les populations des grandes villes, dont il redoutait les commotions convulsives ; mais en définitive, quel secours cette mesure a-t-elle apporté aux si nombreux habitants des campagnes ? Aucun. Ils étaient moins à craindre, eux qui sont moins agglomérés, et la crainte du gouvernement a été un peu la mesure de sa philanthropie. Ces bons de pain ne sont, en définitive, permettez-moi de vous le dire, qu'une avance faite à l'ouvrier sur les fonds de l'ouvrier; car sur quoi sont prélevés les bons de pain? Sur les revenus municipaux, sur l'octroi; or, qui paye la plus grande partie de l'octroi, si ce n'est l'ouvrier, à qui l'on prête momentanément pour lui reprendre plus tard?

Comme seconde mesure, le ministère a ensuite appliqué quelques millions aux travaux publics; mais pour passer la période difficile seulement, et sauf plus tard à laisser l'ouvrier sans ouvrage, puisque la commission du budget, dès à présent, vient déclarer qu'il faut restreindre une grande partie de la somme allouée pour les travaux publics de cette année, qu'on parle d'une somme de 80 et quelques millions qu'il faut encore retrancher sur l'exercice prochain.

Enfin, quand le peuple avait besoin de pain, on a préparé contre lui des baïonnettes, on a augmenté l'armée de 10 000 hommes; on a voulu imposer à la nation par le déploiement de la force.

La force! Messieurs, un autre ministre, un grand ministre par exemple, Turgot, a aussi, à une certaine époque, employé la force matérielle pour établir la libre circulation des grains, fort peu respectée de son temps; et il a eu raison. Mais vraiment on est touché quand on lit dans Turgot les admirables mesures, les précautions infinies qu'avait prises cet homme d'État avant d'en arriver à l'emploi de la force brutale.

On est heureux de voir comment il a su se faire une ressource du mal même qui sévissait autour de lui : il profite de la circonstance de la disette pour supprimer la mendicité; il établit partout des ateliers de travail. On se plaignait de l'impôt du sel, dans les villes malheureuses il le supprime en partie; les octrois pesaient sur les cités désolées, il les exonère d'une portion de l'octroi; il fait respecter la propriété d'une manière inexorable, mais il charge les propriétaires et les habitants des paroisses de nourrir les pauvres jusqu'à la prochaine moisson; il excite, il pousse le commerce à l'acquisition des grains ; mais, pour qu'il n'en soit pas fait monopole, et pour maintenir autant que possible l'équilibre, il fait acheter directement aussi pour le compte de l'État.

Pour protéger l'agriculture, il dispense de l'enregistrement tous les baux de terre cultivée ou inculte ; il fait distribuer des remèdes gratuits aux indigents des campagnes ; et puis enfin, Messieurs, quand il s'agit de la ville de Paris, il prend, pour faire subsister les artisans nécessiteux, des précautions tellement paternelles, que, je le répète, vous seriez attendris de voir ce ministre descendre aux moindres détails pour apporter dans chaque famille une légère industrie. Il la fait commanditer par l'État ; dans chaque quartier, il remet aux mains de six commerçants honnêtes et désintéressés des sommes suffisantes pour acheter les matières premières ; elles sont fournies à chaque famille, puis vendues, une fois l'ouvrage fait, pour la main-d'œuvre leur en être comptée. Paris, le Paris prolétaire a béni son nom.

Et vous, monsieur le Ministre, avez-vous, comme Turgot, profité du désastre de la situation, pour préparer au moins un avenir meilleur ? vous êtes-vous dit que le premier droit de l'homme, en société, est de vivre ? que les aliments nécessaires à l'homme sont aussi sacrés que la vie elle-même ? que, satisfaire à ce droit, est non-seulement pour la société un devoir, mais un intérêt ? car la misère particulière mine aussi l'existence de l'État. Les privations, qui enlèvent au peuple son énergie, détruisent du même coup l'armée, l'agriculture et l'industrie ? Vous êtes-vous dit que la France, cette grande nation, si féconde, ne nourrit aujourd'hui de froment que *la moitié* de ses habitants, 18 millions sur 36 ? (*Mouvement.*)

Ah ! je sais bien : vous avez votre loi des céréales et les éventualités de l'importation qu'elle peut procurer : mais compter nécessairement sur l'étranger, est-ce bien prudent de la part de la France, qui demain peut, malgré elle, être jetée dans les hasards d'une guerre avec l'Europe absolutiste, coalisée, comme en 1793, pour l'affamer? Puis cette loi des céréales protège mal l'agriculture, car, quand le froment est à bas prix, ce n'est pas l'agriculteur que la loi favorise, il ne vend guère plus cher au spéculateur qui seul profite en livrant à l'étranger, et, dans un cas de disette, l'importation est presque toujours arrivée trop tard pour soulager la France d'un façon efficace. Vous êtes-vous dit qu'il fallait absolument que l'agriculture produisit plus et à meilleur marché? De là, sans doute, est venue à votre esprit toute une série d'institutions nouvelles : l'organisation de l'instruction agricole, la formation d'un corps d'ingénieurs agricoles, la création, sur beaucoup de points, de colonies modèles ; l'établissement d'un crédit foncier, la réforme du placement hypothécaire, le vote d'une loi qui intéresserait le fermier à l'amélioration du fonds, en lui accordant une part dans la plus-value qu'acquerrait la terre ; l'application à l'agriculture du principe de l'association, et l'emploi des terrains communaux dans ce but. Enfin vous aurez pensé sans doute à l'affranchir d'une partie des droits si onéreux qui frappent sur elle. Oh! alors, que l'on parle de liberté absolue pour les importations étrangères, je le comprends, et dans ce cas encore à une indispensable condition, c'est que l'État puisse intervenir, qu'il puisse former d'abondantes réserves et maintenir, en les versant à temps sur le marché, un juste niveau contre la coalition et le monopole. (*Dénégations et rires sur plusieurs bancs.*) Ne vous récriez pas ; l'État n'intervient-il pas, en effet, dans vos tabacs? Pourquoi n'interviendrait-il pas dans le commerce du blé, s'il le faisait dans l'intérêt du peuple?

Et le sel, l'État ne s'en fait-il pas le marchand? (*Interruptions diverses.*)

Vous vous récriez ! je vous comprends, Messieurs : c'est que le Gouvernement vous inspire des craintes, et vous pensez que, comme dans les tabacs et le sel, il altère ce qu'il touche ; mais quand je parle du gouvernement, c'est d'un gouvernement populaire, et ce n'est pas de celui-ci que j'entends parler. (*Violents murmures.*)

Oui, pour dominer la situation au profit du peuple, et ne pas dépendre non plus de l'étranger, il faut qu'un bon gouvernement ait de vastes réserves. (*Interruption.*)

Craignez-vous l'action du Gouvernement sur ces réserves, faites-les faire par les communes ; mais ces greniers d'abondance qui vous portent ombrage ont existé chez tous les peuples. Et, croyez-moi, on en reviendra aux épargnes mutuelles du grain, car c'est là une de ces questions qui vivent bien moins de théorie que de vieille expérience.

Oh ! je crains bien, monsieur le Ministre, que, de toutes les mesures de Turgot, une seule vous ait touché, le besoin de comprimer et de punir ; et ici encore, permettez-moi de le dire, le rapprochement ne serait point à votre avantage.

Dès que les premières émotions populaires furent apaisées, Turgot présenta au Roi une demande d'amnistie ; la sensibilité de son âme s'y montre tout entière dans le préambule ; il y peint les atroces souffrances du peuple, comme un homme qui les aurait éprouvées ; et vous, quand tout était rentré dans un calme profond, vous avez laissé appliquer les lois d'une façon draconienne. (*Rumeurs au centre.*)

Je ne veux pas discuter les jugements ; je ne ferai que rappeler celui qui est dans le souvenir de tous : au tribunal de Lille, un homme pur d'antécédents, pour avoir dérobé un pain au milieu d'un rassemblement, a été condamné à trois ans de prison et cinq ans de surveillance ; cet homme, perdu dans son avenir sous le coup d'une peine dégradante, s'est coupé la gorge en pleine audience, et a envoyé le

couteau sanglant au président qui avait prononcé la sentence.
Une jeune fille, jusque-là estimée de tous, commet, sous
l'empire de la faim, le même délit, et elle est frappée d'une
condamnation de trois ans de prison et de cinq ans de surveillance.

Il est, hélas! une peine plus terrible encore, et qui a
laissé de sinistres traces dans l'esprit des populations. Et
vous, monsieur le Ministre, qui n'en avez pas été épouvanté,
vous êtes donc bien innocent de toutes fautes?

Récapitulons :

Vous avez dit que la France pouvait dormir dans une
parfaite sécurité, et, si elle avait eu confiance en vos paroles, sa sécurité la tuait.

Vous avez dit, au mois de novembre, que les lois des céréales ne seraient pas modifiées. (*Dénégations du ministre
de l'agriculture et du commerce.*)

Je vous demande pardon; vous l'avez dit : vous avez dit
que la législation actuelle suffisait.

(*Le ministre : Je n'ai pas dit qu'on ne la modifierait pas.*)

Vous avez dit que la législation suffisait, au mois de novembre, et, deux mois plus tard, vous vous êtes démenti en
demandant la modification de cette même loi.

Vous avez soutenu à la même époque, vous, ministre si
bien placé pour apprécier la situation de la France, que
5 millions d'hectolitres d'importation suffiraient pour alimenter le pays jusqu'à la récolte prochaine, et, au propre
dire de la commission, vous ne vous trompiez que de 8 millions d'hectolitres.

Vous avez donc, dans cette question, où chaque pas pouvait compromettre l'existence de la plus grande partie de la
nation, vous avez accumulé erreurs sur erreurs, fautes sur
fautes; et remarquez qu'il n'est pas de puissance humaine
qui pourrait vous justifier, car des dates sont des dates, et
des écrits formels ne peuvent se commenter.

Vous avez laissé croire aux accaparements.

(*Le ministre : Mais non ! je n'ai rien dit de semblable.*)

Quand vous avez dit qu'on avait fait de grandes acquisitions et qu'on n'envoyait pas sur les marchés cependant, qu'on accumulait, était-ce l'accaparement, oui ou non ?

(*Le ministre : C'est bien différent.*)

Voici vos expressions :

« Il faut chercher ailleurs que dans la disette le mouvement de hausse qui se fait en ce moment-ci. Tous les rapports signalent le faible approvisionnement des marchés *et les prétentions exagérées des détenteurs,* par suite d'une nouvelle appréciation des ressources comparativement aux besoins. »

(*Le ministre : Eh bien, ce n'est pas de l'accaparement, cela !*)

Vous disiez que les détenteurs avaient des prétentions exagérées et gardaient chez eux au lieu d'envoyer aux marchés.

Eh bien, de simples habitants des campagnes ont cru voir là l'accaparement. Poussés par la peur de la faim, ils se sont livrés, il faut le dire bien haut, à des scènes sauvages, à d'abominables égarements ; mais vous, si faillible, si peccable, qui aviez payé un si large tribut à l'erreur, comment n'avez-vous pas eu pitié de leurs terreurs imaginaires, de leur crime même? comment avez vous pu laisser élever le funèbre échafaud de Buzançais?

Voici donc où nous en sommes arrivés avec l'imprévoyance coupable, avec l'incapacité administrative de ce ministère : à faire de la justice une arme de parti, en la rendant inexorable et sans entrailles.

A chaque concession qui nous abaissait au dehors, consolez-vous, nous disait-on : la gloire n'est qu'une vaine fumée ; le prestige de vos armes, vous n'en avez que trop rempli l'histoire. Nous, nous sommes un gouvernement d'affaires, d'intérêts matériels, un gouvernement qui comprend les besoins du pays et travaille incessamment à les satisfaire. Reposons-nous donc au milieu du bien-être de la paix. Quel bien-être, grand Dieu! que celui qui ne nous permet d'échapper à une famine facile à éviter, qu'au prix de 1200 millions! Quelle paix, messieurs, que celle qu'on ne peut conserver que par un nouvel effectif de 10 000 hommes, et qui est entrecoupée par des sentences effrayantes et de lugubres exécutions!

Ah! cette situation fait peser sur le cabinet tout entier une lourde solidarité; mais c'est en particulier pour M. le ministre de l'agriculture et du commerce une responsabilité telle que, de sa part, je ne verrais qu'une résolution digne : la retraite; car dans une chambre plus soucieuse des intérêts du peuple, un acte d'accusation aurait déjà été lancé contre lui. (*Assentiment aux extrémités. — Dénégations au centre.*)

XXXII

DISCOURS PRONONCÉ A LA CHAMBRE DES DÉPUTÉS

POUR LA RÉFORME

DU RÉGIME JUDICIAIRE DES COLONIES

(19 juin 1847)

MESSIEURS,

Je viens appuyer, en désespoir de cause, l'amendement qui est proposé par l'honorable membre. J'aurais voulu quelque chose de plus radical ; cela est difficile sans doute ; mais peut-être faudrait-il renvoyer à la commission pour élaborer un travail qui ne paraît pas avoir été suffisamment médité.

Vous vous trouvez dans cette singulière situation, que le Gouvernement a reconnu en quelque sorte la complicité de la magistrature coloniale dans la résistance aux lois votées par la métropole en faveur des malheureux esclaves. (*Dénégations au banc des ministres.*)

Permettez... Vous avez tellement considéré cette magistrature, avec son annexe d'assesseurs, comme en rébellion contre les vœux par vous exprimés, que, sans oser d'un seul coup trancher dans le principe, vous l'entamez dans une de ses parties, c'est-à-dire l'institution des assesseurs. L'ancienne majorité des cours d'assises, imprégnée des horribles préjugés coloniaux, vous paraissait contraire à la liberté des esclaves, et vous avez cherché dans les combinaisons d'une majorité nouvelle à donner aux noirs des garanties plus sérieuses, plus étendues. La justice était outragée, violée chaque jour ; vous avez voulu, sinon la donner complète encore, au moins la rendre plus tolérable.

Soyez-en bien convaincus, elle ne sera vraiment la justice qu'avec l'émancipation.

Voilà bien la thèse sur laquelle nous sommes tous d'accord, et que nous n'abordons encore que par des tâtonnements et des concessions mutuelles.

Un membre de la commission, l'honorable M. de Gasparin, vient de vous faire cet aveu, que l'esprit général de la magistrature — car je lui dois cet hommage qu'il y a de rares et nobles exceptions — que l'esprit général de la magistrature, dis-je, était contraire à toute pensée généreuse d'abolition, et par là même partial et passionné ; qu'il faudrait faire table rase ; mais que supprimer ainsi un corps tout entier de fonctionnaires, c'était chose grave et difficile. Je partage son sentiment ; car, d'une part, ce serait se montrer ingrat envers quelques services rendus, et, d'autre part, le Gouvernement ne pourrait prendre cette mesure extrême sans jeter l'administration des colonies dans des embarras momentanés.

Voilà donc les termes de la question. Pour respecter quelques situations, pour éviter au Gouvernement les soucis d'une création nouvelle, il faut méconnaître ce qu'il y a de plus sacré, le droit, et ajourner la justice. Messieurs, en présence du droit et de la justice, je vous demanderai quel compte vous devez tenir d'une simple question d'argent nécessaire à récompenser les vrais services, et ce que peuvent, en outre, peser dans votre balance ceux des magistrats qui se sont sans cesse employés à éluder les lois. En face d'abus criants, les transactions sont des faiblesses,

et l'excuse tirée de difficultés pécuniaires ou administra-
tives ne saurait trouver grâce devant les exigences de la
conscience et de l'humanité !

Que voulez-vous, Messieurs ? Détruire le mauvais esprit
colonial, faire disparaître ces cruautés d'une autre époque.
Eh bien, aurez-vous atteint votre but en brisant l'institution des assesseurs ? L'esprit colonial ne réside pas seulement en eux ; la magistrature y est bien aussi aveuglément
soumise. Vous en faut-il quelques preuves ? Ce ne sont plus
ici de ces scènes dramatiques qui touchent l'âme et excitent
l'indignation. Je resterai dans le cercle étroit des décisions
judiciaires ; je ne veux parler qu'à votre logique et à votre
raison. Mais je suis convaincu que vous conclurez tout à
l'heure avec moi contre la magistrature coloniale, qu'il est
difficile de pousser plus loin la résistances aux ordres de la
métropole, à l'autorité des lois.

Il y a peu de temps, quelques journaux ont rapporté le
procès que voici :

Un sieur Leo Mézire avait fait frapper un jeune esclave de
sept ans de quinze coups de liane. Mécontent de ce qu'on les
lui avait mal appliqués, il lui en administre lui-même
quinze autres ; dix lui furent infligés le lendemain. Enfin,
le surlendemain, le pauvre enfant reçut quinze coups de
grand fouet. L'intérieur des cuisses et différentes parties du
corps portaient les traces de ces cruels sévices. L'infraction
qu'il avait commise était cependant bien légère : il s'agissait de 20 centimes qu'il n'avait pas remis.

Pour raison de ces flagellations réitérées infligées à un
pauvre petit être de sept ans, le sieur Mézire est traduit
devant la cour jugeant correctionnellement. Savez-vous ce
qu'a décidé la cour ? Elle a décidé qu'au petit criminel, les
esclaves ne pourront pas être entendus comme témoins,
qu'on ne doit les entendre que par exception, et cela seulement au grand criminel : d'où la conséquence que, tous

les crimes étant dénaturés par les chambres d'accusation et renvoyés au correctionnel, désormais il ne pourra exister de témoins pour établir la cruauté des maîtres, car elle ne s'assouvit le plus souvent qu'en présence des esclaves ; d'où la conséquence encore que les maîtres seuls seront entendus, et que, protégés par les rapports intéressés des médecins, ils seront toujours renvoyés de la plainte. C'est à peu près ce qui est arrivé, puisque le sieur Mézire n'a été condamné qu'à huit jours de prison.

(*Une voix : C'est la loi !*)

C'est la loi, dites-vous.... Eh ! mon Dieu, si c'est la loi, elle est immorale et inique ; mais ce qui n'est pas la loi, mais bien le crime du juge, c'est de transformer le forfait le plus capital en simple délit, pour enlever ainsi à la victime le témoignage qui est sa seule garantie devant la justice. (*Très bien! très bien!*)

Sont-ce donc des assesseurs qui ont inventé ce système de déviation des compétences? Non ; ce sont bien les magistrats que vous voulez conserver.

Une autre preuve de la résistance effrontée et systématique des cours coloniales aux vœux de la métropole est écrite dans vingt arrêts de la cour de cassation. Ne vous rappelez-vous pas les dispositions de l'art. 42, qui exigent que l'indivisibilité de la famille soit respectée? Vous savez que, quand un enfant impubère libre a été séparé de sa mère, il a droit de l'attirer à lui dans la liberté. Et cependant que se passe-t-il tous les jours? Les cours des colonies résistent continuellement, nonobstant les arrêts persévérants de la cour suprême, arrêts provoqués par l'éloquence de M. le procureur général Dupin. Ne vous a-t-on pas rappelé déjà ce fait récent et si déplorable d'une pauvre mère, libre de par cet art. 42, obligée de revendiquer pendant plusieurs années sa liberté, de la marchander ensuite, et de l'acheter enfin, en partie sur son pécule, par l'intermé-

diaire d'un procureur général qui savait bien cependant
que cette mère était libre de par la loi? Sont-ce des assesseurs qui prévariquent ainsi? Non, non! ce sont vos magistrats eux-mêmes.

Ah! je sais bien ce qu'il doit y avoir de liberté et d'indépendance dans les fonctions du juge; je sais bien qu'on n'a
pas à lui demander compte des éléments divers qui forment
sa conviction et doivent demeurer renfermés au plus profond de sa conscience (*Mouvement d'approbation*); mais,
quand la loi est sans obscurité, quand la cour régulatrice
s'est vingt fois prononcée, quand toutes les cours du continent ont rendu hommage à sa doctrine, résister encore,
toujours, sans raisons nouvelles, sans arguments décisifs,
ce n'est pas la liberté de conscience, c'est de l'intérêt de
caste, de la barbarie, de la forfaiture. Je ne crains pas, sur
ce point, d'en appeler à tous les magistrats qui siègent dans
cette enceinte. (*Mouvement.*)

Ici encore, vous le voyez, la responsabilité ne pèse pas
sur les assesseurs, mais sur les cours royales.

Cette résistance systématique, opiniâtre, s'est montrée
sous un jour, s'il est possible, plus odieux dans le procès
qui se débattait naguère devant la cour de cassation. Vous
vous rappelez sans doute les dispositions de l'article 3 de
l'ordonnance du 4 juin 1846; il porte : « Est prohibé l'emploi des *fers*, chaînes, liens, *de quelque espèce ou de quelque
forme qu'ils soient.* »

« L'emploi des entraves ne pourra avoir lieu qu'à titre
d'exception, et à la charge d'en rendre compte au juge de
paix dans les vingt-quatre heures. »

Eh bien, un sieur Alphonse Petit, propriétaire à Sainte-
Marie, fit enfermer le nommé Alexandre, son esclave, dans
la chambre de l'hôpital de l'habitation, un des pieds placé
dans une jambière en fer, ou entrave, scellée à un lit de
camp.

Le sieur Petit est poursuivi. L'instruction et le parquet concluent au renvoi devant la chambre d'accusation ; et là, on le croirait à peine, des magistrats ont l'affreux courage de déclarer que l'art. 3 de l'ordonnance, en proscrivant les *fers* et les liens de quelque espèce qu'ils soient, n'a pu entendre parler que des fers mobiles que l'esclave traîne après lui, et non des fers adhérents aux murs, incrustés dans la pierre, considérant apparemment la position contrainte et immobile de l'esclave comme un adoucissement à la peine. Il ne peut pas remuer ; de plus, il est emboîté dans une gêne de fer : c'est ce que la cour considère comme un adoucissement ; abominable adoucissement ! Vous ne le croiriez pas, Messieurs, si je ne citais textuellement. Voici le passage de l'arrêt : « La jambière de fer n'est pas proscrite, parce qu'elle est une entrave *fixe* dont l'esclave ne supporte pas le poids. »

Messieurs, est-il quelqu'un d'entre vous qui ne se sente révolté à de semblables distinctions ? *Odiosa restringenda !* Voilà le droit dans sa moralité, dans sa grandeur ; mais ce que nous venons de lire n'est pas du droit, ce sont des subtilités dignes des plus détestables casuistes, des raffineries de l'inquisition. (*Mouvement prolongé.*)

Ne proscrivons donc pas seulement les assesseurs ; car, certains de vos magistrats se montrent aussi cruels ?

Et on peut à peine se le figurer, le conseil privé de la Guadeloupe, en gardant les apparences, est allé presque aussi loin dans l'art perfide d'esquiver la loi ; il a éludé la nécessité pour le maître de faire une déclaration, dans les vingt-quatre heures, que son esclave est mis à la barre, en décidant qu'il suffisait, pour en être dispensé, qu'un médecin attestât que ce genre de repos était nécessaire à la santé de l'esclave. Qu'est-ce que le médecin ? l'ami de l'esclave ? Non, mais du blanc qui le paye ; de façon qu'à bien peu d'exceptions près, la jambière, qui est un supplice, sera infligé à l'esclave au nom de sa santé. (*Mouvement.*)

Tout ce qui s'est déroulé jusqu'ici sous vos yeux, sauf l'aggravation du conseil colonial de la Guadeloupe, est-ce le fait des assesseurs, ou est-ce le fait des magistrats? C'est bien le fait des magistrats, défendez donc encore votre magistrature coloniale!

Contre cette violation perpétuelle des principes les plus sacrés de la nature, vous aviez un bien faible, mais dernier refuge, le patronage! le patronage, cette tutélaire institution, qui permet au magistrat de se présenter sur une habitation et d'y constater le respect ou les infractions à la loi. Ah! combien elle est déchue sous la main hostile de vos cours royales? Elles viennent de décider que le maître qui refuse son concours à la visite du magistrat n'est pas punissable. Voyez plutôt: le magistrat se présente, le créole lui répond qu'il ne veut pas le laisser pénétrer. — Ouvrez vos cases à nègres; silence. — Montrez-moi votre hopital; silence. — Vos registres; silence. — Le magistrat est, en conséquence, obligé d'employer la force; il va requérir le maire pour entrer. Que dit le maire? « Je ne puis me rendre à votre réquisition. Le propriétaire qu'il s'agit de soumettre au droit de visite est mon ami ou mon parent; je ne saurais vous assister. » Et alors le magistrat est obligé de se transporter seul sur l'atelier, afin d'y voir les esclaves. Qu'a-t-on fait? Les esclaves — on était prévenu de la visite du patron — les esclaves, on a pu les envoyer, peut-être à quelques lieues de là, sur un atelier voisin. De la sorte, le patronage se trouve annulé. Ceci est-il de la fable ou de l'histoire? Hélas, Messieurs, c'est de l'histoire. Il est vrai que le magistrat poursuit devant la cour. Que décide la cour? Que le défaut de concours n'est pas de la résistance. On serait vraiment tenté de rire des ressources de ces imaginations fécondes, si ces véritables jeux de mots entre le défaut de concours ou la résistance ne couvraient des crimes.

C'en est assez. Maintenant j'ai le droit de vous dire : Voulez-vous l'exécution franche et sincère de vos lois sur les colonies, ou bien tout ce que nous faisons ici n'est-il qu'une pitoyable dérision ? Voulez-vous servir vraiment l'humanité, ou vous mettre au ban de la civilisation ? choisissez. Si vous voulez faire quelque chose de sérieux, de grand, de fraternel, il faut alors décider que cette magistrature, habituée par de longs abus à des idées de rébellion, n'est pas propre à servir vos projets de réforme. Point de milieu entre une nation qui se prononce et une poignée d'hommes orgueilleux qui résistent. D'un côté, le droit et la dignité de l'homme ; de l'autre, l'esprit de caste et l'avilissement de la créature humaine : la France pourrait-elle hésiter ? (*Mouvement.*)

Oh ! oui, sans doute, je comprends la difficulté gouvernementale. Elle me touche, mais ce n'est après tout qu'un accessoire qui ne saurait m'arrêter.

Je le répète donc, ou votre loi est une conception frivole, un faux semblant, et je ne veux pas le croire ; ou bien elle est une œuvre grave et réparatrice.

Dans le premier cas, maintenez la magistrature actuelle ; dans le second cas, épurez-la : car la justice n'est pas la justice à demi ; elle est, ou elle n'est pas.

Oh ! je sais bien qu'on nous répond : Ayez confiance dans la parole du ministre ; à l'avenir, on ne nommera plus de magistrats créoles, de magistrats possesseurs d'esclaves. Mais d'ici là, Messieurs, qui veut prendre sur sa conscience la reponsabilité des crimes qui peuvent se commettre, assurés qu'ils seront pendant longtemps encore d'être amnistiés ? Comment parler d'avenir lointain à ceux-là qui souffrent et qui gémissent, quand chaque minute du présent a pour eux la lenteur des siècles ? (*Mouvement prolongé.*) Et, après tout, cette magistrature coloniale, comment aurait-elle le droit de se plaindre de l'énergie de vos mesures ?

Qu'elle s'incline respectueusement devant la loi, et tout sera oublié ; autrement, qu'elle ne s'impute qu'à elle seule le sort que vous aurez été obligés de lui faire. Elle aura douté de votre force, et vous l'aurez brisée. Ah ! ce n'est pas là de la violence, Messieurs ; ce n'est que de l'unité gouvernementale !

En dehors de cette voie, nous ne trouverons que de vains palliatifs ; mais nous n'aurons pas servi véritablement la grande cause de l'humanité. (*Vive approbation sur plusieurs bancs.*)

XXXIII

DISCOURS PRONONCÉ A LA CHAMBRE DES DÉPUTÉS

DANS LA DISCUSSION DU BUDGET POUR L'EXTÉRIEUR

AU SUJET DE L'ATTITUDE PRISE PAR LE GOUVERNEMENT ENVERS LA SUISSE

(24 juin 1847)

MESSIEURS,

Ce n'est point un discours que je viens faire, c'est une simple protestation, mais énergique, profondément sentie, pour que la Suisse, notre antique et fidèle alliée, sache bien que la déclaration qui lui a été adressée par un des agents de la France n'est que l'œuvre d'un ministère isolé, solitaire au milieu de la nation. Oui, Messieurs, cette déclaration perfide, cauteleuse, violatrice des droits les plus sacrés, n'est que le fait du cabinet seul, et je crois être l'organe du pays en disant qu'il la repousse avec indignation.

Quoi! après les paroles formelles de son agent, M. le ministre affiche la prétention de ne s'être point engagé sur les questions qui s'agitent en ce moment en Suisse, d'être resté neutre et impartial au milieu du débat solennel dont elle est le théâtre.

(*Le ministre : Je n'ai pas dit cela!*)

Vous l'avez dit; j'en appelle à tous les souvenirs, et M. Odilon Barrot vous a répondu qu'en effet telle aurait dû être la conduite du gouvernement. Cette conduite, Messieurs, a-t-elle été véritablement la sienne?

Pour vous mettre à même de juger la sincérité de cette assertion, permettez-moi de placer de nouveau sous vos yeux le passage même de la note de M. Bois-le-Comte. Que dit-il?

« Si un ou plusieurs des cantons viennent un jour nous dire que l'on menace leur existence indépendante, qu'on la veut contraindre ou détruire, qu'on *marche* à substituer une Suisse unitaire à une Suisse cantonale que reconnaissent les traités, que par là *nos traités sont atteints*, nous examinerons si, en effet, nos traités *sont atteints*. »

Et franchement, en parlant ainsi, vous croiriez avoir réservé la question. La question réservée! quand vous admettez la possibilité que la substitution, par la diète, du gouvernement unitaire au gouvernement cantonal constitue la violation des traités! Mais non! non, ce n'est point là une question réservée! Ou la logique n'a plus de valeur, et les mots ont perdu leur sens, ou c'est bien là, au contraire, une question clairement tranchée. (*Mouvement.*) Et si ce sens que j'attache à vos paroles pouvait faire l'ombre d'un doute dans l'esprit des hommes de bonne foi, il suffirait, pour avoir la juste mesure de vos intentions, de voir comment le président du directoire a compris votre note et y a répondu.

« Cette note, a-t-il dit, rappelle des faits qui me sont particuliers et dont je n'ai à rendre compte qu'aux autorités et à l'opinion politique de mon pays, et elle prévoit des éventualités sur lesquelles je n'ai à m'expliquer ni personnellement, n'étant pas d'accord sur les conséquences qui en sont déduites, ni au nom du directoire ou de la confédération, n'ayant pas qualité pour répondre officiellement à de pareilles communications sans y être autorisé. Je me fais cependant un devoir d'assurer Votre Excellence que les autorités fédérales ne porteront aucune atteinte aux traités existants, et qu'elles auront, dans tous les cas, la volonté ferme et le pouvoir de faire respecter l'ordre public et les droits des citoyens établis sur le territoire suisse, mais qu'en même temps *elles s'opposeront avec non moins de force à toute tentative d'intervention étrangère dans leurs affaires intérieures*, et qu'elles ne reconnaîtront *à aucune puissance* ni à aucune minorité des cantons *le droit d'interpréter le pacte fédéral, droit qui n'appartient qu'à la fédération elle-même.* »

En présence de cette réponse, si ferme et si digne, du courageux président de la diète, oserez-vous encore, en déguisant votre véritable pensée sous le vague des réticences oratoires, oserez-vous soutenir que vous êtes resté neutre et que vous n'avez pas décidé la question? Non, vous ne ferez croire à personne qu'un magistrat aussi grave que M. Ochsenbein soit allé au-devant d'une menace. Quand il vous répondait : Nous ne reconnaîtrons à aucune puissance le droit d'interpréter le pacte fédéral, c'est que vous lui aviez dit que vous aviez le droit de l'interpréter ; quand il vous répondait encore que la Suisse s'opposerait *à toute intervention étrangère dans ses affaires intérieures*, c'est que vous lui aviez dit que, d'accord avec l'Autriche, vous interviendriez par la force des armes. (*Sensation.*) Je le répète, ou les lois de la logique sont changées, ou c'est là la vérité. Douloureuse vérité, Messieurs, puisqu'elle nous démontre que ce gouvernement, qui est resté sourd aux cris d'agonie de la Pologne, à l'appel de Cracovie mutilée, se fait l'exécuteur de cette Sainte-Alliance qui triompha contre la France épuisée, dans les plaines funèbres de Waterloo.

Et quelle cause, Messieurs, le ministère donne-t-il à cette inqualifiable déclaration? La crainte de l'anarchie! Oui! tel est le banal prétexte; mais la cause, oh! tout le monde la publie, c'est le désir de gagner les bonnes grâces

des cours du Nord et de faire ainsi pardonner à l'établissement de Juillet sa fortune d'hier et son origine de parvenu.
Le choix du moment! il a été fait dans l'espoir d'effrayer le
peuple suisse, en train de nommer ses représentants à la
diète générale. Quant à la crainte d'anarchie, je suis étonné
d'entendre prononcer ce mot lorsque tout dans la Suisse, à
l'heure qu'il est, s'accomplit d'une façon calme et pacifique.

L'anarchie! qu'entendez-vous par cette expression? Ne
serait-ce point la lutte qu'engagerait la Suisse tout entière
en faveur de sa constitution méconnue, outragée par les
cantons séparatistes soumis à l'influence funeste des jésuites
et des étrangers? N'est-ce donc point d'une semblable anarchie qu'est sorti l'établissement du 7 août? Oh! je l'avouerai,
je ne comprends pas la conduite du gouvernement de
Juillet dans une pareille circonstance. (*Très bien! très
bien.*)

J'en demeure stupéfait.

Comment, c'est vous, ministre du gouvernement de Juillet, qui avez la prétention, — bien à tort, selon moi. —
(*Interruption.*)

(*Une voix : Ce serait une politique de renégats.*

A gauche : Oui! très bien!

Au centre : A l'ordre! à l'ordre!

*Des interpellations sont échangées entre divers membres
de la chambre.*)

Comment! c'est vous, ministre du gouvernement de Juillet, qui avez la prétention, à tort, je le répète, de confisquer les principes de cette grande et immortelle révolution,
c'est vous qui venez proclamer que les puissances absolutistes ont le droit d'intervenir dans les affaires intérieures
des peuples! Mais qu'est-ce donc que le fait de 1830, si ce
n'est l'héroïque explosion d'un peuple insurgé qui ressaisit
ses droits et chasse une dynastie parjure? Qu'est-ce donc

encore, dans l'esprit de ceux qui combattaient, si ce n'est la substitution d'une constitution à une autre, d'institutions libérales à des institutions aristocratiques et cléricales ? Quel sentiment avait armé tout homme de cœur à qui pesait le joug odieux de l'étranger, si ce n'était la pensée de briser ces traités ignominieux que nous avaient imposés le nombre et la trahison ? Et c'est au nom de ces mêmes traités que vous, ministre de la révolution de Juillet, vous n'avez pas honte de dire à la Suisse : Vous n'avez pas le droit de modifier, d'améliorer, de changer de constitution. Non, non, je ne vous comprends pas ; car, si vous reniez le principe même d'où vous êtes issus, sur lequel vous vous êtes élevés, eh bien, alors, de quel droit siégez-vous sur ces bancs ? de quel droit M. le duc d'Orléans est-il assis aujourd'hui sur le trône de France ? (*Vive approbation à gauche.*) Car, en vertu des principes que vous soutenez, les cours absolutistes signataires des traités de la Sainte-Alliance ont le droit de vous dire : La branche aînée était complice de ces traités de 1815, et vous n'avez pas eu le droit de la chasser sans que nous, ses complices, nous y consentions ; usurpateurs, cédez la place. Oui, elles peuvent vous tenir ce langage aujourd'hui, demain, toujours, car on ne prescrit pas contre les aristocrates et la haine des rois.

(*A gauche : C'est cela ! — Très bien ! très bien !*)

Vous le savez, je suis bien indifférent aux destinées de votre Gouvernement : eh bien, si je me place pour un instant à votre point de vue, je ne comprends pas, je le répète, que vous ayez la folie de soutenir la doctrine de l'intervention étrangère dans les affaires intérieures des peuples. En faisant ainsi, vous me paraissez non seulement imprudents, impolitiques, je dirai plus, vous me semblez frappés de vertige ! (*Mouvements.*) Suivez donc votre fortune.

Mais au moins que si la Suisse a été contristée de l'audacieuse déclaration que vous lui avez faite, qu'elle se l'ex-

plique par la conduite humble et pusillanime d'un ministère aux abois ; qu'elle n'en sépare pas la protestation qu'au
nom du pays j'apporte ici ; qu'elle se dise bien que ce
qu'elle va faire la France l'a fait, et demain pourrait le
refaire encore ; qu'elle soit surtout convaincue que si jamais
son sol était souillé par l'étranger, nous serions tous debout
à son premier appel ; car sa cause est celle de l'indépendance de tous les peuples, et la Pologne seule aura pu
dire : Dieu est trop haut, et la France est trop loin !

(*A gauche : Très bien! très bien!*)

XXXIV

DISCOURS PRONONCÉ AU BANQUET DÉMOCRATIQUE

DE LILLE

RÉUNI POUR LA POURSUITE DE LA RÉFORME ÉLECTORALE

(7 novembre 1847)

Le toast à porter par Ledru-Rollin était :
A L'AMÉLIORATION DES CLASSES LABORIEUSES! AUX TRAVAILLEURS !

CITOYENS,

Oui, aux travailleurs! A leurs droits imprescriptibles, à leurs intérêts sacrés jusqu'ici méconnus!

Aux droits inaliénables de l'homme, proclamés en principe par deux glorieuses révolutions, mais artificieusement éludés dans l'application, successivement reconquis sur le peuple, et qui ne sont plus aujourd'hui qu'un glorieux et amer souvenir.

Des droits politiques au peuple, dit-on, c'est folie ! Comment les lui confier dans son état d'incapacité, d'ignorance, de grossièreté morale? Introduire le peuple dans la vie politique, mais c'est une puissance aveugle, explosible; c'est la révolution, le sang, l'anarchie, le chaos !

Messieurs, vous le connaissez, le peuple, vous, dans cette

ville industrielle à la fois si opulente et si pauvre; croyez-vous que ce tableau soit vrai? (*Non ! non !*)

Oh ! sans doute, si nous jetons les yeux sur les œuvres de quelques romanciers, à qui le grand côté des choses a paru trivial, vulgaire, qui ont cherché des effets d'art dans le bizarre, le fantasque, l'exceptionnel, le peuple, c'est cela ! (*Bravos.*) Prenant pour la vie normale de nos villes celle d'un point où se réfugient les repris de justice, la lie, l'écume des sociétés, ils nous ont dit : Voilà le peuple ! (*C'est vrai ! c'est vrai !*)

Sans doute encore tel serait le peuple, si nous en croyions ces écrivains mercenaires qui, pour effrayer ceux qui possèdent, crient à l'invasion des barbares !

Barbares ! Ils ont jeté ce mot au peuple comme la plus outrageante des injures. Ah ! si *barbares* signifie toujours hommes pleins de naïveté, de séve, d'énergie communicative et rajeunissante, ces barbares seuls peuvent sauver votre vieux monde officiel qui se dissout dans l'impuissance et la corruption ! (*Applaudissements prolongés.*)

Non, mille fois non, ce n'est pas là le peuple ! (*Bravo ! bravo !*) Ce n'est pas sur le théâtre du crime et de la débauche qu'il faut le chercher. Pour le connaître, il faut se transporter dans ces villes manufacturières, où le fabricant, luttant contre une concurrence sans frein qui l'écrase, entre la pression tyrannique du capital et la résistance du salaire qui le ronge, est obligé de réduire ce salaire, à peine de faillir et de se déshonorer ! Ah ! ne croyez pas que le peuple accuse toujours les maîtres de cette dure nécessité. Ne sait-il pas que notre industrie manque de débouchés, que nous nous sommes vu fermer la plupart des marchés du monde, et que notre commerce a péri, là où notre drapeau a été foulé aux pieds? (*Vifs et énergiques applaudissements.*)

Eh bien ! au milieu de ces incertitudes, de ces fluctuations, de ces crises de salaires, que devient l'ouvrier? Le travail du père ne suffisant plus au pain de la famille, la fille se prostituera pour manger (*C'est vrai! c'est vrai!*) l'enfant ira, avant l'âge, servir la formidable machine, y épuiser ses forces non encore développées, et à côté de ces admirables tissus, merveilles de notre industrie, vos yeux se porteront tristement sur des enfants rachitiques, des jeunes filles fanées, des hommes affaiblis, brisés sous le fardeau de leurs travaux prématurés!

Et cependant, de ces populations physiquement déchues, ce qui aura pu échapper à l'énervation, à la maladie, ce qui aura pu pousser jusqu'à la taille légale, ira bravement, pour défendre le pays, se faire tuer sous les drapeaux! (*Acclamations prolongées.*)

Voilà le peuple des villes (*Oui! oui!*), sociable, bon, patient au milieu de ces tortures quotidiennes, faisant plus, prenant de lui-même l'essor vers la lumière de l'intelligence qui lui est si parcimonieusement mesurée, lisant sur le métier, composant quelquefois des vers sur ses douleurs ou sur ses espérances, se cotisant pour publier des journaux qui l'éclairent et préparent les redoutables problèmes de l'avenir des sociétés! C'est ce peuple des villes que des écrivains, qui ne l'ont jugé que par ses lambeaux, appellent des barbares!

Et le peuple des campagnes, est-il moins méconnu, moins calomnié? Il est, dit-on, égoïste, intéressé, avide; ah! sans doute il est avide, comme la terre qui boit ses sueurs, et ne dit jamais assez! (*Tonnerre d'applaudissements.*)

Oui, le paysan, dans un légitime amour de la liberté, ne dort pas qu'il n'ait acquis une parcelle de terre. Selon lui, et à raison, la propriété est un premier élément d'indépendance. Il sera donc propriétaire; mais, avec les charges qui pèsent sur la propriété, cette position nouvelle ne sera pour

lui qu'un éternel combat. Usure du capital emprunté, hypo-
thèques, frais, impôts, façons; tout cela cumulé, il devra
plus chaque année qu'il n'aura récolté, malgré sa parcimo-
nie et son avidité! (*C'est cela! c'est cela!*)

Et l'on reproche au paysan d'être intéressé, cupide! Que
l'on protège l'agriculture au lieu de tolérer les joueurs, les
dilapideurs, les concussionnaires, les voleurs! (*Longue
approbation.*) Oui, que l'on protège l'agriculture, que cette
mère féconde obtienne plus d'un cent-huitième dans nos
dépenses, elle qui compte pour plus de moitié dans nos re-
cettes, et le paysan ne sera plus égoïste, il ne sera plus
avide. Aujourd'hui, ce n'est pas vice chez lui, c'est nécessité, je dirai presque que, pour faire honneur à ses engagements, c'est vertu. (*Très bien! très bien!*) J'ai entendu
dire bien souvent : pas d'institutions politiques sans les
mœurs; et ceux qui parlent ainsi, corrompent toujours les
mœurs, pour ne pas améliorer les institutions. Je réponds
à mon tour, que ce sont les institutions qui font, dans une
grande proportion, les vertus ou les vices d'un pays. Améliorer, compléter l'œuvre ébauchée de la Providence, a dû
être, dans de secrets desseins, la mission de l'homme sur
cette terre, le grand problème proposé à l'activité du génie
humain. Non, non, la perpétuité du mal ne peut pas être
une nécessité, comme certains fatalistes se plaisent à le proclamer; l'ardente, l'universelle protestation qui s'élève des
profondeurs de la conscience humaine ; la succession, lente
d'abord, et si rapide aujourd'hui, la succession non inter-
rompue du progrès depuis les rudiments de l'histoire, voilà
ce qui montre que la doctrine de la perpétuité du mal est un
mensonge à l'usage des impuissants et des aristocrates.
Telle est ma foi. (*Tonnerre d'applaudissements.*)

Dans cette esquisse rapide, incomplète, nous n'avons vu
du peuple que sa vie habituelle, que sa lutte quotidienne;
mais qu'il se présente tout à coup de ces fléaux imprévus et

dévastateurs ; qu'une inondation fougueuse entraîne tout dans l'immensité de ses flots ; qu'un incendie, que le choléra sévisse, qui courra des premiers, qui oubliera la famille pour l'humanité, sa femme sur son grabat, ses enfants qui pourront mourir demain, qui prodiguera sa vie sans compter, et fuira, le service rendu, sans laisser son nom ? Le peuple ! (*Bravo ! bravo !*)

Intelligence ou dévoûment, tête ou cœur, le peuple est donc digne d'exercer les droits qu'il réclame. (*Oui, oui.*)

Et qui le sait mieux que la bourgeoisie, qui a vaincu, par les efforts sublimes du peuple, la double tyrannie de la noblesse et du clergé ?

C'est à ce clergé, c'est à cette noblesse qu'aux états de 1614, je crois, un membre de la bourgeoisie disait : « Vous nos frères aînés, vous nos frères puînés, car nous sommes tous frères, ne formant qu'une seule et même nation. »

Et le clergé et la noblesse voulurent faire rétracter, et fustiger par leurs valets, le courageux membre du tiers, tenant pareil roturier pour race inférieure et conquise.

L'iniquité qui a fait souffrir la bourgeoisie si longtemps, voudrait-elle à son tour la faire endurer au peuple, qui fut son compagnon de délivrance ? (*Bravos réitérés.*)

Non seulement, messieurs, le peuple est digne de se représenter lui-même (*Oui, oui*), mais c'est que, si l'on veut être juste, lui seul peut utilement se représenter. Qui donc, en effet, dans une chambre législative, connaît assez aujourd'hui ses intérêts, ses besoins, pour oser les défendre ?

(*Voix nombreuses : Vous ! Vous !*)

Je vous remercie de cet honneur et de ce souvenir. (*Avec émotion*) Sans doute, j'ai défendu le peuple, sans doute je l'ai fait, le cœur saignant de toutes ses misères, les larmes aux yeux ; mais si mon cœur me rapproche de lui, plusieurs générations déjà m'en séparent, l'éducation, les habitudes, le bien-être. (*L'émotion de l'orateur va croissant.*) Est-ce

que jamais j'ai éprouvé, moi, les quarante-huit heures de
la faim ? Est-ce que j'ai jamais vu autour de moi, l'hiver,
entre quatre murs humides, les miens sans pain, sans espoir
d'en avoir, sans feu, sans argent pour payer le loyer, prêts
à être jetés à la porte pour de là tomber dans la prison ?
Est-ce que j'ai jamais été placé dans cette terrible alternative, ou de mourir mille fois par l'agonie des miens, ou de
me faire voleur ? (*Applaudissements.*)

Ah ! que ceux qui ont passé par tous ces vertiges en par-
leraient autrement que moi ! (*Bravos prolongés, triple salve
d'applaudissements.*)

Croyez-moi, Messieurs, à décrire les tortures des autres,
l'âme la plus sensible est insuffisante. Le poète l'a dit :
« On ne peint bien que ce qu'on a souffert. »

Vous vous rappelez tous cette nuit immortelle du
4 août 1789, dans laquelle la noblesse vint, sur l'autel de
la patrie, offrir en holocauste les débris de la féodalité.
Certes, il y avait dans l'assemblée des bouches éloquentes,
des hommes animés de généreux sentiments ; mais entre
tous, ce fut le plus simple, il en était un qui produisit un
indescriptible effet. C'était un paysan breton, au visage
rude, au costume grossier : « Qu'on nous apporte, dit-il,
ces titres qui outragent la pudeur, qui insultent à l'humanité, qui forcent des hommes à s'atteler à une charrette
comme les animaux du labourage. Qu'on nous apporte ces
titres en vertu desquels des hommes passent les nuits à
battre les étangs pour empêcher les grenouilles de troubler
le sommeil d'un voluptueux seigneur ! »

Et l'Assemblée frémissante fut entraînée par un mouvement unanime ! (*Applaudissements*).

Si donc le peuple est assez intelligent, assez éclairé, assez
calme pour se représenter ; si lui seul, en outre, peut raisonnablement le faire, dans quelle mesure, dans quelle
proportion doit s'effectuer la réforme ?

Pour moi, mon opinion est connue; chaque citoyen a le droit de choisir librement et directement ses représentants. Et en dehors de cette formule, il n'y a que transaction et abâtardissement. Que celui-là qui paie de son travail, de son argent, de son sang, prenne part au gouvernement qui dispose par l'impôt de toutes ces richesses.

Voilà mon principe; je le crois le seul bon, parce qu'il s'appuie sur la base solide et large du droit; je l'estime le seul habile, parce que, comprenant tous les intérêts, il n'en laisse aucun en dehors, à l'état d'exclusion, et que le gouvernement n'est plus environné d'une espèce d'Océan qui vient incessamment le battre et le miner de ses flots. (*Très bien! très bien!*)

Je le répète, c'est mon système; mais je comprends parfaitement que d'autres plus timorés, ou se croyant plus prudents, n'aillent vers ce but qu'à leur pas, par des essais et des transitions. Je crois qu'ils ont tort et qu'ils laissent grossir les orages en pensant les conjurer; mais enfin la liberté pour moi n'est pas un masque, et dans la discussion comme ailleurs, je la veux pour tout le monde. (*Bravos prolongés.*) Aussi regretté-je que d'autres que moi — par suite de prétentions que vous avez jugées et qu'il me siérait mal d'apprécier — que d'autres que moi, dis-je, ne se soient pas fait entendre. (*Non! non! ce n'est pas la peine.*) Je n'invoque pour mon opinion que la force de la propagande; ils auraient pu en faire autant. Il faut respecter les convictions d'autrui, et ne pas se croire assez le maître pour leur fermer la porte; aujourd'hui comme autrefois, brûler n'est pas répondre. (*Bravos de toutes parts.*) On vous aurait soutenu que l'électorat n'est pas un droit absolu, mais une fonction. Cette conviction n'est pas la mienne. (*Ni la nôtre!*) J'aurais essayé de la combattre, car j'ai compris ces banquets comme une occasion de lutte dans le cercle de la légalité, et non comme une pure occasion de dithyrambe.

(*Très bien! très bien!*) J'aurais tenté de prouver comment, au nom de la justice et de la prudence, il fallait, en cette matière, aller jusqu'à la racine même du droit. (*Oui! oui! — Approbation prolongée.*)

Si, dans la réforme, perdant de vue la satisfaction due au droit, on ne se propose pour objet qu'un remède transitoire contre une corruption devenue trop dangereuse, je me serais efforcé de prouver que, dans ce cas encore, la réforme doit être complète, radicale. (*Attention croissante.*)

On nous dit avec raison que la corruption s'infiltre partout, qu'elle déborde : trop de scandales se révèlent chaque jour pour que je vous en fasse le hideux tableau ; de la cime à la base, tout est contagion.

A un si grand mal qui a empoisonné pour longtemps le pays légal, quel antidote propose-t-on? Des demi-mesures, de petits moyens, des étais vermoulus déjà et qui ne peuvent faire digue. On me découvre avec indignation des plaies honteuses ; où est le feu puissant qui va les cicatriser? Parfois aussi les flaques d'eau du Nil desséché, les détritus en dissolution sur ses rives, apportent la corruption et l'épidémie ; mais que l'inondation arrive ; le fleuve, dans son cours impétueux, balaiera puissamment toutes ces impuretés, et sur ses bords resteront déposés des germes de fécondité et de vie nouvelle. (*Vives acclamations.*)

Tel serait le suffrage universel !

On corrompt une agglomération d'hommes, des catégories ; mais une nation ne s'achète point elle-même. (*Bravo! bravo!*)

En dehors de ce principe, la réforme ne fera que reculer la difficulté sans la trancher ; on agrandira le cercle, on ne le brisera pas ; on menacera le donjon, la forteresse ducale, on conservera le fief. (*Bravos.*) Combattre si faiblement le mal, c'est, à son insu, s'en faire l'auxiliaire.

Mais je ne veux pas, messieurs, abuser de votre bienveillance fraternelle. (*De toutes parts : Si, si, parlez, parlez toujours !*)

Eh bien, Messieurs, il est beaucoup d'hommes qui iraient droit à notre principe, car il est l'évidence même; mais ils doutent encore des destinées prochaines de la démocratie, et jamais cependant mouvement solennel et décisif dans la marche de l'humanité n'a été précédé par de plus significatifs augures.

Passons rapidement en revue les hommes transcendants de notre époque, pour lesquels la postérité a déjà commencé, ou qui y auront certainement une place.

Par dessus tous, il en est un dont la parole prophétique reste gravée dans tous les esprits : « Avant 50 ans, a dit Napoléon, l'Europe sera cosaque ou républicaine. » (*Bravos.*) Sera-t-elle cosaque ? (*Non ! non ! jamais !*)

Elle ne sera pas cosaque (*Non ! non !*), et vous avez le droit de le dire dans cette patriotique cité. (*Bravo ! vivent les Lillois !*) Si le doute pouvait jamais être permis quelque part, ce ne serait certes pas au milieu de vous, où l'amour de l'indépendance nationale et de la révolution a fait, en 1792, de chaque citoyen un héros ! (*Longue acclamation.*)

Républicaine?... (*Peut-être ! — Signes approbatifs.*)

Républicaine?... Je m'arrête. (*Non, non ! parlez !*)

Messieurs, les lois de septembre sont là, et pour être fort, quand on est armé du bon droit, il faut savoir rester dans la loi. (*Applaudissements énergiques.*)

Je me permettrai seulement de choisir pour interprètes de ma pensée quelques hommes dont les noms sont une gloire pour le pays. Celui, par exemple, qui a chanté l'hymne suprême de la légitimité, et qui a rencontré la gloire en essayant de rajeunir toutes les vieilles ruines du passé, Châteaubriand n'a pu s'empêcher, dans sa sincérité, de regarder l'avenir prochain du monde comme devant être à la démocratie.

Lamennais (*Bravo! bravo!*), Lamennais qui, cherchant d'abord l'unité du pouvoir dans l'unité papale, est arrivé par les puissantes lois de la logique et l'ascendant de son génie à l'unité du peuple souverain, chaque jour, dans ses admirables écrits, ne salue-t-il point le gouvernement du peuple? (*Bravo! bravo!*)

Béranger (*Applaudissements unanimes; vive Béranger!*), Béranger, dont le monde redira éternellement les hymnes patriotiques, hymnes que nous, ses contemporains, nous devrons apprendre à nos enfants comme une prière, tant qu'il nous restera un Waterloo à venger! (*Tonnerre d'applaudissements.*) Béranger croit à l'avenir prochain du peuple.

Et Lamartine, étincelant de poésie, d'éloquence, de style, il a passé par la légitimité, il a traversé les marais de la plaine, (*Bravo!*) pour s'approcher chaque jour de nous. Admirateur passionné des Girondins, le noble désintéressement de son esprit l'a fait conclure en faveur des Montagnards. (*Applaudissements.*) Il en est qui ne cherchent en lui que ce qui le sépare encore de la démocratie pure; pour moi, je ne vois que les pas de géant qu'il fait chaque jour pour venir à elle. (*Bravos prolongés.*)

Voilà pour les lettres, Messieurs, et cet unanime témoignage, rendu par de telles illustrations en faveur de notre parti, pourrait suffire à ses espérances.

Mais jetez les yeux dans le domaine des sciences. Il est un homme qui les représente toutes, qui est à la hauteur de toutes, que les deux mondes nous envient; vous l'avez nommé : Arago. Sans un impérieux devoir, il serait ici au milieu de vous. (*Bravos prolongés.*) Il vous aurait mieux que moi parlé des droits du peuple, lui qui les a défendus le premier, dans une autre enceinte, où, pour le faire, il faut quelque courage. (*Bravo!*) Est-ce qu'Arago n'est pas tout entier à la démocratie! (*Oui! oui! Vive Arago!*)

Et dans les arts, qui fait sortir du marbre, sous son puissant ciseau, les hommes qui ont le plus servi le peuple? qui confie à l'éternité du bronze les grandes figures révolutionnaires pour les léguer à l'admiration de l'avenir? David d'Angers! (*Bravos réitérés.*) N'est-il point aussi à la cause du peuple, celui-là?

Eh bien! quand tant d'hommes illustres déposent en faveur de la démocratie ou luttent pour elle, comment ne pas conclure que le droit et la Providence combattent avec nous et pour nous? (*Bruyantes acclamations.*)

Ce sont les enseignements qui se révèlent par les hommes; mais l'enseignement par les peuples n'a-t-il pas aussi ses manifestations?

Voyez la Pologne, l'héroïque Pologne, les dernières pulsations de son artère battent encore pour la liberté; ne pouvant plus avoir d'armée qui soit debout pour elle, chaque jour elle consacre quelque martyr. (*Bravo!*)

L'Italie, elle aspire à son unité. Elle sort de ses ruines qui faisaient sa gloire, pour acquérir une gloire nouvelle. — Qu'elle soit en éveil, qu'elle se défie, qu'elle se rappelle Masaniello. (*Bravos.*)

La Suisse. (*Écoutez! écoutez! Profond silence.*) Je sens ce que mes paroles peuvent avoir de grave, et ce qu'elles doivent conserver de mesure en ce moment solennel. Nous ne pouvons faire qu'une chose, Messieurs, c'est de nous unir un instant, par le recueillement, par la pensée, aux frères que nous y comptons, pour demander que la victoire soit avec eux comme y ont été jusqu'ici le droit et la raison. (*Bruyantes acclamations.*) La cause de la Suisse est bien la nôtre, Messieurs; les radicaux y combattent deux choses qui sont le fléau de notre époque : les aristocrates et les mauvais prêtres. Respect aux croyances, mais guerre à ceux qui, sous le masque de la religion, sont des fauteurs de despotisme et de tyrannie. (*Applaudissements.*)

Insensé, qui ne voudrait pas voir, dans cette double annonciation du génie et des peuples, l'avénement prochain du messie de l'égalité. (*Oui! oui! bravo!*)

Ainsi donc, ô peuple, à qui je voudrais sacrifier tout ce que j'ai de dévoûment et de force, espère et crois. Entre cette époque où ta foi antique s'est éteinte et où la lumière nouvelle ne t'est point encore donnée, chaque soir, dans ta demeure désolée, répète religieusement l'immortel symbole : LIBERTÉ, ÉGALITÉ, FRATERNITÉ! (*Explosion de bravos.*)

Oui, liberté pour tous, liberté de conscience, liberté de l'association (*Bravo! bravo!*); car l'homme ne peut se moraliser s'il ne voit l'homme, et c'est pour le mieux asservir que l'isole un système corrupteur. Ils savent qu'on ne brise pas un faisceau. (*Vifs applaudissements.*)

Égalité pour tous aussi, égalité dans la loi civile, égalité dans la loi politique, égalité dans l'éducation, pour que l'homme n'ait de supérieurs que par la moralité et la vertu. (*Bravos universels.*)

Fraternité enfin, source inépuisable d'où découleront de grandes institutions de crédit, d'association, de solidarité. Alors le travail ne sera plus seulement un droit, il sera un devoir. Qu'il n'y ait plus de revenus que par le travail et pour le travail. (*Bravo! bravo!*)

Oui, salut, ô grand et immortel symbole! Salut! ton avénement est proche! (*Explosion d'applaudissements.*)

Peuple, puissent ces applaudissements adressés à ton indigne interprète, arriver jusqu'à toi, et être à la fois une consolation et une espérance.

XXXV

DISCOURS PRONONCÉ AU BANQUET DÉMOCRATIQUE

DE DIJON

POUR LA RÉFORME ÉLECTORALE

(21 novembre 1847)

TOAST PROPOSÉ : A LA SOUVERAINETÉ DU PEUPLE

CITOYENS,

A la souveraineté du peuple !

A ce principe saint à la fois et fécond pour les sociétés !
A ce principe saint, car il veut que tout membre de la
grande famille humaine compte dans la société comme il
compte dans la nature ; à ce principe fécond, car il ne peut
y avoir d'ordre, de sécurité complète dans les États qu'autant que tous les intérêts y sont représentés également.
(*Oui! bravo !*)

Ouvrez en effet l'histoire. Quelle est la lutte qui, sous
mille formes, en remplit éternellement les annales? Les
drames en sont en apparence variés ; au fond, la lutte est toujours la même. Guerre entre la liberté et la tyrannie, guerre
à mort entre l'oppresseur et l'opprimé.

Où donc peut se trouver le remède? quel principe pourra

mettre un terme à ces alternatives sanglantes, cruelles, si ce n'est le principe qui admettra pacifiquement, universellement, tous les intérêts à se représenter, à s'éclairer, à se résoudre par la majorité de la nation. *(Oui ! oui ! très bien ! très bien !)*

Eh bien ! si cette idée est tellement juste qu'elle saisit tous les esprits en principe, quels obstacles apporte-t-on à son application ? — Le suffrage universel est une utopie, répond-on : c'est un rêve irréalisable qui ne peut être mis en action sans enfanter le désordre, sans provoquer les révolutions.

Comment, le suffrage universel est impraticable ! Et c'est en France, où on l'a appliqué trois fois, c'est à la face de l'histoire que l'on vient ainsi mentir à la vérité ! Qui donc a nommé l'Assemblée nationale ? qui donc a donné six millions de voix à cette représentation dont le souvenir vivra dans les fastes de l'humanité, parce qu'elle a brisé deux castes oppressives du peuple : la noblesse et le clergé ? *(Bravo ! bravo !)* Et jamais élection fut-elle, plus que celle-ci, enthousiaste et pure de toute violence ?

Qui donc a nommé l'Assemblée législative, dont le souvenir aussi restera parmi les hommes, parce qu'elle a su faire respecter l'inviolabilité du serment et précipité du trône un roi parjure ? *(Applaudissements.)*

Qui donc l'a nommée, si ce n'est un suffrage des plus étendus, quoique trop restreint déjà ?

Qui donc enfin a élu la Convention ? Un suffrage de plusieurs millions d'hommes. Elle fut nommée, il est vrai, elle aussi, par le vote à deux degrés. Ce fut son vice, son germe de discorde, je le démontrerai tout à l'heure ; mais cette assemblée-là sans doute en valait bien une autre, elle qui, d'une main, défendait le territoire, de l'autre, écrasait les conspirations sans cesse renaissantes de la contre-Révolution, et décrétait, dans l'intervalle, des principes, des institutions à défrayer l'humanité tout entière. (*Applaudissements*). Elle n'a pas seulement supprimé la monarchie ; on peut dire, en présence de ses gigantesques travaux accomplis en si peu de mois, qu'elle a supprimé le temps ! (*Applaudissements prolongés*).

Si donc l'objection contre le suffrage universel n'est qu'une difficulté pratique, si elle n'est que la crainte de voir l'ordre troublé par l'agitation à un jour donné, par le remuement de toute une grande nation, l'histoire répond que l'urne du scrutin fut respectée, environnée de garanties au milieu des passions les plus incandescentes et les plus opposées de la Révolution. — Comment alors un principe saint en lui-même, éminemment pacificateur, pratiquement applicable, ne serait-il pas, par la volonté du peuple, prochainement reconquis ? (*Très bien ! très bien ! oui ! oui !*)

Oui, prochainement reconquis ! La raison, comme les lois de la nature en rendent témoignage.

Vouloir balayer la corruption sans le suffrage universel, c'est tenter un effort inutile : on cantonnera le mal, mais on ne l'extirpera pas. Voyez le corps humain : que le sang s'arrête, qu'il se coagule à une place, c'est la décomposition, l'ulcère ; que soudain, au contraire, obéissant à sa loi il reprenne partout également sa circulation, son libre cours, alors il n'y a plus dans tout l'organisme qu'équilibre et bien-être. Et la foudre, quand éclate-t-elle terrible, dévastatrice ? Quand les éléments se combinent sous la pression de deux nuages, dans un coin resserré de l'espace. Mais que ces éléments se répandent dans l'immensité de l'atmosphère, ils y porteront la purification, l'ordre, la vie. (*Applaudissements prolongés.*)

Ainsi en sera-t-il du suffrage universel. (*De toutes parts : Oui ! oui ! oui !*)

Et cependant, n'entendez-vous pas répéter sans cesse autour de vous, par les ignorants ou les peureux que les excès, que les violences de la Révolution ne sont dus qu'à l'extension illimitée, qu'à la liberté indéfinie du suffrage?

Eh bien! Messieurs, pour être d'accord avec la raison, c'est le contraire qu'il faut dire. (*Marques croissantes d'attention.*)

En fait d'excès et de violences, je ne parlerai point de ceux de la rue. Grâces à Dieu, pour notre pays, jamais ils n'ont été un système, mais l'explosion subite, terrible, sauvage, de représailles, de misères, d'outrages dévorés pendant bien des siècles. C'était une génération qui se faisait justicière de mille autres, et aucun homme n'a le droit de la juger sans mettre en regard la sombre, l'éternelle histoire des persécutions raffinées ou monstrueuses exercées par la noblesse et le clergé. (*Bravo! bravo!*)

Mais ce qui doit surtout préoccuper l'historien, l'homme d'État, c'est la cause des dissensions intestines, des luttes formidables engagées au sein même de l'assemblée. La cause! c'est que la Convention n'étant que le produit du suffrage à deux degrés, du vote indirect, éloigné, n'a jamais été l'expression vraie, fidèle, complète, absolue, des droits, des vœux, des intérêts de la société d'alors. C'était une représentation de bourgeois, dotée de quelques apôtres généreux du peuple qui, à cause de leur petit nombre même, sont devenus des martyrs. (*Applaudissements prolongés.*) Lors donc que l'idée avancée, audacieuse peut-être, mais vraie, avait à s'y faire jour, elle ne le pouvait que par la violence, par la pression habilement préparée de l'opinion, par la mise en mouvement des sociétés populaires. Toutes les fois, en un mot, que les droits du peuple ont été sérieusement, radicalement en jeu, c'était, non une délibération, mais une bataille, où les défenseurs du peuple n'avaient qu'une armée extérieure. (*Bravo! bravo! c'est vrai!*)

Supposez, au contraire, au lieu de tout ce chaos, de

tout ce désordre de la rue, de ces scènes à jamais regrettables d'invasion armée dans le temple des lois ; supposez la représentation la plus absolue, la plus universelle des idées, des instincts du moment. Oh ! alors, vous n'aurez plus deux armées, une d'assiégeants, une d'assiégés ; vous ne marcherez plus à la conquête du principe comme on monte à l'escalade au travers du sang. (*Bravos prolongés*). Vous n'aurez plus à contempler qu'un cénacle de citoyens délibérant pacifiquement sur les intérêts communs de tous. (*Bravo ! bravo !*) Au lieu de la violence et du désordre, vous aurez l'ordre et la sécurité. (*Vifs applaudissements*). Et les rivalités d'hommes ! dira-t-on ? les rivalités d'hommes, Messieurs, n'existent que dans les assemblées où il y a rivalité de castes, de classes, parce que chacune d'elles cherche des interprètes pour se faire contre-poids. Dans une assemblée qui, par le suffrage universel et souvent renouvelée, sera toujours l'expression la plus haute, l'expression suprême de l'idée dominante, une telle rivalité n'est pas redoutable : l'homme le plus éminent ne prévaut pas contre une nation unie. (*Explosion d'applaudissements.*)

J'avais donc raison de vous dire, Messieurs, que le suffrage universel est un principe à la fois saint et pacificateur pour la société.

Eh bien ! c'est à ce grand principe, c'est aux hommes qui le défendent que les petits réformistes (*on rit*), les sept cantons, (*rire général*), le centre gauche et la gauche enfin jettent chaque jour l'outrage et la calomnie.

Nous sommes en dehors de la constitution ; nous sommes des séditieux altérés de sang, des voltigeurs de 93, des ultra-radicaux, des insensés ; que sais-je encore !

On voit, à l'aménité des formes, que, si ces messieurs ont renié les grandes traditions de 93, ils n'ont point oublié le langage de ceux qui voulaient exagérer la Révolution dans le but de la perdre. Nous tâcherons, nous, de faire l'opposé, de réaliser les principes sans imiter le langage. (*Bravo! bravo!*)

Nous, en dehors de la constitution! dans la question de la réforme ; c'est ce que vous proclamiez avant même de nous avoir entendus, de connaître le développement de nos idées, et il faut convenir qu'en cela vous faisiez un singulier métier. Nous, en dehors de la constitution ! Pourquoi? Dans la discussion de la loi électorale, que la charte même a déclarée modifiable, depuis vos modifications imperceptibles jusqu'au suffrage universel, il y a place pour toutes les opinions, pour tous les systèmes. A nos yeux, c'était un terrain neutre, où, sans forfaire, on pouvait se rencontrer. Vous en avez jugé autrement, et vous avez dû vous retirer devant une manifestation imposante. Demandez à la ville de Lille ce qu'elle en pense (*on rit*) ; demandez au pays ce qu'il augure de votre fermeté dans cette question, où vous tenez, à l'occasion et suivant la maxime de M. Guizot, l'une ou l'autre conduite. (*Très bien! très bien!*)

Nous sommes des ultra-radicaux! Qu'est-ce donc qu'un radical? un homme du droit. Or, le droit n'a pas deux noms, il est ou il n'est pas ; on est radical, ou, comme beaucoup de gens, on peut l'avoir été et avoir la fatuité de se croire toujours jeune (*rire général*), mais on n'est pas ultra-radical. Que si maintenant vous entendez par ce mot le parti qui veut faire entrer des abstractions philosophiques dans la réalité de la vie, le grand symbole de la liberté, de l'égalité et de la fraternité, sans se laisser annuler par les vieillis ou les corrompus, oh! oui, nous tous qui sommes ici, sommes des ultra-radicaux. (*Tonnerre d'applaudissements.*) J'étais bien sûr, Messieurs, que vous sauriez honorer l'injure. (*Oui! oui! nous l'acceptons.*) Vous avez raison, les mots n'effraient que les enfants ; d'autres ont glorifié le nom de GUEUX en le conduisant à la victoire, peu nous importe celui qui nous y conduira. Et, comme les vengeurs de la liberté batave, d'un outrage faisons un drapeau. (*Bravos prolongés.*)

Enfin il faut nous repousser, dites-vous, comme des imprudents, des insensés !

Peut-être moins imprudents, Messieurs, qu'on ne le croit et qu'on n'a intérêt à le croire.

Que se passe-t-il en effet ? Un grand mouvement s'opère dans le pays, on ne saurait le nier. Vous, réformistes de la gauche, qui vous prétendez un parti puissant, irez-vous peser dans la balance de tout le poids d'un principe ? Non, vous déclamez contre la corruption, vous accusez avec énergie, avec violence, mais de principe, point. Il y a plus. Pour réaliser votre réforme si minime qu'elle soit, il faut des hommes prêts à entrer au pouvoir ; et de ceux qui en semblent le plus rapprochés, dont vous vous êtes faits les auxiliaires, MM. Thiers, Dufaure, aucun ne veut la présenter. Savez-vous donc ce que nous redoutons, nous autres si imprudents ? Que le pays, comme en 1839, ne vous donne la majorité, et que vous ne la déposiez, comme en 1839, aux pieds du pouvoir qui, plus fort que jamais, s'est alors passé la fantaisie des fortifications. (*C'est vrai ! c'est vrai !*) Voilà pourquoi, nous autres insensés, nous voudrions quelques principes. (*Applaudissements.*)

Mais cette majorité que vous avez perdue en 1839, le pays vous l'a confiée une seconde fois par les élections de 1842. Le ministère était à terre. Le duc d'Orléans meurt, et, préférant l'intérêt dynastique à la volonté du pays, vous avez voté la loi de régence, et l'homme de Gand pèse depuis sept ans sur nos destinées. (*Vive adhésion.*)

Oui, nous le devons dire hautement, avec vos concessionsperpétuelles, vos tergiversations et vos faiblesses, ce que nous craignons, c'est une agitation vaine ; c'est plus que le stationnement, c'est le retour en arrière.

Ce pays de France, si ardent, si passionné, est ainsi fait

qu'il tombe sans transition, de l'espérance au découragement. Ce n'est point un de ces fleuves dont le cours pacifique est toujours au même niveau. Non, c'est une voile
trop puissamment gonflée qui retombe fatiguée tout à coup ;
c'est au souffle de la parole, au vent de l'enthousiasme,
un torrent impétueux qui se soulève, et que, demain, simple filet d'eau, le pouvoir peut enjamber d'un pas. (*Bravo !
bravo !*) Eh bien ! c'est contre ces brusques changements,
ces revirements inattendus de la fièvre à l'atonie, que nous
voudrions tenir le pays en garde, nous autres les imprudents, en vous demandant quelques principes. (*Longs applaudissements.*)

Et c'est parce que nous stipulons ainsi, que nous voulons donner notre concours et non le livrer, que vous nous
appelez insensés ! Avant de vous porter accusateurs, jetez
donc les yeux sur vos fautes, et soyez plus modestes. (*Bravos prolongés.*)

Vous venez, par une indigne et lâche manœuvre de
parti, nous accuser d'appuyer, d'aider le ministère ! (*Plusieurs voix : c'est infâme !*) quand c'est vous qui, par votre
coupable faiblesse de 1842, l'avez maintenu aux affaires.
Ah ! si vous étiez plus redoutables, je vous appellerais des
calomniateurs. (*Vives acclamations.*)

Sans doute, Messieurs, la tâche qui nous est imposée en
ce moment est grave ; car le mouvement auquel nous prenons part est un mouvement qu'à aucun prix, il ne faut
compromettre ; et, nous autres démocrates, nous en sui-
vons le cours entre deux écueils, (*Écoutez ! écoutez !*) D'un
côté, ce sont les petits réformistes, qui voudraient réduire
cette question à leur propre mesure, à celle d'un portefeuille, et qui trouvent que, pour les oreilles dressées en
certain lieu, nous parlons trop fort. Ceux-ci exigeraient le
sacrifice de nos principes à leur fortune. Pour la presse ministérielle au contraire, nous ne crions pas assez fort ; elle

essaie, par ses avances indirectes, de nous pousser à l'exagération, de façon à se débarrasser, par un coup d'État, du mouvement réformiste qui l'effraie au fond.

Le parti démocratique ne se laissera pas prendre à ce double piège ; entre ces deux écueils opposés, il saura tenir fermement son drapeau. L'histoire témoigne assez de son bouillant courage. Il lui plaît aujourd'hui de donner la mesure de sa discipline et de son habileté. (*Bravo! bravo!*)

Ce langage peut paraître présomptueux à quiconque ne connaît pas ses forces ; il est même de petits réformistes qui vont jusqu'à appeler la démocratie une imperceptible fraction du pays.

Il faut, Messieurs, que ces hommes ne jugent, ni par le cœur, ni par les yeux. Une imperceptible fraction, le parti qui compte plusieurs soldats dans chaque famille, un appui dans le journalier sans ouvrage, dans le paysan accablé sous l'impôt, dans la femme qui se prostitue pour vivre, dans l'enfant qui crie la faim ! Une imperceptible fraction que celle qui compte parmi ses défenseurs et ses appuis toutes les misères humaines ! (*Vifs et bruyants applaudissements.*)

Je ne vous ai encore parlé que des pauvres et des exclus ; mais voyez comme le progrès de l'opinion vous enveloppe, comme il vous étreint ! Dans ce que vous appelez le pays légal, le mouvement n'est plus à vous. Vous en avez eu récemment les preuves dans une puissante cité industrielle. (*Bravo!*)

Et ici, dans ce département éminemment agricole, dans cette ville renommée par son culte pour les lettres et les arts, nous sommes encore en pleine démocratie. Je voudrais que de cette tribune vous pussiez contempler ces tables serrées et profondes qui se déroulent à perte de vue devant moi ; vous y verriez à côté de l'ouvrier l'homme du cens, le propriétaire, représenté par des magistrats de tous les ordres. Plus nombreux que votre plus nombreuse réunion, ce banquet n'est point l'agglomération de nuances variées à l'infini; il s'est formé sous une seule pensée, dans une même communion; les cœurs y battent au même degré, un seul sentiment nous inspire : la souveraineté du peuple, résumée dans ces trois mots qui feront le tour du monde : Liberté, Égalité, Fraternité! (*Explosion de bravos.*)

Messieurs, pour leur rendre cette puissance d'électricité que leur ont donnée nos pères, il faut se voir, se connaître, s'aimer. (*Bravo! bravo!*)

Ce mot doit se comprendre dans un pays qui, en 1790, l'avait pris pour devise. (*Écoutez! Écoutez!*)

Car, chez vous, on ne peut remuer le sol sans remuer l'histoire. (*Applaudissements.*)

Entre tous, vous avez brillé par votre courage. Qui ne sait qu'une chétive bourgade, que l'on peut voir d'ici, s'est immortalisée en arrêtant avec cinquante soldats et quatre cents habitants, une armée de cinquante mille hommes? Honneur à toi, Saint-Jean-de-Losne, pour ton courage héroïque! (*Applaudissements.*) Mais honneur à toi surtout pour avoir de bonne heure compris les principes d'égalité. Un roi crut te récompenser en faisant nobles tous tes habitants. Tu refusas des titres de noblesse, et la patrie, plus intelligente que les rois, a voulu t'en dédommager en changeant ton nom en celui de la *Belle-Défense*. (*C'est vrai! Vive et bruyante acclamation.*) La bravoure est vieille et commune en France (*Bravo!*), et peut-être n'as-tu été visitée que par la fortune et la bonne occasion; mais sous Louis XIII, l'égalité était bien loin encore. Honneur à toi pour l'avoir devancée par ton sublime instinct! (*Salve d'applaudissements.*)

C'est ce même sentiment de l'égalité qui, aux approches

de la Révolution, fonda, à Dijon, cette grande fédération
de la Bourgogne, de la Franche-Comté et du Lyonnais. (*Vif
mouvement de curiosité.*) Il n'est pas jusqu'à ce temps de
frimas qui sévissait ce matin, et qui contristait les amis
de cette fête, qui n'ait été pour moi un souvenir et une espérance. En voyant ces chemins semés de neige, les cimes
de vos montagnes blanchies, je me rappelais involontairement qu'à la même époque de l'année, malgré l'inclémence
du climat, cinquante mille hommes, s'assemblèrent dans
cette cité pour secourir Lyon affamé. Je vous le disais, ils
prirent cette touchante devise : « Unissons-nous pour mieux
nous aimer les uns les autres. » (*Explosion d'applaudissements.*)

Il faut que cette fédération fondée ici recommence :
qu'elle ait pour moyen la propagande des idées, que chacun
de vous se fasse centre, qu'il se multiplie, et bientôt le cri
de réforme sera poussé des Vosges aux Cévennes, des Alpes
aux Pyrénées. (*Bravos !*)

Ils ont, je le sais, des fortifications redoutables qu'ils
vont augmenter encore (*Ah! ah !*); mais le canon ne prévaut
pas contre l'idée. Faites que l'idée mûrisse, qu'elle s'étende,
qu'elle les enveloppe, et bientôt le peuple lui-même pourra
saluer sa propre souveraineté. (*Acclamations unanimes.*)

XXXVI

DISCOURS PRONONCÉ AU BANQUET DÉMOCRATIQUE

DE CHALON-SUR-SAONE

RÉUNI, COMME LES PRÉCÉDENTS, EN VUE DE LA RÉFORME ÉLECTORALE

(19 décembre 1847)

TOAST : A L'UNION DE TOUTES LES DÉMOCRATIES

CITOYENS,

C'est un rôle difficile que de recevoir, pendant une brûlante séance, les plus patriotiques inspirations, d'éprouver les plus nobles élans, et d'être obligé cependant de parler à son tour, de parler encore quand on n'a plus qu'un sentiment : se dévouer et agir. (*Applaudissements.*)

Oui, agir! (*Bravo! bravo!*) Mais cette action même ne peut être féconde dans ses résultats, pacifique dans ses moyens, généreuse et magnanime dans son triomphe, qu'autant qu'elle se généralisera chaque jour et deviendra presque unanime.

Préparons-la donc par la propagande incessante de la pensée; et comme chacun de vous, en sortant d'ici, va se faire le missionnaire de cette foi de nos pères, permettez-moi, pour la mieux incarner dans vos cœurs, de caractériser en quelques mots l'esprit de cette œuvre immortelle dont les principes nous ont été légués, et dont nous voulons conquérir enfin les réalités bienfaisantes. (*Applaudissements.*)

Tel est donc le toast que je vous propose : A l'unité de la Révolution française! (*Applaudissements*) à l'indivisibilité des trois grandes époques qui la caractérisent, des trois grandes assemblées qui la personnifient! à la Constituante! à la Législative! à la Convention! (*Bravos unanimes.*)

Ce toast m'est inspiré, moins à l'occasion des obscurantistes, ennemis patents, avoués de notre Révolution, qu'à l'encontre des faux amis de la Révolution, qu'un vernis de libéralisme recouvre encore.

Assistez, en effet, à un de ces banquets mixtes : un trait, mieux que tous les raisonnements, vous en fera saisir la portée.

Quels anniversaires figurent sur les devises qui ornent ces fêtes?

1789—1830.

Pourquoi ces deux dates et pas une autre? Pourquoi la Constituante et pas la Convention? Est-ce un cercle que vous voulez tracer, où doivent s'éterniser les destinées du monde, 1789 qui ouvrit la carrière à la bourgeoisie, 1830 qui, à vos yeux, la referme sans doute? 1789-1830, des ébauches à compléter. Et le peuple donc!... (*Tonnerre d'applaudissements.*) Le peuple effraie, la Convention fait peur, voilà pourquoi 1792-1793 sont restés au bout du pinceau. (*Bravo! bravo!*)

Et ici alors, l'éternel refrain, oui, refrain chevrotant et hébété de la peur : 1793, la Convention, c'est le génie du mal, le chaos, la Terreur!

La Terreur! Ah! citoyens, nous pouvons en parler librement, nous à qui elle a légué une patrie et qui n'aurons point à la recommencer. (*Bravo! bravo!*) Laissons-la donc dormir au plus profond de l'histoire; mais répondons éternellement à ceux qui en font éternellement un épouvantail, que les écrivains même qu'elle contriste le plus sont obligés de reconnaître que sans elle il n'y aurait plus de France. Plus de France! entendez-vous? Ah! je l'avouerai : à cette idée ma tête se trouble. (*Tonnerre d'applaudissements.*) Oui, plus de France, les rois le disaient déjà; ses frontières étaient envahies, Toulon aux Anglais, Lyon, la Vendée aux royalistes, nos ports bloqués, des baïonnettes et des vaisseaux à la circonférence, une conspiration permanente au centre. La France était perdue; et c'est pour l'avoir sauvée, pour avoir sauvé les destinées du monde, que vous comptez avec la Terreur pour le sang répandu! Avez-vous auparavant compté avec les nobles, avec les prêtres, avec les rois, eux qui ont si longtemps fait verser le sang de millions d'hommes pour un mot, pour un vain trophée, souvent pour l'étroit et stérile espace d'un champ de bataille! (*Bruyants applaudissements.*)

Je le répète, aujourd'hui plus de Terreur à redouter. La violence de l'attaque est en raison des forces de la résistance. La résistance où est-elle? Il y avait alors la ligue formidable des nobles et des prêtres. A l'heure qu'il est, il n'y a plus sérieusement de noblesse; elle est un mot; je me trompe, elle est un ridicule! (*Applaudissements.*)

Il n'y a plus de nobles depuis qu'un paysan a pu répondre à un émigré qui se vantait bien haut que ses ancêtres avaient gagné des batailles : « Moi aussi j'en ai gagné; donc je suis un ancêtre. » (*Rires d'adhésion.*)

Et le clergé!... Oh! respect à la foi! respect au sanctuaire inviolable de la conscience! mais guerre aux sourdes menées, aux intrigues domestiques, aux machinations ténébreuses; et le clergé ne sera pas plus à redouter que la noblesse, il ne formera plus un État dans l'État! (*Bravos unanimes.*) Tolérance pour chacun dans son foyer ou dans

l'enceinte de ses temples ; mais, au nom même du principe
de la liberté de conscience, qu'il n'y ait de culte extérieur
que le culte de l'amour sacré de la patrie. (*Tonnerre d'applaudissements.*)

Les prêtres ont combattu la liberté à son berceau :
témoin cette séance du 22 octobre où, dans le sein de
l'Assemblée nationale, fut présenté un vieillard de ces
montagnes que nous apercevons d'ici, un vieillard du
Jura, âgé de cent vingt ans, esclave des prêtres, le serf
d'un couvent, qui venait réclamer vainement l'affranchissement que la loi lui avait conquis le 4 août 1789.
L'Assemblée tout entière se leva par respect devant ce
doyen de l'humanité (*Adhésion*) ; mais le décret ne fut
exécuté qu'après sa mort, et ce dernier serf des prêtres ne
vit pas la liberté.

Aujourd'hui encore ce sont les prêtres qui contribuent le
plus à maintenir l'esclavage des colonies, en secondant les
maîtres, en défendant leur oppression au nom du ciel. Eh
bien ! qu'ils jouissent pour eux de la liberté qu'ils combattent dans les autres ; mais qu'ils en jouissent à titre de citoyens, sans avoir des règles à part, des instituts à part, des
associations à part, et sans pouvoir surtout amortir tant
d'innombrables richesses. (*Oui, oui, oui!*)

Vous le voyez, pas plus contre eux que contre la noblesse
la Terreur n'est possible, car les mœurs ont prononcé, la
loi est faite, et il s'agit simplement de l'appliquer. (*Bravo!
bravo!*)

Insensés ceux qui ont peur du retour de la Terreur,
quand il ne reste plus que deux forces véritables : le peuple
et la bourgeoisie, et que le peuple et la bourgeoisie, dans
ces patriotiques réunions, ne semblent plus animés que de
la même idée : réaliser les grands principes de notre Révolution. (*Applaudissements unanimes.*) Que la nation, le
peuple et la bourgeoisie, se lève jamais, et qu'elle regarde

ses ennemis en face, ils auront, comme en 1850, disparu sous son souffle puissant. (*Oui ! oui !*)

Nous, véritables enfants de la Révolution française, acceptons-la donc dans son indivisibilité. Ne souffrons pas plus qu'on fédéralise les idées, que les Montagnards n'ont laissé fédéraliser le sol. (*Applaudissements prolongés.*)

Oui : A l'Assemblée nationale, qui a brisé la tyrannie cléricale et nobiliaire, commencé l'unité de la France, essayé l'égalité de l'impôt, décrété la liberté des opinions religieuses, formé les gardes nationales ! (*Bravo ! bravo !*)

A la Législative. qui a combattu vaillamment pour la défense du peuple, précipité du trône la monarchie parjure ! (*Applaudissements.*)

A la Convention, qui non seulement a sauvé le pays dans cet héroïque et gigantesque élan qu'on appelle la *levée en masse*, mais qui a doté la France et le monde des plus grandes, des plus vitales institutions ! (*Nouveaux applaudissements.*)

Nous ne parlerons de 1850 que pour mémoire... C'est une pierre d'attente. (*Bravos prolongés.*)

Oui, les faux amis de la Révolution, les petits réformistes devront s'y résigner ; mais ce qu'ils retranchent de leurs devises, de leurs écussons, de leur politique, la Convention, ce qu'ils présentent comme le chaos et le désordre fut, dans l'histoire de l'humanité, sous le rapport des institutions, la source la plus puissante et la plus féconde. On rougit vraiment d'avoir à venger la gloire de son pays de si basses clameurs.

Qui retrouve et consacre d'une manière ineffaçable les droits imprescriptibles de l'homme ? la Convention.

Qui fait appel à la solidarité des peuples et établit entre eux une espèce de mutualité? la Convention.

Qui fonde l'unité de l'administration, de la dette publique,

des poids et mesures; qui essaie même de l'unité des codes?
la Convention!

Qui décrète pour l'enfance l'éducation commune et gratuite, une pension pour la famille surchargée, une retraite
pour les invalides de l'industrie et de l'agriculture? la Convention.

Et dans le domaine de la pensée, des sciences, des arts,
nous vivons, tous les peuples vivent de l'esprit des grandes
fondations qu'elle jeta, en passant, sur sa route.

Faudra-t-il toujours le redire? ce fut la Convention qui
créa l'Institut, l'École des Arts-et-Métiers, l'École polytech-
nique, l'École normale, le Conservatoire de musique.

En un mot, tout ce qui est grand, tout ce que le monde
nous envie... et à quoi, depuis, nous n'avons guère fait que
d'ajouter les vices. (*Salve d'applaudissements.*)

Et j'en oublie... Voilà donc cette époque d'anarchie, de
chaos. C'est pour cette cause si méprisable que sont morts,
martyrs de leurs idées, tant d'hommes calomniés et méconnus, qui avaient fait le plus grand des sacrifices, celui
de leur mémoire, et qui ont attendu cinquante ans pour
qu'elle fût un peu réhabilitée.

La plupart d'entre eux n'ont pas même une tombe igno-
rée; car leurs cendres ont été dispersées; comme ces législateurs antiques, demi-dieux qui, après avoir accompli leur
œuvre d'humanité et de génie, disparaissaient dans un
nuage lumineux ou dans un tourbillon de la tempête, sans
laisser d'autres traces parmi les humains que leurs travaux
et leurs bienfaits. (*Bruyantes acclamations.*)

Eh bien! citoyens, au lieu de conserver intactes ces
grandes traditions, de vivre de leur gloire, de la faire incessamment rayonner, car son éclat suffit à la défendre, il est
des hommes qui s'en prétendent les représentants, et qui
font alliance avec les ennemis mêmes de la Révolution dans
son acception la plus haute, avec les contempteurs de 1793

et de la Convention. Au lieu de prouver que les reproches adressés à la démocratie sont injustes, ils semblent les confirmer en s'effaçant, en se glissant timidement dans des banquets où les droits du peuple sont oubliés, comme s'ils devaient y jeter l'effroi. Ils passent entre les fourches caudines de 1789 et de 1830, s'amusant au petit jeu des réformes imperceptibles, au service des intrigants de portefeuilles qui, *satisfaits* demain à leur tour, les repousseront dédaigneusement. Ils ont le grand tort de douter des forces de la démocratie, au lieu d'y faire incessamment appel. (*Oui, oui, oui!*) Ah! ils ne savent point assez combien ce gouvernement, depuis quelque temps, nous a donné d'auxiliaires. (*C'est vrai! c'est vrai!*)

Cette politique qui me paraît manquer de virilité, de dignité, n'est pas la nôtre. C'est à cette occasion qu'un journal que je n'ai pas besoin de nommer, et que vous connaissez tous, m'a récemment attaqué. On a dit de moi : « Mais, cet homme, où a-t-il puisé sa compétence et son autorité. » (*Oh! oh!*) Mon autorité est dans l'inflexibilité des principes auxquels vous venez d'applaudir. Ce n'est assurément pas dans mes services rendus, puisqu'il me reste encore à donner ma liberté et mon sang. (*Salve d'applaudissements.*)

Où j'ai puisé ma compétence! Mais à Lille, à Dijon, au milieu de vous. (*De toutes parts : Oui! oui!*) C'est la compétence de ces trois villes que ce journal imprudent attaque. Moi, j'ai parlé; elles, elles ont applaudi; j'ai fait entendre des accents dont leur patriotisme m'avait fourni les inspirations. (*Bravos unanimes.*) Les injures qu'on m'adresse, il faut les élever jusqu'à vous. (*Oui! oui! nous les acceptons.*) Lille, Dijon, Châlon, auront prouvé au moins qu'il y avait une démocratie radicale en France; avec l'incroyable effacement du journal dont nous parlons, je ne sais guère si on pourrait encore s'en douter. (*C'est vrai! c'est vrai!*) Oh! rédacteur de la *Tribune*, combien votre ardeur s'est éteinte!

(*Bravo! bravo!*) Votre autorité à vous, citoyens, à moi, je
le répète, c'est celle des principes ; elle est souveraine, elle
est sacrée. (*Acclamations générales.*)

On s'est décidé à un débat public ; soit, je l'accepte ; car
vous, car moi, nous pourrions nous tromper. Posons donc
bien les termes de la lutte. (*Écoutez! écoutez!*) Avez-vous
voulu des bastilles? (*Dénégations énergiques.*)

Croyez-vous que la Charte soit susceptible de développe-
ments tels qu'ils puissent suffire à la démocratie? (*Non!
non! non!*)

Êtes-vous d'avis d'une fusion avec M. Thiers pour l'éven-
tualité d'une régence? (*Explosion formidable de non!*) Le
regardez-vous comme un homme *incomparable*, ainsi que
l'a salué ce journal? (*Allons donc!*)

Voulez-vous au moins d'une fusion passagère avec lui
pour la réforme que M. Guizot est sur le point de consentir ;
car il a fait publier, il y a deux jours, à Paris, dans une
revue dont il dirige l'esprit, qu'il accepterait peut-être une
réforme, l'adjonction des capacités. Quoi! tant de sang versé
depuis 50 ans pour aboutir à.... moins que rien, à un caprice de M. Guizot! (*Tonnerre d'applaudissements.*)

Est-ce là ce que vous voulez? (*Non! non!*)

Je vous propose une chose. S'injurier est inutile, quand
on est sincère ; ce qu'il faut, c'est se convaincre réciproquement. En m'appuyant de vos 2000 voix, vous pensez que
je suis dans le droit chemin, comme on l'a cru à Lille,
comme on l'a cru à Dijon? (*Oui! oui!*) Un journal a beau
s'estimer infaillible, il ne peut pas rayer de la carte de
France trois villes de cette importance, dont la vôtre, citoyens, est celle où il devait trouver plus d'indulgence,
puisqu'il y comptait de nombreuses amitiés. Eh bien! qu'un
grand jury, pris, en nombre égal, dans la démocratie française, soit appelé de plusieurs points de la France pour juger
qui a tort, qui a raison, qui sert les intérêts de la cause

sacrée du peuple, qui la déserte. J'accepte le débat pour moi et pour vous tous.

(*De toutes parts : Oui, pour tous! tous!*)

Et il serait beau, citoyens, que la démocratie française, après avoir ainsi réglé une affaire d'intérieur, se rapprochât à son tour des autres démocraties du monde.

Il se produit en ce moment en Europe un grand mouvement parmi tous ces déshérités qui souffrent par le cœur ou par la faim. (*C'est vrai! c'est vrai!*) C'est le moment de les consoler, de les raffermir, d'entrer en communion avec eux. (*Oui! oui! Bravos prolongés.*)

Les temporisateurs dont nous attaquons la conduite molle et languissante répondent qu'on peut attendre encore, et, en présence de ces symptômes universels dont je viens de parler, ils proposent ou font proposer, comme amélioration, l'abaissement du marc d'argent, du cens électoral à 100 francs. Vraiment, il faut qu'ils jugent par la tête, lorsque nous ici, nous jugeons par le cœur. (*Longue approbation.*)

Attendre sans cesse! quand, dernièrement, un savant officiel écrivait que l'ouvrier peut se suffire par son travail à la condition qu'il ne sera pas malade, qu'il ne subira pas de chômage, qu'il n'aura point d'enfants, qu'il ne contractera aucun vice! (*Agitation.*)

Pour que l'homme vive, il faut qu'il n'ait pas les besoins de la vie, qu'il soit doué de quelque chose de surhumain. (*Mouvement d'indignation.*)

A ce tableau si sombre et si lugubre, j'ai senti toutes les fibres de la douleur et du désespoir s'agiter en mon âme. (*Bravo! bravo!*)

La misère ne sévit pas moins au sein de nos populations agricoles. Le peuple a pour lui l'air des champs; c'est quelque chose sans doute; mais quelles habitations! quels aliments! Il paie un demi-milliard d'impôt à l'État; il paie un milliard à l'usure; si bien que nous voyons cet étrange et douloureux spectacle, que celui qui fait venir le pain blanc est forcé de se borner au pain noir ; que celui qui cultive le vin est souvent obligé de se contenter d'un verre d'eau. (*Applaudissements.*)

Et la démocratie française peut attendre ! Je le répète, ceux qui parlent ainsi ont apparemment une autre âme que la nôtre. (*Nouveaux applaudissements.*)

Le prolétariat de l'Angleterre est assiégé aussi par la faim ; l'Irlande bientôt n'existera plus ; la Belgique se décime chaque jour. Démocrates de tous les pays, resterons-nous impassibles en présence d'un pareil fléau social ? Que nos cœurs nous servent de conseillers ; mais assemblons-nous au nom du droit et non pas au nom du besoin. Que l'homme recouvre partout sa liberté, la terre et l'industrie sauront le nourrir ! Démocrates de tous les pays, ayons notre congrès (*Applaudissements frénétiques*), comme les absolutistes ont vainement essayé d'avoir le leur ! Entendons-nous sur leurs affaires comme ils méditaient de s'entendre sur les nôtres ! Ils ont comploté de se partager ou de se vendre les peuples ; rachetons-les de la servitude ! (*Explosion d'applaudissements.*)

Une terre libre, la seule république de l'Europe, la Suisse est digne d'un pareil spectacle. (*Bravo ! bravo !*) Tout y sera inspirateur, et sa vieille histoire, et ses montagnes, et ses luttes si récentes. (*Bravo ! bravo !*) On se sent fort sur le terrain de la victoire et du droit. Qu'une de ses villes indépendantes prête asile pour quelques jours aux précurseurs pacifiques de la délivrance des peuples, et, par les efforts de cette sainte ligue, les peuples, plus confiants en eux-mêmes, hâteront l'heure de leur affranchissement. (*Applaudissements prolongés.*)

Permettez-moi donc, citoyens, de dire non plus seulement : A l'unité de la Révolution française, mais aussi : A l'union de toutes les démocraties !

XXXVII

DISCOURS PRONONCÉ A LA CHAMBRE DES DÉPUTÉS

A PROPOS DE LA QUESTION

DU DROIT DE RÉUNION SOULEVÉE A L'OCCASION DES BANQUETS

(9 février 1848)

Messieurs,

Au point où est arrivé le débat, mon intention est de ne pas abuser longtemps des moments de la Chambre.

M. le garde des sceaux ayant traité longuement la question légale, je ne m'occuperai d'abord que de celle-là. (*Rires au centre.*)

L'honorable préopinant l'a trop restreinte et fait languir; relevons-la, replaçons-la à sa véritable hauteur; quelques objections de M. le Garde des sceaux n'ont pas même été effleurées et demeurent debout : reprenons-les rapidement et montrons qu'il n'en doit rien rester.

Son argumentation, si je ne me trompe, a été celle-ci : « Vous ne trouvez nulle part un texte qui autorise les réunions publiques; le droit n'existe donc pas; elles ne peuvent, en conséquence, exister qu'autant qu'elles sont autorisées par le gouvernement. »

J'arrête d'abord M. le Garde des sceaux dans la position même de la question, et je lui dis : la faculté de réunion étant de droit naturel, c'est à vous de me montrer un texte qui le prohibe, autrement il existe, et vous devez le respecter. Je n'ai pas besoin de rappeler l'axiome vulgaire du droit, et je fais un appel à tous les jurisconsultes de l'Assemblée. Tout homme de bon sens, en ne consultant même que sa raison, comprendra que l'exercice d'un droit imprescriptible ne peut être entravé que par une défense catégorique et expresse.

Mais ce n'est point assez ; je vais prouver que, non seulement il n'y a pas de dispositions prohibitives contre les réunions publiques, mais qu'il y a un texte solennel, fondamental, qui en protège la liberté et en considère l'usage comme un devoir pour le citoyen.

Ouvrons en effet la Constitution de 1791.

Nous trouvons au frontispice une déclaration des droits dont voici les termes :

CONSTITUTION FRANÇAISE

DÉCLARATION DES DROITS DE L'HOMME ET DES CITOYENS

« Les représentants du peuple français constituant l'Assemblée nationale,

« Considérant que l'ignorance, l'oubli, ou le mépris des droits de l'homme sont les seules causes des malheurs publics et de la corruption du gouvernement,

« Ont résolu d'exposer dans une déclaration solennelle les droits naturels, inaliénables et sacrés de l'homme, afin que cette déclaration, constamment présente à tous les membres du corps social, leur rappelle sans cesse leurs droits et leurs *devoirs*. »

Titre Ier. — Dispositions fondamentales.

« La Constitution garantit comme droits naturels et civils

la liberté à tout homme de parler, d'écrire, d'imprimer, de publier ses pensées ;

« Aux citoyens, de s'assembler *paisiblement et sans armes.* » (*Mouvement.*)

Ceci, messieurs, n'est pas un de ces textes de loi qui tombe inaperçu dans l'oubli ; c'est quelque chose de sacramentel, de durable ; une des conquêtes écrites, après la victoire, sur les tables de l'histoire, pour ne plus s'en effacer ; un de ces principes qui surnagent sur les flots des révolutions et demeurent comme un jalon dans la grande marche de l'humanité. Ainsi furent les livres saints, les évangiles, puis les déclarations de droits, qui, après avoir émancipé la France, font successivement le tour du globe.

Le texte est donc pour nous au début. Examinons maintenant si ce texte, si formel, si impératif, *si ce devoir,* car c'est ainsi que l'appelle la Constitution, a été abrogé, dénié, détruit. Vous ne l'osez pas soutenir en termes clairs, vous essayez d'équivoquer : la charte de 1820, dites-vous, a été silencieuse, et il n'y a pas de droit éternel, il n'y a de concédé que ce que la charte elle-même concède, octroie ; en dehors de la charte, pas de droits primordiaux.

Messieurs, c'est là une bien triste et bien pauvre doctrine, sans élévation, sans grandeur, mais sans vérité surtout, et contre laquelle proteste la dignité de l'homme et la conscience humaine.

Ainsi, ajoutez-vous, le droit de liberté de conscience, le droit de liberté de la presse, le droit de liberté individuelle, tous les droits, enfin, qui tiennent aux grands principes des nations s'y trouvent rappelés ; le droit de réunion publique n'y figure pas, donc il a été exclu. Voilà votre argument, n'est-ce pas? (*De toutes parts : C'est bien, ça!*)

Eh bien, voici ma réponse. Le droit de souveraineté de la nation ne figure pas dans la nomenclature, faut-il en conclure qu'il n'existe pas? Repondez. (*Mouvement.*)

M. Persil avait proposé de rappeler dans la charte que la souveraineté appartient à la nation ; son amendement était la reproduction littérale d'une disposition de la Constitution de 1791 sur le même sujet. Que répondit l'Assemblée ? Qu'il est des droits imprescriptibles, tellement sacrés, qu'il était inutile et presque inconvenant de les viser dans la charte.

Le droit de parler librement à cette tribune, où je viens de monter, d'y parler dans toute l'indépendance de son âme, n'est point écrit dans la charte, il n'existe donc pas ? Répondez ! (*A gauche : Très bien ! très bien !*)

Il en est d'autres que vous ne pouvez pas plus nier que la lumière ; s'ils ne sont pas déposés dans la charte, ils n'en reposent pas moins dans la conscience universelle. (*A gauche : Très bien !*)

Et vraiment, M. le Garde des sceaux, en me parlant des omissions, des lacunes de la charte de 1830, vous me faites la partie trop belle. Je vais parler avec mesure, car, pour entrer ici, j'ai prêté serment à cette charte, mais enfin nous savons tous comment elle a été faite. Est-ce là un de ces monuments complets qui ont été précédés par une longue et mûre discussion ? (*Interruption au centre. — Plusieurs membres : Vous attaquez la charte.*)

Permettez, Messieurs, j'ai déclaré que je resterais dans la mesure, mais je veux en même temps user de mon droit. Eh ! mon Dieu ! il y a quelque chose de plus puissant que nos paroles, c'est la vue même du texte original, de ses lacunes ; je vais vous les faire passer devant les yeux et laisser parler l'histoire.

Voici comment votre charte a été faite. (*Nouvelle et plus vive interruption. — Quelques voix : A l'ordre !*)

Messieurs, vous avez tort de m'interrompre, mon intention est de raisonner et non de passionner l'Assemblée ; retranchez de mes paroles ce qui vous semble inconstitutionnel et suivez la déduction de mon raisonnement dont je suis exclusivement préoccupé.

Lors de la révision de la charte, vous déclarez au milieu du peuple en armes que vous êtes tellement pressés que vous ne pouvez même pas prendre le temps de faire un préambule, une déclaration de droits; or, je vous ai démontré, il y a un instant, que la faculté de s'assembler publiquement était portée dans la déclaration des droits de la Constitution de 1791; si votre charte de 1830 ne contient pas de déclaration de droits, comment voulez-vous y trouver celui de se réunir publiquement? (*A gauche : Très bien! très bien! — Rumeurs au centre.*)

Oui, il suffit de jeter les yeux sur le texte original pour voir que la charte de 1830 s'est faite par coupures, par lambeaux; à chaque instant vous trouvez cette mention : article....*supprimé, supprimé, supprimé.* Sauf toutes ces suppressions et deux ou trois additions, la charte de 1830 n'est que la charte même de 1814; or, comme il est bien évident que la charte de 1814 ne contenait pas le droit de s'assembler, comment le trouveriez-vous écrit dans la charte de 1830. Mais remarquez que vous ne répondez toujours pas au grand principe que je vous ai montré écrit dans la Constitution de 1791 et qui plane sur tout ce débat. (*Dénégations au centre et au banc des ministres.*)

Encore une fois, votre charte de 1830 n'a été qu'une série de découpures faites dans celle de 1814. (*Bruyantes exclamations. — Réclamation du président.*)

Je dis que la charte de 1830 n'est que la reproduction de la charte de 1814, sauf quelques suppressions et deux additions seulement; tous les murmures du monde, toutes les réclamations de président ne peuvent pas faire que le texte ne soit pas le texte, et que l'histoire d'hier puisse être travestie. (*Agitation prolongée; un député remet le texte à l'orateur.*)

C'est là charte de 1814 comparée à celle de 1830 :
« Nous avons ordonné et ordonnons que la charte constitutionnelle de 1814, telle qu'elle a été amendée par les deux
chambres le 7 août et acceptée par nous le 9, sera de nouveau publiée dans les termes suivants. »

Est-ce clair, messieurs, réclamez donc maintenant contre
ce préambule; beaucoup d'entre vous y ont mis la main.
(*On rit.*)

J'avais donc parfaitement raison de dire que la charte
de 1850 ne pouvait pas mentionner le droit d'assemblée
publique, puisque la charte de 1814, dont elle est, à peu
près, la reproduction, ne le contenait pas; et, on le comprend, la charte de 1814 n'était qu'un octroi jaloux, par-
cimonieux, imposé à regret, de provenance étrangère, sans
racines véritables dans les traditions du pays. Vous le savez
parfaitement. (*Hilarité générale et prolongée.*)

Ne m'opposez donc plus le silence de la charte de 1850,
qui n'est point un monument complet, équilibré, harmo-
nieux, une table de tous les droits de la nation. (*Réclamation.*) Non, non! quoique vous disiez, elle ne sera toujours
que le drapeau blanc troué, dépecé par les balles de Juillet.
(*Explosion de murmures au centre.*)

Et qui donc peut être un meilleur interprète de ce qui
existait dans la charte, ou en dehors de la charte, le lendemain de la révolution de Juillet, qu'un ministre même du
gouvernement? Or, n'est-ce point ici que revient, dans
toute sa force, cette citation de M. Guizot, déclarant alors
que, non seulement les réunions publiques étaient chose
légale, mais chose désirable, pour que les citoyens s'éclai-
rassent sur leurs droits en communiquant entre eux.

Reste donc toujours debout, et sans avoir été entamée
jusqu'ici, la déclaration des droits de 1791, qui consacre
la liberté de s'assembler. Alors, que fait M. le Ministre? Il
s'efforce de faire dévier la discussion et de lui donner un

autre tour ; il raisonne par analogie, par induction, j'allais dire par tendance ; il voudrait assimiler le droit de réunion publique au droit d'association.

Messieurs, je vous signale le piège, et je n'y tomberai pas. Non, non, ces deux droits ne sont pas les mêmes, et vous eussiez montré complaisamment, dans un décret de 1790, que le droit d'association a été blâmé, restreint, peu m'importerait. Ce qu'il me faut, entendez-vous bien, c'est un texte contre le droit de réunion publique, comme je vous en ai trouvé un en faveur de ce droit. Le droit de se réunir, dites-vous, a engendré le droit d'association, qui est prohibé : je vous arrête au nom même de l'histoire.

Quoi ! vous placez le droit de se réunir avant le droit de s'associer !

La loi qui permet aux citoyens de se réunir publiquement, date de la constitution de 1791.

Et le droit de s'associer, du soir même de la prise de la Bastille, de cette immortelle journée du 14 juillet 1789.

Ce jour-là, deux clubs se formèrent, dont l'un porte un nom fameux, qui ne sera jamais oublié.

Je veux parler du club des Jacobins, connu d'abord sous le nom de : Société des amis de la Constitution.

Que devient donc votre raisonnement qui consistait à dire : les réunions publiques ont amené les associations, lesquelles associations ont été prohibées, donc également les réunions publiques ? Quand, l'histoire à la main, je puis vous répondre : les associations existaient au contraire avant qu'on eût légalisé le droit de s'assembler publiquement ; donc, si on a interdit nommément les associations, on n'a pas, par là même, défendu les réunions publiques, puisque les associations ne procédaient pas du droit de réunion publique et étaient chose tout à fait différente.

Permettez encore : ce qui ne saurait vous faire désormais une arme de droit, ne peut non plus vous servir comme

effet moral, comme moyen d'épouvantail à l'adresse des
citoyens timides ; car, du même coup, je vous prouve que
vous ne pouvez pas dire raisonnablement aux centres : il
faut interdire les réunions publiques, les banquets, parce
qu'ils conduiraient à l'anarchie des clubs ; puisque, encore
un coup, les clubs ont précédé les réunions paisibles et sans
armes autorisées par la Constitution. (*A gauche : Très bien !
très bien !*)

Je vais me résumer en quelques mots.

Mais, d'abord, qu'il me soit permis de faire appel à la
loyauté de l'Assemblée. La question est de pur droit ; ce n'est
pas pour le moment une question politique ; il ne s'agit pas
de se laisser entraîner par les passions. Messieurs de la majorité, un jour l'histoire vous jugera, vous comme nous.
Si par hasard vous déclariez, en présence de textes formels,
que les réunions publiques sont prohibées, et que les citoyens,
ardemment convaincus du contraire, résistassent à la violence des armes, vous seriez jugés cruellement par cette
histoire qui dirait que vous avez sacrifié à vos passions la
vie de vos concitoyens. (*Vive adhésion à gauche.*)

Laissons donc de côté, pour un instant, la question irri-
tante, descendons au fond de nos consciences pour y consulter le droit dans ce qu'il a de plus immuable, de plus
indépendant, de plus sacré.

Votre point de départ, c'est le texte de la loi de 1790 sur
la police municipale qui, dites-vous, vous donne un droit
arbitraire.

Oui, sauf en ce qui concerne, toutefois, les réunions publiques, puisque la circulaire qui accompagne cette loi déclare que les réunions publiques sont exceptées.

Mon point de départ, à moi, c'est le texte solennel, indestructible, de la constitution de 1791, qui élève le droit de
réunion publique à la hauteur d'un devoir.

Vous dites que les réunions ont amené les associations ;

je vous réponds, par les dates, que les associations ont existé dès 1789. Vous dites qu'une loi de 1790 prohibe les associations ; je réponds que, par là même, les réunions publiques, qui sont décrétées en 1791, survivent aux associations.

Vous dites que la Charte de 1830 ne parle pas du droit de réunion ; je réponds que cette Charte n'a été qu'une très légère modification de celle de 1814, et que, la première n'en parlant pas, la deuxième pourrait parfaitement ne pas en parler, sans qu'on pût induire contre le droit de réunion plus qu'on ne peut induire de son silence contre des droits non moins sacrés.

Vous dites qu'il n'y a de droits que ceux octroyés par la Charte.

Comment ! est-ce que je ne puis faire un compte rendu à mes électeurs ? cependant ce droit n'est consigné ni dans la Charte ni dans la loi. Est-ce qu'on ne peut pas provoquer une réunion préparatoire pour les élections ? et, cependant encore, la charte et la loi se taisent sur ce point. (*Mouvement.*)

Voyez où vous marchez ! de sophismes en sophismes, vous arrivez à nier toute espèce de droits, en dehors des droits écrits ; c'est-à-dire que vous portez atteinte à ce qu'il y a de vivace dans la moralité humaine, à ce qui seul ne peut pas se prescrire : le droit. Vous ébranlez ce qui est le plus profondément enraciné dans le cœur de l'homme, car il n'y aurait pas eu de sociétés si les droits naturels n'avaient vécu d'eux-mêmes. Et c'est vous qui osez parler de principes anti-sociaux ! (*Mouvement prolongé.*)

Croyez-vous donc que, sans cette protestation incessante de la conscience humaine en faveur des droits naturels, d'autres gouvernements que vous, qui ont passé par les mêmes difficultés, ne les auraient pas brutalement foulés aux pieds !

Est-ce que, sous la Restauration si ombrageuse et si

inquiète, il n'y a point eu de banquets? Elle aurait bien voulu les empêcher, elle ne s'en est pas senti la force.

Ne vous souvient-il plus de ces banquets donnés en 1829 au général Lafayette dans plusieurs départements? A Grenoble, à Lyon, où le gouvernement avait appelé une garnison toute entière, il fallut respecter les banquets; seulement, les journaux ultra-royalistes disaient comme les vôtres : M. Lafayette est un bonnet rouge, un jacobin. C'étaient, à les en croire, des orgies révolutionnaires, des saturnales de sang; oui, mais les banquets avaient lieu. A la même époque, il y en eut un autre, celui donné à Beaujon par le commerce, et qui comptait plusieurs centaines de citoyens. Il y en eut un, enfin, dont M. Guizot, lui-même, doit avoir gardé le souvenir, le banquet de la Société : *Aide-toi, le ciel t'aidera*, tenu aux Vendanges de Bourgogne; c'était à la fin de mai 1830 ; on y but à la santé du roi ; ce toast fut l'objet d'une grave contestation, car cette difficulté n'est pas nouvelle ; oui, on y but à la santé du roi, et deux mois après, il était conduit à Cherbourg ! (*Mouvement.*)

Oserez-vous entreprendre ce qui a fait reculer la Restauration?

Je le répète, j'ai écarté toute passion de parti, toute colère ; j'ai voulu vous montrer le droit si évident, qu'il ne vous fût pas possible de déclarer qu'il n'existe pas. (*Adhésion à gauche.*)

Mon habitude n'est point de m'adresser à la majorité; eh bien, je le fais aujourd'hui : il ne faut pas que les membres qui ne sont pas exercés à l'étude des arguties scolastiques soient trompés; qu'ils sachent donc bien que le droit est mille fois évident, mille fois incontestable, et que, s'il arrivait que l'opiniâtreté du gouvernement amenât, à cette occasion, l'effusion du sang, la responsabilité serait telle qu'on doit bien y regarder avant de lui prêter concours. (*Très bien! très bien!*)

A chacun donc le soin de méditer profondément. Pour moi, la question légale est finie. Si je n'obéissais maintenant qu'à un juste ressentiment, je m'expliquerais sur la question politique. J'ai été vivement attaqué par le ministère et par l'opposition. Ma conduite et celle des nombreux amis que j'ai trouvés dans les banquets, a été odieusement travestie. Notre politique, loin d'être anti-sociale, tend à établir dans la société, par une juste satisfaction des droits et des intérêts de tous, une sécurité qui n'est aujourd'hui nulle part.

Certains aveux faits hier sur la régence et les fortifications, par un membre du centre gauche, m'auraient aussi facilement donné gain de cause sur ma politique d'isolement, ici; mais le lieu et le terrain peuvent se retrouver. Moi, le plus jeune, je ne veux pas imiter l'exemple des récriminations faites hier contre moi par le chef de la gauche ; en présence de l'ennemi commun qui est là, frappant à la porte, n'ayons pour aujourd'hui qu'un cri de guerre : Il s'attaque à la plus vitale, à la plus communicative de nos libertés ; attachons-nous à elle. Par d'unanimes étreintes environnons-la de nos bras, comme un dernier autel qu'il faut maintenir debout. (*A gauche : Très bien ! très bien !*)

Répétons donc tous au ministère : Prenez-y garde ! oui, le droit est pour nous, et vous ne pouvez le violer sans attirer sur votre tête la plus lourde des responsabilités. (*Applaudissements sur quelques bancs.*)

Tous, nous irons jusqu'au bout, et si nous sommes brisés dans la lutte, aux mêmes moyens d'oppression, il faut opposer les mêmes armes. Que le pays alors, comme en 1829, forme une vaste association pour le refus de l'impôt. (*A gauche : Très bien ! très bien !*)

XXXVIII

DISCOURS PRONONCÉ A LA CHAMBRE DES DÉPUTÉS

ENVAHIE, DANS LA DISCUSSION SUR LE NOUVEAU GOUVERNEMENT A ÉTABLIR

(24 février 1848)

MESSIEURS,

Au nom du peuple, je vous demande un instant de silence !

Au nom du peuple, partout en armes, maître de Paris, quoi qu'on fasse (*oui! oui*), je viens protester contre l'espèce de gouvernement qu'on est venu proposer à cette tribune. (*Très bien! très bien! bravo! dans la foule.*) Je ne fais pas comme vous une chose nouvelle, car en 1842, lors de la discussion de la loi de régence, seul dans cette enceinte j'ai déclaré qu'elle ne pouvait point être faite sans un appel au pays. (*C'est vrai! très bien !*)

On vient tout à l'heure de vous parler de la glorieuse révolution de 1789. Prenons bien garde que les hommes qui en parlent ainsi n'en connaissent pas le véritable esprit, et ne veuillent pas surtout en respecter la constitution.

En 1791, dans le texte même de la constitution, on a déclaré que l'Assemblée constituante — l'Assemblée Constituante, comprenez-le bien — avec des pouvoirs spéciaux, n'avait pas le droit de faire une loi de régence, et qu'il fallait un appel au pays, pour la faire.

C'est le texte même de la constitution de 1791.

Or, Messieurs, depuis deux jours nous nous battons pour

le droit. Eh bien ! si vous résistez, et si vous prétendez qu'un gouvernement par acclamation, un gouvernement éphémère qu'emporte la colère révolutionnaire, si vous prétendez que ce gouvernement existe, nous nous battrons encore au nom de la constitution de 1791 qui plane sur le pays, qui plane sur notre histoire, et qui veut qu'il y ait un appel fait à la nation pour qu'une régence soit possible.

Ainsi pas de régence possible..... pas de régence possible, ainsi qu'on vient d'essayer de l'implanter d'une façon que je dirais véritablement singulière et usurpatrice.

Comment ! tout à coup, sans nous laisser délibérer, vous-même majorité, venir briser la loi que vous avez faite contre nos efforts en 1842 ! vous ne le voudriez pas ! c'est un expédient qui n'a pas de racines dans le pays.

Au nom même du droit que, dans les révolutions mêmes, il faut savoir respecter, car on n'est fort que par le droit, je proteste, au nom du peuple, contre votre nouvelle usurpation. (*Bravo ! bravo ! vive Ledru-Rollin !*)

Vous avez parlé d'ordre, d'effusion de sang. Ah ! l'effusion de sang nous touche, car nous l'avons vue d'aussi près que personne. Eh bien ! nous vous déclarons encore ceci : l'effusion de sang ne peut cesser que quand les principes et le droit seront satisfaits ; et ceux-là qui viennent de se battre se battront ce soir si l'on méconnaît leurs droits. (*Oui ! oui !*)

Au nom de ce peuple qui est tout, je vous demande quelle espèce de garanties votre gouvernement, qu'on intronisait, qu'on essayait d'introniser tout à l'heure, quelles garanties il nous donne ? (*Bravos dans la foule !*)

Messieurs, en parlant ainsi au nom du peuple, j'ai la prétention, je le répète, de rester dans le droit, et j'invoque deux souvenirs ! (*Concluez ! concluez !*)

En 1815, Napoléon a voulu abdiquer en faveur du roi de Rome. Le pays était debout, le pays s'y est refusé.

En 1830, Charles X a voulu abdiquer pour son petit-fils. Le pays était debout, le pays s'y est refusé.

Aujourd'hui, le pays est debout, et vous ne pouvez rien faire sans le consulter.

Je demande donc, pour me résumer, un gouvernement provisoire (*Oui! oui!*), non pas nommé par la Chambre, (*non! non!*), mais par le peuple; un gouvernement provisoire et un appel immédiat à une convention qui régularise les droits du peuple. (*Bravo! bravo!*)

FIN DU PREMIER VOLUME.

TABLE DES MATIÈRES

CONTENUES DANS CE VOLUME

		Pages.
NOTICE BIOGRAPHIQUE..		IV
I.	Profession de foi aux électeurs de la Sarthe	1
II.	Défense devant la Cour de cassation.	10
III.	Défense devant le jury de Maine-et-Loire	18
IV.	Discours dans la discussion des fonds secrets (10 mars 1842)	21
V.	Discours à propos de la révision de la loi sur les publications légales (14 mai 1842)	33
VI.	Discours à propos des fortifications de Paris (27 mai 1842)	37
VII.	Discours sur le projet de loi de régence (18 août 1842)	44
VIII.	Discours dans la discussion des fonds secrets (1er mars 1843).	54
IX.	Discours à propos du projet de refonte des monnaies (30 mai 1843)	69
X.	Discours à propos du projet d'acquisition d'une partie du palais Bourbon appartenant au duc d'Aumale (8 juin 1843)	76
XI.	Discours à propos de la démarche des légitimistes auprès du duc de Bordeaux (27 janvier 1844)	82
XII.	Discours dans la discussion des fonds secrets (18 mars 1844)	93
XIII.	Discours, dans la discussion du budget, ayant pour but de faire dégrever de l'impôt les classes pauvres (18 juillet 1844)	108
XIV.	Manifeste aux travailleurs (2 novembre 1844)	117
XV.	Lettre à Lamartine sur l'État, l'Église et l'enseignement (1844)	125
XVI.	Proposition de l'abolition du cens d'éligibilité (7 mars 1845)	145
XVII.	Discours dans la discussion d'un projet de loi relatif au droit de translation du domicile politique (12 mars 1845)	155
XVIII.	Discours à propos du projet de suppression du timbre des journaux (15 mars 1845)	162
XIX.	Deux discours sur la réforme à apporter dans le régime des colonies (2 et 3 juin 1845)	166
XX.	Discours à propos des dépenses faites pour les fortifications de Paris (19 juin 1845)	181

Pages.

XXI. Discours sur l'état d'abaissement de la marine (20 juin 1845) 190

XXII. Compte rendu de la session aux électeurs de la Sarthe (2 septembre 1845) 196

XXIII. Discours dans la discussion de l'adresse au roi (19 janvier 1846). . . 217

XXIV. Autre discours dans la discussion de l'adresse (22 janvier 1846). . . 232

XXV. Conseils aux travailleurs à propos des élections (mars 1846). 257

XXVI. Discours dans la discussion d'un projet de loi relatif aux mines (3 avril 1846). 244

XXVII. Discours sur le droit d'interpellation (27 janvier 1844). . . , ... 251

XXVIII. Discours, à propos de la discussion du budget, visant la corruption du pouvoir et de la magistrature (1er juin 1846). 257

XXIX. Discours, à propos de la discussion du budget, visant le mauvais état des finances (8 février 1847) 266

XXX. Discours à propos d'une pétition demandant l'abolition de l'esclavage dans les colonies (24 avril 1847). 279

XXXI. Discours pour la discussion de la loi des céréales (18 juin 1847) . . . 297

XXXII. Discours pour la réforme du régime des colonies (19 juin 1847) . . . 513

XXXIII. Discours sur l'attitude du gouvernement vis-à-vis de la Suisse (24 juin 1847). 522

XXXIV. Discours au banquet démocratique de Lille (7 novembre 1847). . . . 528

XXXV. Discours au banquet démocratique de Dijon (21 novembre 1847) . . 340

XXXVI. Discours au banquet démocratique de Chalon-sur-Saône (19 décembre 1847). 551

XXXVII. Discours sur le droit de réunion (9 février 1848). 561

XXXVIII. Discours sur la question du gouvernement à établir (24 février 1848). 572

FIN DE LA TABLE DES MATIÈRES.

22 386. — Typographie A. Lahure, rue de Fleurus, 9, à Paris.